Thomas Kliem

WOHNMOBIL-HIGHLIGHTS IN EUROPA

Die 50 schönsten Ziele
zwischen Norwegen und Spanien

BRUCKMANN

In Europa ist man bestens mit dem Reisemobil unterwegs und steuert viele höchst interessante Attraktionen an. So geht es zu spannenden Zielen wie dem lotrechten Felsen Preikestolen in Norwegen (oben), dem freundlichen dänischen Küstenstädtchen Skagen (Mitte) oder in die lebendige deutsche Hauptstadt Berlin (unten), die weit mehr zu bieten hat als das schmucke Schloss Charlottenburg.

INHALTSVERZEICHNIS

Zu den vielen Destinationen, die sich für
einen erlebnisreichen Urlaub mit dem
Reisemobil anbieten, gehört u.a. Kroatien.
Gerade die Insel Krk (oben) in der Kvarner
Bucht bietet unbeschwerte Urlaubstage. In
Italien gehört die Toskana mit ihren tollen
Städten wie Lucca zu den empfehlens-
werten Reiseregionen (Mitte). In Slowenien
lockt das mondäne Städtchen Portoroz
(unten).

FLEXIBLES REISEN IN EUROPA

Das Reisen mit dem Wohnmobil liegt voll im Trend und bereitet viel Freude! Nicht nur Verkauf und Vermietung von Reisemobilen boomen, sondern auch immer mehr Stellplätze werden eingerichtet. Das Reisemobil hat eine hohe Akzeptanz, ist bei jungen Leuten, Familien und den »Best-Agern« gleichermaßen beliebt und kann je nach Interesse und Geldbeutel anders aussehen. So reicht die Bandbreite vom selbst ausgebauten Campingbus über familienfreundliche Alkovenmobile und wendige Kastenwagen bis hin zum komfortablen

Luxusliner. Unabhängig von dem Fahrzeug ist jedoch die Urlaubsfreude gleichermaßen groß.

GUTE VORBEREITUNG IST WICHTIG

Mit dem Reisemobil ist man flexibel unterwegs. Nach Interessen- und Wetterlage sowie nach Lust und Laune wird spontan das Ziel gewählt, die Route oder die Etappe wird geändert. Mit dem Wohnmobil braucht man sich keine Gedanken über die Unterkunft zu machen, denn schließlich ist man mit einem »rollenden Hotel« unterwegs. Allerdings

Je nach Lust und Laune kann der Reisemobilist über die Art der Ziele in Europa entscheiden. Für Erholungssuchende bietet sich u. a. die Adria an (oben). Historische Bauwerke gilt es fast überall zu entdecken (unten: Mühle in Kalkar am Niederrhein). Viel Freude bereitet die Fahrt durch die Toskana. Im Hintergrund der Ort Volterra (rechts).

sollte man sich vor Reiseantritt ausreichend über das Reiseland bzw. die Urlaubsregion informieren, denn Unterschiede im Campingwesen sollten im Vorfeld bekannt sein. Infos über den Gasflaschentausch, die notwendige Campingkarte, mögliche Mautgebühren und Spritkosten sowie Öffnungszeiten der Campingplätze helfen, Probleme zu vermeiden. Eine gute Vorbereitung ist ebenso wichtig wie ein technisch einwandfreier Zustand des Reisemobils. Im Trend liegt auch das Reisen im Winter. Viele Wintercampingplätze garantieren einen angenehmen Urlaub auch in der kalten Jahreszeit, und so heißt es auf vielen Campingplätzen in den Alpen: Raus aus dem Wohnmobil und rein in die Skibindung! Natürlich ist ein winterfestes Wohnmobil dabei die Voraussetzung für einen problemlosen Urlaub. Unter den vorgestellten 50 Zielen in 18 Ländern gibt es viele, die einen Urlaub auch bequem in der vielfach günstigeren Vor- oder Nachsaison ermöglichen. Wer unabhängig von den Schulferien eine Reise unternehmen kann, spart Geld und kann so manchem Trubel aus dem Weg gehen. Im Vergleich zu den Campingplätzen, die eine sehr gute Versorgung und größtenteils auch eine landschaftlich reizvolle Lage bieten, sind die Gebühren für Stellplätze weitaus geringer. Bei der Anzahl der Stellplätze zeigen sich in Europa große Unterschiede, und während man in Deutschland in nahezu jeder Kommune und Stadt auf einen Stellplatz stößt, haben manche Länder nur wenige Stellplätze zu bieten. Allerdings sind hierbei von Jahr zu Jahr »Fortschritte« zu verzeichnen. Glücklicherweise bieten viele Camping-

plätze besondere Tarife für Reisemobilisten sowie das kostengünstige »Quick-Stop« (Anreise am Abend – Abreise am Morgen) an.

VON NORD NACH SÜD

In diesem Buch werden die Reiseziele von Nord nach Süd vorgestellt. Hierbei reicht das Spektrum der lohnenswerten Ziele von Nationalparks wie dem Tiveden in Schweden oder dem Krka-Nationalpark in Kroatien über etablierte Reiseregionen wie die Côte d'Azur, die Toskana oder Katalonien bis hin zu lebendigen Metropolen wie Venedig, Kopenhagen und die deutsche Hauptstadt Berlin. Sicherlich könnte man gleich mehrere Bände mit den Top-Wohnmobil-Reisezielen für Europa füllen, so wird noch ein weiterer Band folgen. Jedes aufgeführte Ziel garantiert einen unvergesslichen Urlaub mit dem Wohnmobil!
Wer mehr über diese Ziele erfahren möchte, kann weitere Infos z. B. über das Internet einholen. Die entsprechenden Adressen sind bei den Zielen stets angegeben. Darüber hinaus lohnt sich auch ein Blick in die Reiseführer oder auf die Website www.reisemobil-routen.de. Gute Tourenführer sind ebenfalls im Bruckmann Verlag erschienen, und so stellen die umfangreichen Reiseführer zu den Destinationen Norwegen, Schweden, England, Schottland, Deutschland, Alpenvorland, Schweiz, Frankreichs Norden und Frankreichs Süden sowie Kroatien eine gute Ergänzung dar. Sie werden jedem Reisemobilisten ein hilfreicher Wegbegleiter sein.

Eine erlebnisreiche Reise wünscht Ihnen
Dr. Thomas Kliem

Auch Metropolen wie London (oben) oder Amsterdam (Mitte) gehören zu den beliebten Reisezielen. Sie bieten hochrangige Museen, ein buntes Kulturprogramm und beste Einkaufsmöglichkeiten. In manchen Regionen locken traumhafte Gärten und herrliche Parkanlagen. Wer im Tal der Loire die vielen Schlösser besucht, wird auch von den schönen Parks begeistert sein (unten).

1 FJORDLAND

ZU DEN SCHÖNSTEN FJORDEN NORWEGENS

In der Eiszeit haben mächtige Gletscher eine spektakuläre Landschaft hinterlassen, und so fährt der Reisemobilist durch ein Gewirr von kleinen und großen Fjorden. Die Anziehungskraft der Fjorde, die sich weit ins Inland erstrecken, ist groß und für viele der Hauptgrund, Norwegen zu besuchen. Eine reizvolle und gut erreichbare Reiseregion erstreckt sich zwischen den attraktiven Städten Bergen und Ålesund.

Der Landesteil Westnorwegen wird auch als »Fjordland« bezeichnet, und obwohl sich die Fjordlandschaft nahezu über die gesamte norwegische Küste erstreckt, gibt es hier die schönsten Fjorde zu entdecken. Das Spektrum reicht vom gigantischen Sognefjord, der sich rund 180 Kilometer ins Land schlängelt, über den winzigen Nærøyfjord bis hin zum weltberühmten Geirangerfjord.

Auf dem Weg vorbei an hohen Felswänden, durch malerische Fischerdörfer und freundliche Städte kann man sich an der Landschaft nicht sattsehen und erlebt eine wahre Reizüberflutung. Manchmal endet die Straße am Fähranleger, und dann muss die Reise mit einer Fähre fortgesetzt werden. Diese kann man ganzjährig nehmen, denn dank des Golfstroms, dessen warme Wassermassen an der Küste vorbeiströmen, bleibt die Küste eisfrei.

Die Winter sind hier trotz der nördlichen Lage mild. So ist es auch nicht verwunderlich, dass entlang der Fjorde viele Obstplantagen zu finden sind. Berühmt für seine wunderschöne Obstblüte und die schmackhaften Äpfel ist der Hardangerfjord. Die Fährfahrt gleicht einer kleinen Kreuzfahrt, und vom Deck aus kann man den Blick auf die teils verschneiten Berge und die tosenden Wasserfälle genießen.

Einige Fjorde sind auch Ziele riesiger Kreuzfahrtschiffe sowie der traditionsreichen Hurtigruten.

ENTSTEHUNG DER FJORDE

Für das heutige Landschaftsbild Skandinaviens und insbesondere Norwegens ist die letzte Eiszeit verantwortlich, die aus sechs Kaltzeiten bestand, die immer wieder von Warmzeiten unterbrochen wurden. Möglicherweise dauerte die gesamte Eiszeit rund 2,5 Millionen Jahre. Die durchschnittliche Temperatur lag um ca. 8 °C tiefer als heute, und die Schneegrenze war rund 1200 Meter niedriger.

Die letzte Kaltzeit der Eiszeit, die Weichsel-Würmeiszeit, endete vor ungefähr 10 000 Jahren. In dieser Kaltzeit war ganz

Wer im Fjordland direkt am Ufer steht, geht z.B. am Geirangerfjord auf Tuchfühlung mit den riesigen Kreuzfahrtschiffen (oben). Abseits der grandiosen Fjorde locken Landschaften wie die karge Hochfläche Hardangervidda (unten). Wassersport und erfolgreiches Angeln bieten sich an einem der vielen Fjorde an. Spannend wird es im Geirangerfjord, wenn die Kreuzfahrtschiffe einlaufen (rechte Seite).

Skandinavien vom Nordischen Inlandeis bedeckt, insgesamt beachtliche 3,1 Millionen Quadratkilometer. Die Eismassen hatten im Zentrum, das über Nordschweden lag, eine Dicke von bis zu 3800 Metern. Durch Schneefall und Lawinentätigkeit erhielten die Gletscher ständig neues Material und konnten sich aufbauen.

Durch Zurückweichen und Vorschieben der gigantischen Gletscher (Oszillation) wurde die Landschaft ge- und verformt. An den Küsten nahm die Stärke der Eisschicht ab, und die Gletscher, die hier in den heutigen Flusstälern lagen, gruben sich durch ihre ständige Bewegung tief ein. Sie schufen die mächtigen und tiefen Fjorde, also wassergefüllte Trog- oder U-Täler. Der Sognefjord ist z. B. mit seinen 1308 Metern weitaus tiefer als das Schelfgebiet der Nordsee. Im Inland wurden durch die gleiche mechanische Arbeit der Gletscher ebenfalls die meisten Täler geschaffen. Hier ist die Talform mit der typischen U-Form noch weitaus besser zu erkennen.

SOGNEFJORD – KÖNIG DER FJORDE

Nach der Theorie folgt die Praxis, und so steuert der Reisemobilist die Provinzen Hordaland, Sogne og Fjordane und Møre og Romsdal an. Längster Fjord des Landes ist der Sognefjord. Ein Blick auf die Karte zeigt, dass dieses rund 180 Kilometer lange Fjordsystem aus vielen Nebenfjorden und Fjordarmen besteht und nur

In den Staukasten des Reisemobils gehören auf jeden Fall die Wanderschuhe. Wer um den See Storekrækkja in der Hardangervidda wandert (oben), parkt nahe der Touristenhütte Fagerheim Fjellstue (unten). Unvergessen wird eine Wanderung hinauf zum Galdhöpiggen sein (rechts). Mit 2469 Metern ist er der höchste Berg Skandinaviens.

durch viele Fähren überwunden werden kann. Die schönste Fährfahrt stellt die rund zweieinhalbstündige Fahrt von Kaupanger nach Gudvangen dar.

Nach der Besichtigung der Stabkirche von 1185 fährt der Reisemobilist auf die Fähre und wird zunächst über den breiten Sognefjord befördert. Dann geht es durch den schmaleren Auerlandsfjord und schließlich durch den winzigen, 18 Kilometer langen Nærøyfjord. Der atemberaubende letzte Abschnitt führt an 1000 Meter hohen Felswänden vorbei, und später blickt man auf alte Bauernhäuser.

Zu den Attraktionen am Ufer des Sognefjords gehört der malerische und traditionsreiche Touristenort Balestrand, der neben vielen Prominenten auch Kaiser Wilhelm II. zu seinen Gästen zählte. An dem Nebenfjord Lustrafjord steht mit der Kirche von Urnes die älteste Stabkirche des Landes. Sie wurde Mitte des 11. Jahrhunderts errichtet und steht heute auf der Liste des UNESCO-Weltkulturerbes.

TRUBEL IM GEIRANGERFJORD

Der berühmteste Fjord ist zweifelsfrei der Geirangerfjord, und so wird er nicht nur von vielen Kreuzfahrtschiffen angelaufen, sondern auch zahlreiche Hotel- und Campinggäste strömen in den kleinen Ort Geiranger. Im Winter schläft der Touristenort – im Sommer hingegen gehört das 300-Seelen-Dorf zu den lebendigsten Orten des Landes.

Von seiner schönsten Seite lernt man den kleinen Fjord auf einer Fährfahrt von Hellesylt nach Geiranger kennen. Aus dem Lautsprecher ertönen dann die Infos zu den berühmten Wasserfällen und den

verlassenen Höfen, die über den steilen Felswänden zu sehen sind.

Nicht versäumen sollte man die Fahrt auf den Berg Dalsnibba. Wer den Campingplatz »Geiranger Camping«, der direkt am Wasser liegt, verlässt und zum Dalsnibba fährt, wird fast kontinuierlich hinauffahren und erst auf 1476 Metern Höhe anhalten. Die letzten Kilometer führen dann über eine kostenpflichtige und private Schotterstraße. Von dem ebenen Parkplatz auf der Spitze des Berges ist der Blick auf die umliegenden Berge, den Gletscher und den Geirangerfjord fantastisch!

HANSESTADT BERGEN

Neben den grandiosen Fjorden laden viele urige Dörfer und sehenswerte Städte zu einer Stippvisite ein – allen voran die Stadt Bergen. Glücklicherweise verfügt sie über einen einfachen, aber stadtnahen Stellplatz, und so kann man zu Fuß die Stadterkundung beginnen.

Bergen ist mit 250 000 Einwohnern nach Oslo die zweitgrößte Stadt Norwegens und bekannt wegen ihrer hohen Niederschläge: Rund 2000 Millimeter fallen im Jahr, was annähernd der dreifachen Millimetermenge der Stadt Köln entspricht. Aber selbst bei Regen verliert die einstige Hansestadt nicht ihren besonderen Charme. Viele Sehenswürdigkeiten und alte Bauwerke in der Altstadt und entlang des Hafenbeckens Vågen gilt es zu entdecken. Vorzeigebauten sind die krummen und farbenfrohen Holzhäuser Bryggen, die im 12. Jahrhundert errichtet und nach einem Brand von 1702 originalgetreu wieder aufgebaut wurden. Sie zieren Reiseführer und

Der bekannteste Fjord ist der kleine Geirangerfjord. Ein Abstecher führt über eine mautpflichtige Schotterstrecke (oben) hinauf auf den Berg Dalsnibba. Das Panorama ist fantastisch. Lohnenswert ist auch die Fahrt mit der kleinen Fähre durch den Geirangerfjord, vorbei an vielen Wasserfällen (Mitte). Der Fischmarkt gehört zu den Attraktionen von Bergen (unten).

Bildbände und stehen in der UNESCO-Weltkulturerbeliste. Hier wurden zur Hansezeit u. a. Salz, Bier, Getreide und Fisch umgeschlagen. Nur wenige Schritte sind es zum berühmten Fischmarkt, an dem man Fisch und Meeresfrüchte aller Art kaufen oder direkt verzehren kann. Hier hört man Sprachen aus aller Herren Länder, denn in Bergen machen ebenfalls viele Kreuzfahrtschiffe fest.

Wenn die Schiffe am Abend abgelegt haben, sollte man ein Ticket für die Standseilbahn »Fløibanen« lösen, mit ihr auf den Aussichtsberg Fløyen hinauffahren und den Blick aus 320 Metern Höhe über die schöne Stadt genießen. Dann kann man die Stadtkarte zur Hand nehmen

und sich über den Besuch weiterer Sehenswürdigkeiten Gedanken machen. Die Liste ist lang, und so bieten sich Attraktionen wie das Hanseatische Museum, das Fischereimuseum, die Marienkirche aus dem Jahr 1270, die Festung Bergenhus mit der »Håkonshalle« und dem Rosenkranzturm, das Aquarium und einige Kunstmuseen an.

Vor den Toren lockt »Troldhaugen« – das ehemalige Zuhause, eine kleine Konzerthalle und die Komponistenhütte des berühmten Komponisten Edvard Grieg – zu einem Besuch. Dieser wurde 1843 in Bergen geboren.

Lohnenswert ist auch eine Fahrt mit dem Wohnmobil über die vorgelagerten Inseln. Hierbei geht es mit Blick auf den

Im Fjordland sind zwar die Fjorde oder die Hochgebirgsregion Jotunheimen (unten) die Attraktion, allerdings sollte man sich auch den kulturellen Highlights widmen. Ein Beispiel sind die Stabkirchen z.B. in Kaupanger (oben) oder die alte Häuserzeile Bryggen in Bergen (rechts). In Fjordland locken gute Campingplätze und wenige Stellplätze wie in Jørpeland (rechte Seite oben).

Horizont über viele Brücken bis zur nördlichen Insel Hellesøy.

JUGENDSTILSTADT ÅLESUND

Neben Bergen zeigen sich auch Küstenstädte wie Florö und Åndalsnes von ihrer besten Seite. Ein Muss ist die Stadt Ålesund, die ihre heutige Attraktivität einem traurigen Schicksal verdankt: Im Jahr 1904 wurden große Teile der Stadt durch ein verheerendes Feuer zerstört. In den Jahren 1904 bis 1907 erfolgte dann der Wiederaufbau im Jugendstil, und so schlendert man heute durch eine malerische Altstadt, die sich über drei Inseln erstreckt.

Hierbei geht es vorbei an farbenfrohen Häusern mit Rundbögen, Erkern und kleinen Türmchen. Davor haben Schiffe festgemacht und untermalen die schöne Atmosphäre. Die Kirche wurde 1909 fertiggestellt und besticht durch ihre schönen Glasfenster. Einen abschließenden tollen Blick über die umgebenden Fjorde, die vorgelagerten Inseln und natürlich die reizvolle Stadt hat der Besucher vom Hausberg Aksla. Die vergossenen Schweißperlen auf den 418 Stufen hinauf sind bei dem herrlichen Panorama schnell vergessen.

AUSFLÜGE INS LANDESINNERE ZU DEN NATIONALPARKS

Auch wenn es das Kartenbild nicht erkennen lässt, so macht doch die Fahrt mit dem Reisemobil durch das Fjordland viel Spaß. Vielfach sind Hürden wie der berühmte Trollstigen mit seinen zahlreichen Haarnadelkurven zu überwinden, oder es geht durch kilometerlange Tunnel. An wenigen Stellen erfassen Kameras das Kennzeichen, und per Post erhält man später eine geringe Rechnung für diese Maut.

Folgt man den Fjorden ins Landesinnere, erschließen sich dem Reisemobilisten weitere atemberaubende Landschaften wie die Nationalparks der Hochgebirgsregion Jotunheimen, der Gletscherregion Jostedalsbreen oder der riesigen Hochfläche Hardangervidda.

Jotunheimen lässt sich mit »Heim der Riesen« übersetzen. Kein Wunder, denn immerhin sind hier 25 Berge höher als 2290 Meter. Der höchste Berg ist der Galdhöpiggen. Er streckt sich 2469 Meter in die Höhe und ist somit auch die höchste Erhebung ganz Skandinaviens. Eine Wanderung führt angeseilt über einen Gletscher und wird unvergessen bleiben.

Wesentlich mehr Gletscher bietet die Gletscherregion Jostedalsbreen. Nach Island befinden sich hier die größten Gletscher in ganz Europa. Viele Gletscherzungen erreicht man so, wie z. B. den Briksdalsbreen: Dort stellt man sein Wohnmobil auf dem Stellplatz am Berggasthof »Briksdalsbre Fjellstove« ab und startet mit der einstündigen abwechslungsreichen Wanderung zur Gletscherzunge, die sich bis auf eine Höhe von rund 350 Meter über N.N. erstreckt.

Wanderungen machen auch auf der rund 7400 Quadratkilometer großen Hochfläche Hardangervidda viel Spaß. Ein guter Ausgangspunkt hierfür ist die Wanderhütte Fagerheim, die an der Reichsstraße 7 liegt. Hier beginnt ein rund vierstündiger Wanderweg rund um den See Storekrækkja – eines von vielen naturnahen Erlebnissen im Fjordland Norwegens.

STELLPLATZ: Stellplätze sind eine Seltenheit in Norwegen. Aber Rosendal, Sandeid, Jørpeland, Åndalsues, Briksdalsbre, Olensvag, Stord, Ålesund und Bergen besitzen welche. In Ålesund steht man direkt am Fjord: Sørenskriver Bulls gate, GPS 62°28'36" N, 6°09'35" E. In Bergen befindet sich der Stellplatz an der Eishalle Bergenshalle im südlichen Stadtteil Slettebakken. Zum Zentrum (Bryggen) sind es rund 7 km: Vilhelms Bjerknes Vei 24, 5081 Bergen, Tel. 55 56 88 50, N 60°21'14"; E 5°21'31"

CAMPINGPLATZ: Viele der rund 1400 norwegischen Campinglätze befinden sich im Fjordland und haben eine naturnahe Lage. Zu den vielen besonderen Plätzen gehört u. a. »Geiranger Camping«, da man hier direkt auf die Kreuzfahrtschiffe blicken kann; er befindet sich direkt am Ortsrand: Tel. +47/70 26 31 20, www.geirangercamping.no, GPS 62°05'59" N, 7°12'25.7" E.

INFOS: Innovation Norway, Caffamacherreihe 5, 20355 Hamburg, Tel. 040/229 41 50, www.visitnorway.com; www.visitBergen.com; www.camping.no

TIPP: Angel nicht vergessen! An den Fjorden kann man ohne Angelerlaubnis angeln, z. B. Dorsch und Makrele.

2 LILLEHAMMER

OLYMPIASTADT MIT HERZ

Die norwegische Stadt Lillehammer ist seit den Olympischen Winterspielen 1994 weit über die Landesgrenzen hinaus bekannt. Die freundliche Stadt bietet ein reiches kulturelles Programm, viele Aktivitäten und gute Campingplätze. Ein Besuch lohnt sich zu jeder Jahreszeit.

Lillehammer begeistert zunächst durch die schöne Lage am Mjösasee, der mit einer Länge von 100 Kilometern der längste See des Landes ist. Die Stadt liegt am Eingang des langen Talzugs Gudbrandsdal und ist die Provinzhauptstadt von Oppland. 1994 erfuhr das Städtchen einen Aufschwung, denn anlässlich der erfolgreich ausgetragenen Olympischen Winterspiele entstanden neue Sportanlagen, Bauwerke und Attraktionen. Heute ist das Angebot für den Reisemobilisten groß, und so lohnt sich ein Aufenthalt von mehreren Tagen. Ein empfehlenswerter Campingplatz ist »Lillehammer Camping«, der direkt am See liegt. Ein rund 20-minütiger Spaziergang bringt den Urlauber von dort ins nette Stadtzentrum. Hier bereitet ein Einkaufsbummel in der verkehrsberuhigten Einkaufsstraße Storgatan viel Freude.

INTERESSANTE SEHENSWÜRDIGKEITEN

Das Freilichtmuseum Maihaugen gehört zu den interessantesten Museen, die Skandinavien zu bieten hat. Hier wurden alte Bauwerke aus der Region aufgestellt, und nach alter Tradition wird auch heute hier noch gelebt und das Handwerk verrichtet. Natürlich kann man einen Blick u. a. in alte Hofgebäude, Werkstätten, die Schule oder die Stabkirche werfen. Nicht versäumen sollte man den Gang durch die geschichtliche Ausstellung, die einen Einblick von der Eiszeit bis zur Gegenwart gewährt.

Lohnenswert ist auch ein Besuch des Kunstmuseums, des Olympiamuseums sowie der vielen Sportanlagen, wie z. B. der weithin sichtbaren Schanzenanlage Lygårdbakkene. Sie bietet einen grandiosen Blick über die Stadt und den Mjösasee. Im Winter stehen in der Umgebung rund um Lillehammer zahlreiche Wintersportarten auf dem Programm, und es lohnen sich viele Aktivitäten. Besonders spannend geht es dann im Abfahrtsgebiet Hafjell zu, wo man im Sommer mit dem »Downhill-Mountainbike« hinunterfahren kann. Ähnlich spannend ist eine Fahrt mit dem Bob auf der Bobbahn Hunderfossen, die im Sommer möglich ist. Wer es ruhiger mag, freut sich über einen Ausflug mit dem Skibladner, einem historischen Raddampfer, der seit 1856 auf dem Mjösasee unterwegs ist. An Bord wird Lachs mit Erdbeeren serviert (www.lillehammerturist.com).

Vor den Toren der Stadt Lillehammer erinnert direkt am langen Mjösasee ein großes Schild an das Olympiajahr (oben). Am 12.2.1994 wurden die Olympischen Winterspiele feierlich eröffnet. Größte Sehenswürdigkeit der Stadt ist unbestritten das Freilichtmuseum Maihaugen. Neben vielen historischen Gebäuden kann hier auch eine Stabkirche besichtigt werden (unten).

3 PREIKESTOLEN

EINZIGARTIGER FELSEN IM LYSEFJORD

Zwischen dem Nordkap und Sizilien hat sicherlich jeder Reisemobilist sein persönliches Fleckchen, das für ihn außergewöhnlich ist. Norwegen bietet mit seinen vielen spektakulären Landschaften zahlreiche solcher unvergleichlichen »Spots«. Einzigartig – sicherlich auch weltweit – ist auch der atemberaubende Felsen Preikestolen.

Es gibt wohl kaum einen Reiseführer oder Bildband über Norwegen, der den grandiosen Felsen Preikestolen nicht hinreichend bebildert aufführt. So ist er nicht nur weit über die Landesgrenzen hinaus bekannt – auch der Wunsch, den Preikestolen einmal zu besuchen, ist bei vielen Touristen sehr groß. Vielleicht trägt gerade dieser Felsen dazu bei, dem campingfreundlichen Norwegen einmal einen Besuch abzustatten?
Der Preikestolen befindet sich im Süden des Landes, in der Provinz Rogaland, westlich von Stavanger. Gute Straßen und Fährverbindungen und ein guter Campingplatz ermöglichen eine problemlose Anfahrt und eine erholsame Übernachtung. Nur zwei Kilometer sind es vom Campingplatz »Preikestolen Camping« (www.preikestolencamping.com) zum Wanderweg bzw. zum Parkplatz am Ausgangspunkt. Der Campingplatz bietet ebene Rasenstellplätze, moderne Sanitärgebäude und sogar Hubschrauberflüge. Zum kleinen Ort Jørpeland am Fjord Idsefjorden sind es rund fünf Kilometer.

AUF ZUM »PREDIGTSTUHL«

Gefragt sind eine gute Kondition, festes Schuhwerk, ein wenig Proviant und ausreichend Platz auf der Foto-Speicherkarte ... Dann kann es losgehen!
Für die sechs Kilometer lange Wanderung zum Felsen muss man rund zweieinhalb Stunden einplanen. Die Wanderung an sich ist schon ein Erlebnis: Über markierte Pfade, Holzstege und Geröllflächen geht es durch Feuchtgebiete, Wälder und über das Moslifjell. Dazwischen laden kleine Seen zu einer Pause ein. Dann blickt man auf den grandiosen Lysefjord und sieht in der Ferne den Preikestolen mit seiner atemberaubenden Silhouette. Rund 300 Höhenmeter hat man am Ende der Wanderung überwunden und freut sich mit vielen anderen Wanderern über das Erreichen des Felsens. Hier steht man auf einer quadratischen, 25 x 25 Meter großen ebenen Grundfläche und blickt ungesichert 600 Meter hinunter auf den Lysefjord. Waghalsige Besucher nehmen an der Kante Platz und sind von dem Panorama begeistert (www.ryfylke.com).

Wer sich zum Preikestolen aufmacht, findet in dem Campingplatz »Camping Preikestolen« ein ideales Basislager (oben). Hier erholt man sich, bevor man dann bergauf zum Felsen Preikestolen wandert. Auf der nahezu quadratischen Fläche blickt man dann 600 Meter zum Lysefjord hinab (unten). Langweilig wird es hier nicht, denn schließlich treffen hier zahlreiche Wanderer ein.

 OSLO

LEBENDIGE METROPOLE NORWEGENS

Die Hauptstadt Norwegens ist zu jeder Jahreszeit ein Volltreffer: Oslo präsentiert sich mit einem herrlichen Stadtzentrum und vielen hochrangigen Attraktionen wie der neuen Schanzenanlage Holmenkollen, der Neuen Oper, dem stattlichen Schloss, den Vigeland-Anlagen und der lehrreichen Museumsinsel. Abseits der lebendigen Metropole erstreckt sich ein landschaftlich reizvolles Umland mit bewaldeten Höhen und idyllischen Inseln.

Keine andere norwegische Stadt hat so viel zu bieten wie Oslo. Mittlerweile schlägt das Herz auch auf Aker Brygge, dem wiederbelebten Hafen- und Werftviertel (oben). Beliebt ist der Frognerpark mit den Vigeland-Anlagen (unten). Neueste Attraktion ist das Kunstmuseum »Astrup Fearnley Museet« (rechte Seite unten). Empfehlenswert ist der Stellplatz »Sjølyst Marina« (rechte Seite oben).

Mit der Fähre geht es ohne Anreisestress von Kiel direkt nach Oslo, wo man sich dann ganz entspannt der weltoffenen Metropole widmen kann. Die Geschichte der Stadt lässt sich rund 7000 Jahre zurückverfolgen. In dieser Zeit war der nördliche Teil des Oslofjords bereits besiedelt. Die Stadtgründung erfolgte im Jahr 1050 durch König Hårdråde. Im Lauf der Jahrhunderte konnte sich die Stadt gut entwickeln, blieb jedoch im Jahr 1348 von der Pest nicht verschont. 1624 ließ König Christian die Stadt im Schachbrettmuster, mit rechtwinklig aufeinanderstoßenden Straßen, erbauen. Zu den jüngsten Ereignissen gehören der Einmarsch der deutschen Truppen im Jahr 1940, die Austragung der Olympischen Winterspiele 1952 und der Bombenanschlag von 2011.

Die Stadt zählt heute rund 600 000 Einwohner und vermittelt eine freundliche und friedliche Atmosphäre. Im Rathaus wird alljährlich der Friedensnobelpreis vergeben. Im Herzen der Stadt wird der Reisemobilist Gefallen an den zahlreichen prachtvollen Bauwerken, den gepflegten Parkanlagen und den Sehenswürdigkeiten finden. Und auch wenn das norwegische Preisniveau über dem heimischen liegt, so kann man in vielen Geschäften doch noch so manches Schnäppchen erwerben.

LEBHAFTE INNENSTADT

Zu Fuß kann man bequem das Stadtzentrum erkunden, denn die Hauptattraktionen sind nicht weit voneinander entfernt. Das markante Rathaus mit seinen beiden wuchtigen Türmen steht am Hafen und zieht mit der weltweit größten Turmuhr alle Blicke auf sich. Gegenüber befindet sich der revitalisierte Hafenbereich »Aker Brygge«. Alte Werften und Lagerhäuser mussten Geschäften, Büros, Eigentumswohnungen und beliebten Gastronomiebetrieben weichen. Hier sitzt man auf der Holzterrasse am Kai und blickt auf die ein- und auslaufenden Fähren und Ausflugsschiffe, auf teure Yachten, Traditionssegler und die riesigen Kreuzfahrtschiffe am

gegenüberliegenden Ufer sowie auf die Festung Akershus. Sie gehört zu den vielen Bauwerken, die man im Rahmen der Stadterkundung ansteuern sollte.

In diese lange Liste reihen sich auch das schöne Nationaltheater, das Parlamentsgebäude Storting, die Domkirche, die Universität und das Schloss. Hier residiert der norwegische König Harald V. und blickt hinunter auf die Karl Johans gate, die Prachtstraße der Stadt. Diese – im Winter beheizte – Promenade führt an vielen Geschäften und Lokalen vorbei. Am Nationalfeiertag, dem 17. Mai, gehen die Kinder diese Straße entlang und werden dann vom König in Empfang genommen.

LEHRREICHE MUSEUMSINSEL

Highlight der Stadterkundung ist der Besuch der Museumsinsel Bygdøy. Hier kann man hochrangige Museen erkunden, die sich mit dem Thema »Schifffahrt« beschäftigen. Unvergessen wird ein Besuch im Wikingerschiffmuseum sein. Lehrreich ist auch ein Rundgang im Folkemuseum, einem Freilichtmuseum, in dem man auch eine Stabkirche be-

wundern kann. Oslo bietet mehr als 50 Museen, und ein Muss ist das Edvard-Munch-Museum, das viele Werke des berühmten Expressionisten beherbergt. Vor Aker Brygge ist mit dem Astrup Fearnley Museum ein herausragendes Kunstmuseum entstanden. Kunst bietet auch der Frogner-Park. In diese herrliche Parkanlage zieht es die Einheimischen und Gäste gleichermaßen. Herzstück sind die Vigeland-Anlagen mit den rund 200 Skulpturen, die der Künstler Gustav Vigeland (1869–1943) geschaffen hat.

NEUE ATTRAKTIONEN

Oberhalb von Oslo steht die neue Schanzenanlage Holmenkollen, von der sich waghalsige Skispringer in die Tiefe stürzen. Mit dem Aufzug geht es hinauf zum unvergleichlichen Panorama.

Ebenfalls einen guten Blick über die Stadt hat man vom Dach der Neuen Oper, die am Hafen erbaut wurde und durch ihre progressive Architektur besticht.

Mit einer ebenfalls sehr progressiven Architektur kann das neue Kunstmuseum »Astrup Fearnley Museet« aufwarten (nahe Aker Brygge).

STELLPLATZ: Rund 4 km westlich vom Stadtzentrum befindet sich der Stellplatz »Sjølyst Marina«, direkt an der E 18; hier steht man auf einer großen Asphaltfläche direkt neben den Stegen des Yachthafens – zu Fuß, mit dem Fahrrad oder mit dem Bus geht's ins Zentrum: Tel. +47/91 39 09 82, www.bobilparkering.no, GPS 59°55′13″ N, 10°40′31″ E.

CAMPINGPLATZ: Rund um Oslo stehen mit »Bogstad Camping«, »Fjordcamping« und »Ekeberg Camping« drei Plätze zur Verfügung. Die geringste Entfernung zur Stadtmitte hat »Ekeberg Camping«; mit dem Bus geht's ins Zentrum: Ekebergveien 65, N-1181 Oslo, Tel. +47/22 19 85 68, www.ekebergcamping.no, GPS 59°53′54″ N, 10°46′22″ E.

INFOS: Innovation Norway, Caffamacherstr. 5, 20355 Hamburg, Tel. 040/229 41 50, www.visitnorway.de; www.visitoslo.com

TIPP: Der »Oslo-Pass« ist für ein, zwei oder drei Tage erhältlich und bietet freie Eintritte, viele Rabatte und kostenlose Beförderung mit öffentlichen Verkehrsmitteln. Generell ist man mit dem Fahrrad in Oslo gut unterwegs.

5 SÜDNORWEGEN

AN DER »NORWEGISCHEN RIVIERA«

An der südnorwegischen Küste, der sogenannten »Norwegischen Riviera«, herrscht ein fast schon mediterranes Flair. Mit dem Reisemobil geht es überwiegend am Skagerrak entlang. Auf der vielseitigen Route präsentieren sich schmucke weiße Holzstädtchen in einer malerischen Inselwelt mit unzähligen Schären und Campingplätzen, die direkt am Wasser liegen. Lebendig wird es in der Stadt Kristiansand, einsam hingegen rund um das Südkap.

An der südnorwegischen Küste herrscht stets eine ausgelassene Stimmung. Wassersportler und Campingtouristen zieht es in den sonnenreichen Süden. In gepflegten Städten wie Arendal (oben) und Grimstad (unten) kann man die Seele baumeln lassen. In Grimstad lebten auch Größen wie der Dichter Henrik Ibsen oder Friedensnobelpreisträger Knut Hamsun.

Die kürzeste Fährverbindung nach Norwegen besteht vom dänischen Hirtshals aus nach Kristiansand. Nach wenigen Stunden Überfahrt über das Skagerrak taucht der Reisemobilist in eine wahrlich andere Welt ein – der Blick von der Fähre auf die Schärenküste und die kleinen weißen Holzhäuser steigert die Vorfreude auf die anstehenden Urlaubstage.

Eine schöne Region im Süden des rund 4,9 Millionen Einwohner zählenden Landes ist der Landesteil Sörland mit den Provinzen Vest-Agder und Aust-Agder. In diesem südlichsten Teil Norwegens scheint die Sonne häufiger als im übrigen Land. Sommerliche Temperaturen und unzählige Badebuchten garantieren eine ausgelassene Urlaubsatmosphäre. Der Reisemobilist sollte sich in jedem Fall auf die Küste konzentrieren. Auch wenn hier die gut ausgebaute E 18 sowie die E 39 entlangführen, sollte man zwischen dem idyllischen Städtchen Kragerø im Osten und dem freundlichen Flekkefjord auch die kleineren Küstenstraßen befah-

ren. So hält man Kontakt mit der grandiosen Küstenlandschaft, verpasst keinen der hübschen Orte und gelangt ohne Umwege an die guten Campingplätze. Diese bieten vielfach gute Bademöglichkeiten, den Verleih von Booten, mit denen man Ausflüge an der Küste unternehmen kann, und schließlich kann man hier auch seine Angel auswerfen – vielleicht landet dann ein Dorsch oder eine Makrele auf dem Grill!

Wer kein Glück beim Angeln hat, kann Fischgerichte auch in Kristiansand, der größten Stadt Südnorwegens, in zahlreichen Restaurants genießen.

KRISTIANSAND – METROPOLE IM SÜDEN

Die vielseitige Provinzhauptstadt zählt rund 82 000 Einwohner und ist damit schon die fünftgrößte Stadt des Landes; für viele ist sie daher der Ausgangspunkt einer Norwegenreise.

Statt der vielleicht erwarteten Holzhausidylle bilden mehrstöckige Steinhäuser das Stadtzentrum. Der dänisch-norwe-

gische König Christian IV. ließ 1641 die Stadt auf einem schachbrettartigen Grundriss anlegen. So stoßen die Straßen in einem rechten Winkel aufeinander, was die Orientierung erleichtert. Das interessante Zentrum wird als »Kvadratur« bezeichnet. Hier befinden sich Geschäfte, Restaurants und der sehenswerte Dom. Nur wenige Schritte sind es bis zur Küste mit der netten Promenade und der Festung Christiansholm mit ihren fünf Meter dicken Mauern. Sehenswert ist neben dem Stadtteil Posebyen mit seinen alten Holzhäusern und dem Zoo auch das Vest-Agder Fylkemuseum, ein Freilichtmuseum mit alten Hofanlagen aus dem Setesdal.

WEISSE HOLZHAUSIDYLLE

Wie aus einem Guss zeigen sich Küstenstädte wie Mandal, Flekkefjord, Grim-

stad, Risør, Tvedestrand oder Lillesand. Makellose weiße Holzhäuser wirken grell vor dem oft dunkelblauen Himmel. Im Herz der Orte tummeln sich Gäste und Einheimische gleichermaßen in den Straßencafés, und in der benachbarten Marina werden die Segelboote aufgetakelt. Beim genaueren Betrachten zeigen sich jedoch viele Unterschiede im Detail, und mit so mancher Attraktion kann sich das eine oder andere Städtchen absetzen. So rühmt sich Mandal, die südlichste Stadt des Landes zu sein, und bietet neben diesem Superlativ auch noch die größte Holzkirche Norwegens. Es lohnt sich auch, einen Blick in das informative Stadtmuseum von Mandal zu werfen. Grimstad kann mit zwei berühmten Bewohnern aufwarten: So lebte der Dramatiker Henrik Ibsen (1828–1907) in der Stadt, und der Friedensnobelpreisträger

An der südnorwegischen Küste locken viele Badestrände, wie in dem Ort Groos, nahe Grimstad (oben links). Auf dem Weg zum Südkap blickt man über kleine Inseln hinweg zum Horizont und fährt über eine kleine Küstenstraße (oben). Am Südkap sollte man hinauf zum alten Leuchtturm gehen. Nach der Besteigung des Leuchtfeuers genießt man die tolle Fernsicht (unten).

NORWEGEN

Knut Hamsun wohnte bis zu seinem Tod im Jahr 1952 auf dem Gut Nørholm, etwas außerhalb der Stadt. Grimstad lebte einst vom Schiffbau und hatte zu Spitzenzeiten mehr als 40 Werften. Heute ist der Fremdenverkehr eine wichtige Einnahmequelle, und so steht bei den Stadtbesuchern neben der prächtigen Kirche Grimstad Kirke auch ein Besuch des Ibsenmuseums Ibsenhuset auf dem Programm. Es befindet sich in der ehemaligen Apotheke, in der Ibsen seine Apothekerlehre absolvierte.

Tvedestrand liegt an der langen Bucht Oksefjord und lockt mit einer schönen Innenstadt. Hier fällt das kleinste Haus Norwegens aus dem Rahmen: Diese Kuriosität trägt den Spitznamen »Bügeleisen«.

Erlebt haben muss der Reisemobilist auf jeden Fall den bezaubernden Ort Risør, der bei einem Großbrand von 1861 den Flammen zum Opfer fiel. Unter die vorwiegend weißen Holzhäuser mischen sich auch mal bunte Häuser. Eine Gasse führt hinauf zur sehenswerten Heilig-Geist-Kirche, die 1647 errichtet wurde und vom Feuer verschont geblieben ist. An heißen Sommertagen herrscht viel Trubel in den Restaurants und am Hafen, wo sich dann unzählige Wassersportler tummeln. Für sie ist der markante Leuchtturm Stangholmens Fyr eine wichtige Landmarke.

Als »Perle unter den Küstenorten« kann Kragerø bezeichnet werden. Hier lebte für einige Jahre der berühmte norwegische Maler Edvard Munch. Heute zieht es viele Touristen und Wassersportler in das freundliche Städtchen.

AUTOFREIE INSEL LYNGØR

Wer sich für wenige Stunden von seinem Reisemobil trennen kann, sollte einen Ausflug auf die autofreie Insel Lyngør unternehmen. Hier zieht das kleine gleichna-

Tvedestrand (oben) reiht sich in die Liste der sehenswerten Orte ein. Das Kap Lindesnes (unten) gehört wie das 2518 km entfernte Nordkap zu den geografischen Besonderheiten. Im Süden, direkt an der Küste (rechts) ist es ebenso karg wie im Norden. Lohnenswerter Campingplatz ist Lovisenberg, nahe Kragerø (rechte Seite oben). Parken in Kragerø (rechte Seite unten).

mige Dorf mit seinen schmucken Holzhäusern jeden Besucher sofort in seinen Bann. Man kann die Seele baumeln lassen und sich an dem Blick über die herrliche Küste erfreuen. Ein kleiner Rundgang macht Spaß, denn schließlich schlendert man durch ein Dorf, das 1991 zum besterhaltenen Ort in Europa gewählt wurde.

ARENDAL

Im Vergleich zu den weißen Küstenstädtchen wirkt Arendal direkt großstädtisch. Rund 12 000 Menschen leben in der Stadt, die sich über sieben Inseln erstreckt. Die vielen Brücken brachten ihr den Beinamen »Venedig des Nordens« ein. In ihrem lebendigen Stadtzentrum herrschen Steinhäuser vor. Ein prächtiges Holzhaus hingegen ist das Rathaus (1815); es ist auch das zweitgrößte Holzhaus Norwegens. Einen Besuch wert sind die Dreifaltigkeitskirche von 1888, das Skippermuseet auf der autofreien Insel

Merdø sowie das Provinzmuseum, das u. a. über Themen wie »Geologie«, »Schifffahrt« und »Kulturgeschichte« informiert. Im Herz der Stadt stößt man auf viele nette Geschäfte und einladende Restaurants.

AUSFLUG ZUM SÜDKAP

Einen Abstecher mit dem Wohnmobil sollte man auf jeden Fall zum Kap Lindesnes machen. Über eine kleine Land- und Küstenstraße geht es bis zu diesem südlichsten Punkt des Landes; ein großer Parkplatz für Reisemobile ist hier vorhanden. Zum Nordkap sind es von hier aus 2518 Kilometer. Neben einem neuen Infozentrum mit Ausstellungen und Filmvorführungen ist der schöne Leuchtturm von 1655 die Attraktion: Lindesnes Fyr ist der älteste Leuchtturm des Landes und bietet einen tollen Blick über die kahle, felsige Küste, an der auch mal große Wellen anbranden können.

STELLPLATZ: Mittlerweile werden verstärkt Stellplätze eingerichtet, z. B. in Risør, am Kap Lindesnes, in Kristiansand oder in Lillesand.

CAMPINGPLATZ: Entlang der Norwegischen Riviera gibt es zahlreiche Campingplätze, z. B. in/bei Hornnes, Lovisenberg, Risør, Goed, Færvik, Fevik, Grimstad, Lillesand, Høvag, Kristiansand, Mandal, Sør-Audnedal, Spangereid und Flekkefjord. Der einzige Fünf-Sterne-Campingplatz des Landes befindet sich in Fevik, nahe Grimstad. »Moysand Familiecamping« ist bestens ausgestattet und verfügt über einen herrlichen Badestrand: Moysandveien 96, N-4885 Grimstad, Tel. +47/37 04 02 09, www.moysand.no, GPS 58°21'26.4'' N, 8°39'18.0'' E. Eine weitere Besonderheit ist »Lindesnes Camping«, der südlichste Campingplatz des Landes: Lillehavn, N-4521 Spangereid, Tel. +47/ 38 25 88 74, www.lindesnescamping.no, GPS 57°59'44.9'' N, 7°05'23'' E.

INFOS: Innovation Norway, Caffamacherstr. 5, 20355 Hamburg, Tel. 040/229 41 50, www.visitnorway.de; www.visitkrs.no; www.lindesnesfyr.no; www.camping.no

TIPP: Wandern am Kap Lindesnes! Ein aussichtsreicher Wanderweg beginnt am Parkplatz.

Am Siljansee herrscht Idylle pur. Im Sommer scheint die Sonne lang und erwärmt den See. So ist Badespaß garantiert (oben). Aber auch Ausflüge mit dem Reisemobil machen Spaß. Lohnenswert ist eine Fahrt nach Nusnäs. Hier werden die Dalarna-Pferdchen geschnitzt (unten).

6 SILJANSEE UND ORSASEE

SCHWEDISCHE MITTSOMMER-IDYLLE

Der malerische Siljansee und der benachbarte Orsasee in Mittelschweden sind die Vorzeigeseen des Landes. Idylle pur, kurze Sommernächte, lebendige Tradition, viele Aktivitäten und erholsame Campingplätze prägen den Urlaub an diesen Seen.

In der traditionsreichen Region Dalarna, die im Land u. a. wegen ihrer geschnitzten Holzpferdchen bekannt ist, ziehen der Siljansee und der Orsasee viele Besucher an. Besonders rund um Mittsommer, wenn die Nächte kurz und kaum dunkel sind, wird hier ausgiebig gefeiert. Neben einer idyllischen Landschaft bieten sich rund um den See viele Sehenswürdigkeiten an, die man auch gut mit dem Fahrrad ansteuern kann. Gute Ausgangspunkte sind »Siljansbadet Camping« in Rättvik am Siljansee sowie »Våmåbadets Camping« und »Orsa Camping« am Orsasee.

METEORITENEINSCHLAG

Vor rund 360 Millionen Jahren schuf vermutlich der Einschlag eines Meteoriten einen riesigen Krater. Allmählich entwickelte sich dann nach der Eiszeit die herrliche Landschaft, die man von einigen Bergen rundum bestens überblicken kann. So lohnt sich der Ausblick vom Björkberget und vom 514 Meter hohen Gesundaberget.

Der Siljansee ist ungefähr so groß wie der Bodensee und wird vom mächtigen Fluss Österdalsälven gespeist. Sauberes Wasser lädt zum Baden, Angeln und zum Wassersport ein. Nostalgische Momente erlebt man bei einer Schifffahrt mit dem betagten Passagierschiff »Engelbrekt«. Eine Stippvisite lohnt sich in den freundlichen Örtchen Tällberg, Rättvik und Leksand. In Leksand sind – neben dem runden Knäckebrot – das Freilichtmuseum sowie die Sommervilla Hildasholm die Attraktionen.

Eine erstklassige Sehenswürdigkeit der Region ist der umfangreiche Zoo »Polar World« nahe Orsa.

TRADITIONEN UND FESTE

Im Sommer ist rund um den Siljansee stets etwas los. Viele Folkloreveranstaltungen, ein großes Spielmannstreffen oder auch das Kirchbootrennen sind sehr beliebt. Bei der »Classic Car Week« wimmelt es dann nur so von Oldtimern in Rättvik. Eine der bekanntesten Sportveranstaltungen ist der Vasa-Lauf, ein 85 Kilometer langer Skilanglauf zwischen Sälen und Mora. Bis zu 15 000 Wintersportler gehen hier an den Start.

In Leksand lockt das Freilichttheater mit der Aufführung »Himlaspelet« die Besucher (www.dalarna.se).

7 NATIONALPARK TIVEDEN

BEZAUBERNDE WALD-, SEEN- UND FELSLANDSCHAFT

Das skandinavische Land Schweden mit seiner einzigartigen Natur verfügt über 29 Nationalparks. Gut zu erreichen ist der Nationalpark Tiveden. Die nahezu unberührte Wald-, Seen- und Felslandschaft kann man auf markierten Wanderwegen bestens entdecken.

Der Nationalpark Tiveden liegt zwischen den beiden großen Seen, dem Vänernsee und dem Vätternsee. Sein Name bedeutet der Wald (ved) des Gottes Tyr (ti). Rund um den Nationalpark befinden sich mit dem »Camping Tiveden« (www.campingtiveden.se) am See Unden und dem »Stenkällegårdens Camping Tiveden« (www.stenkalle-garden.nu) zwei gute Campingplätze. Durch die Einrichtung als Nationalpark wird versucht, die zusammenhängende Wald-, Seen- und Felslandschaft unter Schutz zu stellen. Seit 1983 ist Tiveden Nationalpark, und auf 25 Kilometern markierter Wanderwege und auf Rundtouren mit unterschiedlicher Länge kann der Besucher den Nationalpark quasi unter die Lupe nehmen.

Auch der Fernwanderweg »Bergslagsleden« führt durch das Gebiet. Ein Wanderweg leitet bis zum Strand des Sees Trehörningen, einem idealen Badeplatz. Ausgangspunkt ist das »Naturum«, ein kleines Besucherzentrum mit Parkplatz, auf dem man das Reisemobil abstellen kann. Nach dem Blick auf die große Übersichtskarte und mit festem Schuhwerk ausgestattet, geht es dann durch den reizvollen Tiveden-Nationalpark.

UNBERÜHRTE LANDSCHAFT

Der größte Teil des Nationalparks befindet sich westlich des Sees Trehörningen. Der 1353 Hektar große Park umfasst eine Wasserfläche von 137 Hektar. Das hohe Alter des unbewirtschafteten Waldes und das urtümliche, ursprüngliche Landschaftsbild prägen Tiveden. Das vor rund 10 000 Jahren sich zurückziehende Eis hinterließ im heutigen Gebiet viel Geröll und mächtige Gesteinsbrocken, wie z. B. »Stenkälla«, eine imposante Formation mit Quelle und Höhle. Die Bodenkrume ist sehr dünn und bietet der Tier- und Pflanzenwelt kaum Lebensraum. Die Kiefer wächst nur sehr langsam, und am Boden gedeiht die Rentierflechte. An anderen Stellen finden sich niedrigwüchsige Beerensträucher. Die alten Waldbestände bieten Lebensraum für Auerhahn, Raufußkauz sowie mehrere Specht- und anderen Vogelarten. Der Elch- und Rehbestand ist in diesem Gebiet sehr gering (www.tiveden.se). Und wer schwedischen Kuchen liebt, sollte auf jeden Fall einen Abstecher nach Tivedstorp machen.

Orangefarbene Markierungen an Felsen und Bäumen kennzeichnen die Wanderwege durch den Tiveden-Nationalpark. Die Wege führen dann durch den Wald (oben) teils über Planken durch Feuchtgebiete und Treppen hinauf auf die Felsen. Wenn man an dem See Trehörningen angekommen ist, sollte man eine Pause an dem kleinen Strand einlegen (unten).

8 STOCKHOLM

INS »VENEDIG DES NORDENS«

Für die schwedische Hauptstadt Stockholm gibt es einige Beinamen wie »Beauty on Water« oder »Venedig des Nordens«. Mit welchen Lobgesängen man sie auch immer anpreist, sie wird stets den hohen Erwartungen gerecht. Die Stadt erstreckt sich über 14 Inseln zwischen See und Meer und begeistert durch ihre Vielseitigkeit. Naturnahe Campingplätze im Umland und ein Stellplatz im Zentrum sind gute Ausgangspunkte für eine Besichtigung.

In Stockholm leben rund 900 000 Einwohner und im Großraum rund 2,2 Millionen Menschen. So fährt man mit dem Wohnmobil zunächst durch zahlreiche Vororte, bis man das Zentrum erreicht.

Die Metropole liegt in Mittelschweden, und durch ihre Lage am und auf dem Wasser und im grünen Umland, insbesondere durch den vorgelagerten Schärengarten mit rund 24 000 Inseln, ist die Lebensqualität hier sehr hoch. Bereits in der Bronzezeit bestanden einige Siedlungen. Dann folgte durch die Wikinger und die Vasa-Könige eine ereignisreiche Stadtgeschichte. 1634 wurde Stockholm offiziell zur Hauptstadt des schwedischen Königreichs.

In Stockholm locken Sehenswürdigkeiten wie die Gassen der Altstadt Gamla Stan (oben) oder das Rathaus (rechts) aber auch neue Attraktionen wie Globen. Hier wird man in Glaskugeln auf das Dach der runden Kongresshalle Globen hinaufgefahren (unten). Auf dem Stellplatz »Långholmens Husbilscamping« stellt man das Reisemobil ab und beginnt die Stadterkundung (rechte Seite).

Sie ist das kulturelle Zentrum des Landes und die Heimatstadt des Königs Carl XVI. Gustaf. Das große Schloss befindet sich auf der Insel Gamla Stan, eine der Hauptattraktionen der Stadt.

ALTSTADTINSEL GAMLA STAN

Die vielen Touristen lassen keinen Zweifel daran: Gamla Stan ist ein wichtiger Anziehungspunkt. Wenn vor dem Schloss um 12 Uhr der Wachwechsel vollzogen wird, dann wird es im Innenhof des Schlosses eng. Danach verlässt man das große Schloss (das 1754 vollendet wurde), schlendert durch die alten Gassen, vorbei an hohen Kaufmannshäusern, und stößt auf den malerischen Platz Stortorget. Hier befinden sich einladende Straßencafés und Restaurants sowie das Nobelpreismuseum.

Im Sommer lassen milde Temperaturen und das bunte Treiben die nördliche Lage Stockholms vergessen. Straßentheater, Restaurants, Bistros und Kneipen vermitteln dann eine mediterrane Atmosphäre.

HOCHRANGIGE MUSEEN

Das Vasamuseum ist weit über die Landesgrenzen hinaus bekannt und ein Muss für jeden Stockholm-Besucher. Hier kann man das sorgfältig restaurierte Regalschiff »Vasa« bewundern. Dieser einstige Stolz der schwedischen Flotte kenterte aufgrund falschen Ballasts und sank kurz nach dem Stapellauf im Jahr 1628. Nach 333 Jahren wurde es 1961 gehoben.

Ebenfalls auf der Insel Djurgården lockt das Freilichtmuseum Skansen die Bürger der Stadt und die Touristen gleichermaßen an. 1891 wurde Skansen als erstes

Freilichtmuseum der Welt eingerichtet. Wie in der guten alten Zeit wird hier gearbeitet, gekocht und das Handwerk verrichtet. Skansen verfügt auch über einen Tierpark, in dem man nordische Tierarten wie Luchse, Wölfe, Otter, Braunbären und natürlich den Elch beobachten kann. Weitere Attraktionen auf der Insel sind das Nordische Museum und der Freizeitpark »Gröna Lund« mit seinen Fahrattraktionen. Kunstliebhaber kommen im Nationalmuseum auf ihre Kosten. Es ist das landesweit größte Kunstmuseum und stellt Werke von Rubens, Rembrandt, Renoir, Goya, Degas und Gauguin aus. Gleich nebenan, am Strömkajen verlassen die Ausflugsschiffe den Anleger und steuern u. a. die schöne Schärenküste an.

Die Liste weiterer Museen ist lang und umfasst u. a. das Stockholmer Stadtmuseum, das Aquarium, das Architekturmuseum, das Mittelaltermuseum, die Gemäldesammlung Moderna Museet, das Musikmuseum und das Postmuseum.

STATTLICHE BAUWERKE

In Stockholm ist zu jeder Jahres- und Tageszeit etwas los, und die Einkaufsmöglichkeiten sind großartig. So schlendert man z. B. in der Drottninggatan durch viele nette Läden. Mit dem Fahrrad kann man problemlos prächtige Bauwerke ansteuern, denn im Zentrum gibt es viele Radwege.

Dann sollte man auf jeden Fall zum Ritterhaus, zum Rathaus, zum Reichstag, zum Stockholmer Dom und natürlich zur Kongresshalle Globen fahren. Hier bietet die Aufzugskugel einen herrlichen Blick über eine der vielseitigsten Städte Skandinaviens.

STELLPLATZ: Glücklicherweise bietet Stockholm mit »Långholmens Husbilscamping« einen Stellplatz. Er liegt rund 3 km westlich der Altstadtinsel auf der Insel Långholmen. Zur nächsten U-Bahn-Station sind es 600 m: Skutskepparvägen 1, S-11733 Stockholm, Tel. +46/(0)8/669 18 90, www.husbilstockholm.se, GPS 59°19'12.75" N, 18°1'55.04" E. Ganzjährig ist der Stellplatz »Tantolundens Husbilscamping« (Straße Ringvägen 24) geöffnet. Er ist rund 2 km von der Altstadt entfernt.

CAMPINGPLATZ: Der Campingplatz »Bredäng Camping Stockholm« liegt in der Nähe des Mälaren, rund 10 km südwestlich vom Stadtzentrum. Eine benachbarte U-Bahn-Station bringt den Reisemobilisten ins Zentrum: Stora Sällskapets Väg, S-12731 Skärholmen, Tel. +46/(0)8/97 70 71, www.bredangcamping.se, GPS 59°17'45" N, 17°55'22" E.

INFOS: VisitSweden, Michaelisstr. 22, 20459 Hamburg, Schweden-Info Tel. 069/22 22 34 96, germany@visitsweden.com, www.visitsweden.com; www.stockholmtown.com

TIPP: Der Blick vom Rathausturm bietet das schönste Panorama von Stockholm!

9 GÖTEBORG UND DIE SCHÄRENKÜSTE

METROPOLENFLAIR, FISCHERDÖRFER UND KARGE EILANDE

Die Hafenstadt Göteborg ist das kulturelle Zentrum in Westschweden und eine der reizvollsten Städte Skandinaviens. Von Sightseeing bis Shopping hat sie viel zu bieten, und gleich vor den Toren der Stadt liegt die herrliche Schärenküste, eine der schönsten Landschaften, die der Norden Europas zu bieten hat. Kleine Fischerdörfer und vorgelagerte karge Eilande sind hier grandiose Fotomotive.

Göteborg ist mit rund 530 000 Einwohnern nach Stockholm die zweitgrößte Stadt Schwedens. Sie ist die Provinzhauptstadt der Provinz Bohuslän und hat eine reizvolle Lage am Fluss Götaälv, nur wenige Kilometer von der landschaftlich schönen Schärenküste entfernt. Viele Reisende betreten hier erstmalig schwedischen Boden, denn hier legen die »Stena Line«-Fähren von Kiel und Fredrikshavn an.

KURZE STADTGESCHICHTE

Unter König Gustaf Adolf wurde die Stadt erst 1619 gegründet und als Festung gegen die feindlichen Dänen angelegt. Auch Holländer halfen beim Ausbau der Stadt und legten nach holländischem Vorbild einige Kanäle an. Durch den Bau des Göta-Kanals und den Eisenbahnbau nahm die Bedeutung der Stadt zu. Heute präsentiert sich Göteborg als florierende Wirtschaftsme-

In der vielseitigen Stadt Göteborg bilden der Viermastschoner Viking und das markante Bauwerk Viking eine fotogene Einheit (oben). Nur wenige Schritte sind es in das lebendige Stadtzentrum. Auf der gegenüberliegenden Seite des Flusses Götaälv ist mit Eriksbergs ein neuer Stadtteil entstanden (rechts), mit neuen Wohnungs- und Bürokomplexen.

tropole mit Auto- und Schiffsbau. Sie verfügt über den wichtigsten Hafen in Skandinavien.

Für die Stadtbesucher hält die Stadt eine Vielzahl von Attraktionen bereit, und auch nach Museums- und Geschäftsschluss kehrt keine Ruhe ein – dann locken Kneipen, Restaurants und ein vielschichtiges Theater- und Konzertprogramm. Das rege Nachtleben hat Göteborg den Beinamen »Klein-London« eingebracht.

Die Stadt ist weiterhin im Aufbruch, und so wird gebaut und modernisiert. Auf der nördlichen Seite des Göta-Flusses im Stadtteil Eriksberg ist der Bau schicker Büro- und Wohnhäuser nur ein Beispiel des stetigen Wandels.

VARIANTENREICHE STADTBESICHTIGUNG

Das interessante Zentrum von Göteborg lässt sich bestens zu Fuß oder mit dem Fahrrad erkunden. Die vielen Sehenswürdigkeiten kann man bequem fußläufig erreichen, doch je nach Kondition kann schnell Ermüdung eintreten. Ruhe und Erholung findet man dann in einer der vielen Parkanlagen.

Kräfteschonend lernt man Göteborg hingegen auf einer Bustour kennen. Nostalgischer wird es mit den alten Straßenbahnen oder mit den traditionellen Paddanbooten. Mit dem Schiff »Älvsnabben«, einer Art Wasserbus, geht es über den breiten Göta-Fluss.

BLICK ÜBER GÖTEBORG

Zu Beginn des interessanten Stadtbesuchs sollte man sich in aller Ruhe einen Überblick verschaffen – da bietet sich ein Panoramablick aus luftiger Höhe an. An dem kleinen Yachthafen Lilla Bommen hat man von der Spitze des markanten

rot-weißen Bauwerks Utkiken einen tollen Rundumblick.

Nach dem lohnenden Ausblick wartet dann am Fuße des Aussichtspunkts der Viermastschoner »Viking«, der heute als Restaurationsschiff zu einer Pause einlädt. Wenige Schritte sind es von dort zur modernen Oper und dem benachbarten Schifffahrtsmuseum Maritiman. Zahlreiche Schiffe – vom Leuchtfeuerschiff über Marineboote bis hin zum alten Kutter – können besichtigt und bestaunt werden. Im Sommer macht auch der Nachbau des alten Ostindienfahrers »Götheborg« in der Nähe fest und lockt ebenfalls mit Besichtigungen und Ausflügen.

Von den sehenswerten Schiffen sind es nur wenige Gehminuten bis ins lebendige Stadtzentrum mit seinen schönen Plätzen.

HERRLICHE PLÄTZE

Göteborg ist reich an schönen Ecken und Plätzen, an denen der Stadtbesucher die Seele baumeln lassen kann. Vorzeigeplatz ist der Göta-Platz mit dem großen Poseidonbrunnen. Der Bildhauer Carl Milles schuf den kunstvollen Brunnen, in dessen Mitte sich eine große, unverhüllte Poseidonskulptur erhebt.

Inmitten des schönen Platzes Gustaf Adolfs Torg steht auf einem Sockel die Statue des einst so beliebten Königs. Zu seinen Füßen sitzt so mancher zufriedene Stadtbesucher und studiert die Stadtkarte oder den Reiseführer und informiert sich über die nächste Attraktion.

NICHT VERSÄUMEN!

Das Angebot für Gäste und Einheimische gleichermaßen ist kaum überschaubar

Nördlich von Göteborg erstreckt sich eine landschaftlich reizvolle Schärenküste mit attraktiven Städten wie Marstrand (oben). In Göteborg macht im Sommer auch der Nachbau des Ostindienfahrers »Götheborg« fest (unten). Wer Zeit hat, sollte einen Ausflug machen und kann so auf die karge Küste blicken – eine Besichtigung lohnt sich allemal!

Rund um Göteborg locken interessante Ziele wie die Festung von Kungälv (oben links) oder Marstrand mit ihren schmucken Häusern entlang des Hafens (oben rechts). Blickt man hinauf, so sieht man die Festung Carlsten (unten). Mit einer kleinen Fähre geht es wenige hundert Meter hinüber auf die Insel Marstrandön (rechte Seite oben).

und reicht von »Liseberg«, dem größten Freizeitpark Skandinaviens, bis hin zu naturnahen Freizeitmöglichkeiten an der Schärenküste. Unter den vielen Attraktionen lockt das Universeum, ein spannendes Museum rund um das Thema »Wissenschaft«. Hier kann man Ozeane, den Regenwald oder auch den Weltraum entdecken.

Die Bandbreite der interessanten Museen reicht vom Kunstmuseen über ein Radiomuseum, das Sportmuseum und das Stadtmuseum bis hin zum Volvo-Museum.

Eine Besonderheit ist die Fischkirche, eine alte Verkaufshalle für Fisch, deren Architektur an eine Kirche erinnert.

Generell lohnt sich auch das Einkaufen in Göteborg, denn anders als weitläufig angenommen, ist das Shopping nicht teurer als in Deutschland. Glücklicher-weise stößt man in Göteborg auf eine riesige Auswahl an Geschäften. Viele von ihnen befinden sich in der verkehrsberuhigten Innenstadt und an der Prachtstraße Kungsportavenyn. Ein wahrer Konsumtempel ist das riesige Einkaufszentrum »Nordstan« im Herzen der Stadt. Hierbei wurden zwei Straßenzüge überdacht, und so bietet sich bei Wind und Wetter ein gemütlicher Bummel an.

TOLLE SCHÄRENKÜSTE

Mächtige Gletscher der letzten Eiszeit haben rund 2,5 Millionen Jahre hart an der unvergleichlichen Küste gearbeitet und etwas geschaffen, was Einheimische und Touristen gleichermaßen bezaubert: Nördlich von Göteborg liegt vor der buchtenreichen Küste ein Labyrinth von unzähligen Inseln, die teils klein und un-

STELLPLATZ: Rund 3 km vom Stadtzentrum Göteborg entfernt, befindet sich der kostenpflichtige Stellplatz Skatås, an einem Sportzentrum: Straße Skatåsvägen, N 57°42'9''; E 12°2'7'', www.liseberg.se. In Marstrand befindet sich der Stellplatz am Ortseingang, neben der Firma Rutgerson.

CAMPINGPLATZ: Der Campingplatz »Liesbergsbyn Kärralund« ist gut ausgestattet und hat ganzjährig geöffnet. Er befindet sich rund 4 km östlich vom Stadtzentrum: Olbersgatan 9, S-41655 Göteborg, Tel. +46/(0)31/84 02 00, www.liseberg.se, GPS 57°42'18'' N, 12°1'48'' E. »Marstrands Familjecamping« liegt nordöstlich von Marstrand an der Küste. Das Reisemobil steht hier auf ebenen Rasenplätzen: Långedalsvägen 16, S-44266 Marstrand, Tel. +46/(0)303/605 84, www.marstrandscamping.se, GPS 57°53'38'' N, 11°36'18'' E.

INFOS: VisitSweden, Michaelisstr. 22, 20459 Hamburg, Schweden-Info Tel. 069/22 22 34 96, www.visitsweden.com; www.goteborg.com; www.marstrand.nu

TIPP: Wer sich dem kulturellen Angebot widmen möchte, sollte sich die Göteborg City Card kaufen. Sie bietet vielfach freien Eintritt bzw. Vergünstigungen, und die Fahrt mit öffentlichen Verkehrsmitteln sowie einige Sightseeing-Möglichkeiten sind ebenfalls frei.

bewohnt, teils größer und bewohnt sind. Der Fischfang bildete die Grundlage der Küstenbewohner und ließ reizvolle Fischerdörfer entstehen. Falunrote Holzhäuser auf nackten Schären vor blauem Himmel bringen hier jeden Reisemobilisten zum Schwärmen. Aber auch Wassersportler sind hier zu Hause und navigieren sich durch die Inselwelt, ehe sie dann eine der vielen großen Marinas anlaufen. Ganz oben auf der Beliebtheitsskala liegt der Ort Marstrand.

BESUCH IN MARSTRAND

Das herrliche Städtchen erstreckt sich auf dem Festland und auf der autofreien Insel Marstrandön. Über die Landesgrenzen hinaus ist Marstrand bekannt für seine hervorragenden Segelmöglichkeiten inmitten einer einzigartigen Landschaft. In den Yachthäfen herrscht großer Trubel,

und im Juli sind die Häfen aufgrund einer großen Regatta sehr gut besucht. Während es heute die Wassersportler und Touristen nach Marstrand zieht, ließ sich die schwedische Prominenz vor einem Jahrhundert die Sommerbrise um die Nase wehen. Zahlreiche Erholungssuchende schlenderten einst – wie auch heute – an den schmucken Holzhäusern vorbei und gingen zur Festung hinauf, um den Ausblick auf die herrliche Schärenküste zu genießen.
Die Festung Carlstens Fästning von 1660 prägt die Silhouette der Insel. Auf dem Burgturm wies einst das Leuchtfeuer den erfolgreichen Heringsfischern den Weg, und hinter den dicken Mauern wurde der berühmte Seeräuber Lasse-Maja festgehalten.
Ein reizvoller Wanderweg führt einmal komplett um die Insel herum.

SCHWEDEN — map region

SCHWEDEN

Göteborg
Borås
Jönköping
Gotland

Småland

10

Öland

Helsingborg
Karlskrona

KOPENHAGEN

O s t s e e

Malmö

DÄNE-MARK

Bornholm
(dän.)

In Småland fühlt sich der Reisemobilist auf Anhieb willkommen. In der wald- und seenreichen Region geht es durch urige Dörfer wie Pataholm (oben). Viele Campingplätze liegen am See und bieten Ruderboote und Kanus an (unten). Eine imposante Stadt ist Kalmar mit dem geschichtsträchtigen Schloss (rechte Seite unten) und dem Campingplatz »Stensö Camping« (rechte Seite oben).

10 SMÅLAND

TYPISCH SCHWEDISCH!

Wer Papier und Bleistift vor der Reise zur Hand nimmt und die Stereotype Schwedens aufschreibt, wird sicherlich die Hauptmerkmale der Region Småland notieren: Die wald- und seenreiche Region bietet Idylle pur – hübsche Orte mit falunroten Häusern, das interessante Glasreich, eine erholsame Ostseeküste und bedeutende Städte wie Kalmar, Jönköping und Växjö! Viele naturnahe Campingplätze sind zudem Garanten für eine schöne Reise.

Die Region Småland erstreckt sich im Süden Schwedens und gehört sicherlich zu den bekanntesten Landschaften des Landes. Geomorphologisch gesehen erstreckt sich die Region auf einem mächtigen Grundgebirgsplateau aus Gneisen und Graniten. Die Landschaft ist flach, und die höchsten Erhebungen befinden sich mit rund 400 Metern Höhe im Norden, im sogenannten Smålandischen Hochland. Im Inland bestimmen Getreidefelder, Wiesen, große Waldgebiete sowie Flüsse und ein Wirrwarr von Seen das Landschaftsbild. An der Küste schlängeln sich Buchten und Meeresarme in das Land, und vor der Stadt Västervik erstreckt sich ein Schärengarten mit rund 5000 Eilanden.

LANDSCHAFT WIE AUS DEM BILDERBUCH

Rund 65 Prozent der Landesfläche Smålands bestehen überwiegend aus Nadelwäldern, die forstwirtschaftlich genutzt werden. Teilweise ist die Bodenkrume sehr dünn, und harter Granit oder Gneis tritt in den Wäldern zutage. Vielfach bedeckt den Waldboden auch ein riesiger Teppich von Rentierflechten.

Wer mit dem Reisemobil auf den gut ausgebauten Straßen unterwegs ist und an so manchem idyllischen See eine Pause macht, um ein erfrischendes Bad zu nehmen, fühlt sich hier pudelwohl. Spätestens im nächsten Dorf kommt ihm die Region dann irgendwie bekannt vor. Urige Dörfer mit ihren typischen falunroten Holzhäusern und die alten Höfe erinnern an so manchen Film, den man gebannt in der Kindheit angeschaut hat: Es ist das Reich von »Michel aus Lönneberga« oder den »Kindern aus Bullerbü«. Wie Pippi Langstrumpf sind sie literarische Geschöpfe der berühmten Kinderbuchautorin Astrid Lindgren, die aus Småland stammte. In Vimmerby widmet sich der Themenpark »Astrid Lindgrens Värld« und das Infozentrum »Astrid Lindgrens Näs« der großen Schriftstellerin.

Kein Geringerer als der Botaniker und Begründer der Nomenklatur Carl von

Linné stammte ebenfalls aus der Region. Ein weiterer bedeutender Smålander ist Ingvar Kamprad, der vom Hof Elmtary in Agynnaryd stammt. Seine Initialen ergeben den Namen des weltweit operierenden Unternehmens IKEA. Das erste IKEA-Möbelhaus wurde in Älmhult errichtet.

Berühmt für die Region sind auch weitere Produkte wie Wäscheklammern und Streichhölzer sowie hervorragende Glasprodukte.

GLASREICH

Im Glasreich, dem »Glasriket«, macht es viel Spaß, die traditionsreichen Glasbläsereien zu besichtigen. Hier kann man anschaulich beobachten, wie die vielen kunstvollen Glasprodukte entstehen. Nachdem man den Glasbläsern über die Schulter geschaut hat, sollte man sich im Shop umsehen – hier gibt es bestimmt das passende Mitbringsel.

Im Sommer bieten einige Glasbläsereien auch das traditionelle »Hyttsill« an; dann wird nach Feierabend eine schmackhafte Mahlzeit aufgetischt. Zu den rund 24 sehenswerten Glasbläsereien gehören u. a.

Kosta Boda, Orrefors, Johanfors und Pukeberg Glasbruk.

GESCHICHTSTRÄCHTIGES KALMAR

Der lebendige Küstenort mit seiner netten Altstadt (Stellplatz am Yachthafen) und dem mächtigen Schloss ist über die Landesgrenzen hinweg bekannt, denn im Schloss wurde 1397 die »Kalmarer Union« besiegelt. Hierbei wurden die Königreiche Norwegen, Dänemark und Schweden vereinigt, was schließlich bis 1523 Bestand hatte.

Neben dem historisch bedeutsamen Vasa-Schloss bietet die Stadt einige Prachtbauten wie den Dom, ein Kunstmuseum und ein interessantes Landesmuseum, in dem das aus dem 17. Jahrhundert stammende und restaurierte Kriegsschiff »Kronan« zu bestaunen ist. Staunen über so manche Sehenswürdigkeit wird man auch in reizvollen Städten wie Jönköping am riesigen Vätternsee oder in Växjö, das mit vielen Museen aufwarten kann. Sehenswert ist hierbei das Auswanderermuseum, das die Geschichte der vielen Smålander erzählt, die in der zweiten Hälfte des 19. Jahrhunderts nach Amerika auswanderten.

STELLPLATZ: Stellplätze sind rar und befinden sich u. a. in Kalmar, Växjö, Eksjö und Eneryda. Empfehlenswert ist der einfache Stellplatz an der Glasbläserei Johansfors, nahe der Ortschaft Broakulla: Kvarnvägen, Tel. +46/47 14 02 70, www.johansfors-glasbruk.se, GPS 56°41′47″ N, 15°32′27″ E.

CAMPINGPLATZ: In Småland gibt es viele schöne und naturnahe Campingplätze. Sehr empfehlenswert ist das »Getnö Gård Lake Åsnen Resort«: Es erstreckt sich am malerischen See Åsnen in einem lichten Waldgebiet. Hier ist die Natur noch unverfälscht, und eine Kanuvermietung gehört zum guten Service: Tel. +46/47 72 40, www.getnogard.se, GPS 56°35′04″ N, 14°41′42″ E.

INFOS: VisitSweden, Michaelisstr. 22, 20459 Hamburg, Schweden-Info Tel. 069/22 22 34 96, www.visitsweden.com; www.visitsmaland.se; www.camping.se; www.glasriket.se

TIPP: Kanutouren lohnen sich auf den vielen Seen; man gleitet lautlos durchs Wasser und nimmt die Landschaft viel intensiver wahr. Viele Campingplätze verleihen Kanus und die entsprechende Ausrüstung. Dort erhält man auch Tourenvorschläge.

Die vielen Kilometer über die dänische Halbinsel Jütland lohnen sich, denn in Skagen weht frischer Meereswind. Vom begehbaren Leuchtturm (oben) blickt man über die Landzunge und schaut auf Nord- und Ostsee gleichermaßen. In Gammel Skagen (unten) an der Nordsee locken die Strände. Am Abend lohnen sich Strandspaziergänge.

 SKAGEN

DIE »SPITZE« VON DÄNEMARK

Im Norden der dänischen Halbinsel Jütland, zwischen Skagerrak und Kattegat, liegt der Ort Skagen. Eine Landzunge zwischen Nord- und Ostsee, endlos lange Sandstrände und interessante Museen prägen diese Region.

Unbeschwert fährt der Reisemobilist über die E 45 durch die gemütliche, flachwellige Landschaft Jütlands gen Norden. Dann geht es parallel zur Küste zum Städtchen Skagen. Mit »Poul Eeg Camping«, »Råbjerg Mile Camping«, »Grenen Camping« und »Skagen Camping« stehen gleich vier Campingplätze bereit. Sie sind gute Ausgangspunkte, um die herrliche Dünen- und Heidelandschaft zu entdecken oder die erholsamen Strände anzusteuern. Die Ausflüge kann man gut mit dem Fahrrad unternehmen, oder man fährt mit dem Reisemobil zum großen Parkplatz nahe der Landzunge Grenen.

SIGHTSEEING IN SKAGEN

Neben dem interessanten Hafen in Skagen mit zahlreichen Segelyachten, Fischkuttern und alten Fischpackhäusern verfügt der Ort über einen netten Kern mit farbenfrohen Häusern. Das Licht im Norden inspirierte schon viele Künstler, die hier zwischen 1830 und 1930 lebten und arbeiteten. Viele ihrer Werke sind im Skagenmuseum zu bewundern. Sehenswert ist auch die landesweit größte Bernsteinsammlung im Ravmuseet. Über die Entstehungsgeschichte der riesigen Landzunge informiert das Naturhistorische Museum.

UNBEDINGT ANSTEUERN

Nach der Theorie sollte dann die Praxis mit einem Besuch der Landspitze von Skagen folgen. Am Strand entlang geht es zur flachen Landzunge Grenen. Hier steht man mit einem Bein in der Nordsee und mit dem anderen in der Ostsee und beobachtet verblüfft, wie die Wellen gegeneinanderlaufen.

Nach dem Schauspiel geht es zurück, vorbei am Dünengrab des Dichters und Malers Holger Drachmann. Dann sollte man den Leuchtturm ansteuern, der einen fantastischen Ausblick bietet. Westlich von Skagen liegt direkt am Meer das Dorf Gammel Skagen (Højen) mit seinen schmucken alten Häusern. Hier herrscht eine besondere friedliche Atmosphäre. Einer Bedrohung war einst die Laurentiuskirche aus dem 14. Jahrhundert ausgesetzt: Sie wurde von Flugsanden zugeweht und schließlich auf Anordnung des Königs ihrem Schicksal überlassen. Heute ist sie ein Fotomotiv der besonderen Art (www.skagen.dk).

12 KOPENHAGEN

UNBESCHWERTER RUNDGANG MIT MEERJUNGFRAU

Mit dem Slogan »Wonderful Copenhagen« beschreibt die Tourismusbranche treffend die dänische Hauptstadt, die wundervolle Bauwerke, einladende Plätze und viele erstklassige Sehenswürdigkeiten bietet. Natürlich steht dann auch die weltberühmte kleine Meerjungfrau auf dem Programm.

Die lebendige Stadt liegt im Osten der Insel Seeland und gehört mit rund 1,2 Millionen Einwohnern zu den größten Städten Skandinaviens. Sie ist die Residenzstadt der dänischen Königin Margarethe II. Wer die Anfahrt durch eine gemütliche, flachwellige Agrarlandschaft gemeistert hat, sollte den Stellplatz »City Camp« (www.citycamp.dk) ansteuern.

ATTRAKTIONEN IM ZENTRUM

Die Hauptattraktionen befinden sich im Zentrum. Sie sind mit dem Rad oder zu Fuß bestens zu erreichen. Über die Promenade, mit dem Blick auf die neue Oper, geht es gen Norden zur kleinen Meerjungfrau, die natürlich keiner verpassen möchte. Hier steht man dann vor einer unerwartet kleinen Skulptur, die seit 1913 auf einem großen Stein sitzt. Im Sekundentakt werden Bilder geschossen. Der geistige Schöpfer der Märchengestalt ist Hans Christian Andersen. Er wohnte am Neuen Hafen, dem Nyhavn, ein weiteres Muss bei der Stadtbesichtigung. Entlang des Kanalbeckens reihen sich pastellfarbene Häuser. Nur wenige Schritte sind es bis zum Strøget, der lebendigen Fußgängerzone mit interessanten Läden, reichlich Gastronomie und herrlichen Plätzen. Am Platz Amagertorv steht man vor dem kunstvollen Storchenbrunnen oder stöbert direkt nebenan in der Königlichen Porzellanmanufaktur (Royal Copenhagen). Am westlichen Ende gelangt man über den Strøget zum Rathausplatz. Seit 1905 ragt das Bauwerk mit italienischen Renaissance-Elementen in die Höhe. Nur wenige Schritte entfernt befindet sich der traditionsreiche Vergnügungspark »Tivoli«.

KÖNIGLICHES KOPENHAGEN

Lang, lang, lang ist die Liste der Attraktionen, die man nicht verpassen sollte. Allein die Schlösser werden jeden Reisemobilisten verblüffen. Am prächtigen Schloss Amalienborg findet jeden Tag gegen 12 Uhr der Wachwechsel statt. Imposant sind neben den Schlössern Rosenborg, Christiansborg und Charlottenborg auch Prachtbauten wie die Marmorkirche oder die Börse. Und natürlich lockt ein reiches kulturelles Angebot mit lehrreichen Museen, unter denen einige Kunstmuseen wie die Ny Carlsberg Glyptothek sehr beliebt sind (www.visitcopenhagen.dk).

Mit der kleinen Meerjungfrau, die nicht viel größer als ein Schulkind ist, verfügt Kopenhagen über ein unverkennbares Wahrzeichen (oben). Leider wurde der Statue in der Vergangenheit immer wieder der Kopf abgesägt. Etwas gesitteter geht es in Nyhavn zu (unten). Hier kann man fürstlich speisen oder abends ein Bier trinken.

In Irland sollte man den Abend für einen Kneipenbesuch nutzen (oben). Hier herrscht eine gelassene Stimmung. Einen klaren Kopf sollte man beim Stadtrundgang in Dublin haben. Viele kleine Straßen gilt es zu entdecken (unten). Zu Wanderungen lädt die traumhafte Landschaft ein (rechte Seite unten) und zum Relaxen die meisten Campingplätze (rechte Seite oben).

13 IRLAND

TRAUMHAFTE LANDSCHAFT IN GRÜN

Irland ist ein ideales Reiseziel für Campingtouristen. Mit der Fähre erreicht man die »grüne Insel« und muss sich dann »links« halten. Eine grandiose Landschaft, freundliche und urige Städte begeistern ebenso wie die zahlreichen Burgen und Schlösser mit ihren herrlichen Parkanlagen. Auf den Campingplätzen herrscht eine familiäre Atmosphäre.

Wer mit dem eigenen Reisemobil anreisen möchte, ist auf die Fähre angewiesen. Von Hoek van Holland erreicht man den englischen Hafen Harwich und setzt seine Reise anschließend zur Westküste nach Wales fort. Von Fishguard oder von Holyhead erreicht man dann Irland.

TRAUMHAFTE LANDSCHAFTEN

Nach diesen Hürden erfreut sich der Reisemobilist an der landschaftlichen Vielseitigkeit Irlands: atemberaubende Steilküsten, feine Sandstrände, flachwellige Hügellandschaften, zahlreiche Seen, der lange Fluss Shannon, Moorlandschaften und ausgedehnte Wiesen mit weidenden Kühen und Schafen.

Sehr beliebt ist die Fahrt rund um die Halbinsel Kerry im Westen der Insel, da man hier die landschaftlichen Highlights des Landes am besten »erfahren« kann. Diese abenteuerliche Strecke bietet herrliche Ausblicke auf die grandiose Küste und eine Fahrt durch den eindrucksvollen Killarney National Park.

Der Golfstrom sorgt in Irland für milde Winter. Eine üppige, teilweise subtropische Vegetation ist die Folge, und so stößt man entlang von Promenaden, in Vorgärten, Parkanlagen und sogar auf den Campingplätzen auf zahlreiche Palmen.

Die unterschiedlichen Landschaften lassen die Herzen der Besucher höherschlagen, und wer in Irland wandert, mit dem Fahrrad unterwegs ist oder in aller Ruhe die Angel auswirft, wird sich bestens erholen.

BERÜHMTES DUBLIN

Wesentlich lebendiger geht es in den schönen Städten zu. Auf jeden Fall sollte man der malerischen Stadt Galway im Westen sowie der Hauptstadt Dublin im Osten der Insel einen ausgiebigen Besuch abstatten.

Dublin zählt rund eine halbe Million Menschen und gehört zu den attraktivsten und lebendigsten Metropolen Europas. Durchflossen wird die Stadt vom Fluss Liffey, den interessante Brü-

cken überspannen wie die schöne O'Connell Bridge oder die geschwungene gusseiserne Halfpenny Bridge, die durch einen halben Penny Benutzungsgebühr finanziert wurde.

Im Zentrum der Stadt gibt's eine Reihe sehenswerter Bauwerke zu bestaunen, wie z. B. das kolossale Dubliner Schloss, die imposante Christ-Church-Kathedrale und das berühmte Trinity College, zu dessen Absolventen Jonathan Swift, Oscar Wilde und Samuel Beckett gehören. Eine Attraktion der besonderen Art ist die Universitätsbibliothek, in der man das weltberühmte »Book of Kells« aus dem 9. Jahrhundert bewundern kann.

Eine Pause sollte man sich im herrlichen Park St. Stephen's Green gönnen oder am Zaun des Parks entlangschlendern, denn hier werden Bilder zum Verkauf aufgehängt.

Dublin ist auch ein lohnenswertes Shopping-Paradies mit tollen Geschäften, ansprechenden Einkaufspassagen und der beliebten Einkaufsstraße Grafton Street.

UNTERWEGS MIT DEM WOHNMOBIL

Linksverkehr und viele enge Straßen sollten den Reisemobilisten nicht abschrecken, denn die Iren sind sehr defensive und äußerst rücksichtsvolle Fahrer. Wer ab und zu mal die dem Wohnmobil folgende Karawane vorbeilässt, dem wird mit einem Hupen gedankt.

Leider sind Wohnmobilstellplätze eine Rarität, und Wildcamping ist verboten. Rund 200 Campingplätze stehen aber zur Verfügung; sie sind glücklicherweise erschwinglich und haben überwiegend eine naturnahe Lage.

So manchen Euro wird man sicherlich im Pub ausgeben. Die beliebte Kneipe ist eine soziale Institution, denn hier treffen sich Menschen aus verschiedenen Gesellschaftsschichten und diskutieren über das aktuelle Tagesgeschehen, über Politik und – über Fußball. Dazu trinkt man natürlich ein Guinness, dessen eigenwilliger Biergeschmack – zusammen mit der herrlichen Natur und den freundlichen Iren – dem Reisenden noch lange in Erinnerung bleiben wird.

STELLPLATZ: Stellplätze sind rar und vielfach an Campingplätze angeschlossen. Zu finden sind sie z. B. in oder bei Ballaghkenn, Ballydavid, Bennettsbridge, Cahir, Carrigtohill, Castlebar, Crosshaven, Durrus, Glandore, Glebeigh Village, Glen of Aherlow, Killarney, Lady's Island, Lauragh, Roscrea, der Renvyle-Halbinsel, Slane und Westport. Einige wurden auf Bauernhöfen eingerichtet. Nahe der mittelalterlichen Stadt Kilkenny am Gästehaus Danville steht man auf dem Stellplatz »Tree Grove Camping«: Newross Road, Tel. +353/(0)56/777 03 02, www.kilkennycamping.com, GPS 52°38′24″ N, 7°13′48″ W.

CAMPINGPLATZ: Der Campingplatz Mannix Point liegt am Ring of Kerry und am Portmagee Channel, 1 km westlich der Ortschaft Cahirciveen: Tel. +353/(0)66/947 28 06, www.campinginkerry.com, GPS 51°56′29″ N, 10°14′41″ W.

INFOS: Irland-Information »Tourism Ireland«, Gutleutstr. 32, 60329 Frankfurt/M., Tel. 069/66 80 09 50, www.ireland.com, www.stenaline.de

TIPP: In den irischen Kneipen wird viel Live-Musik geboten. Hobby-Musiker bringen ihre Instrumente mit und sorgen für gute Stimmung.

Wie eine Lebensader fließt die Themse durch London (oben). Mittlerweile kann man im zentralen Bereich an beiden Uferseiten gut spazieren gehen. Wer nicht laufen möchte, nimmt den Bus oder das Taxi (unten). Am Abend sind die »Houses of Parliament« effektvoll beleuchtet (rechte Seite unten). Guter Ausgangspunkt für den Stadtbesuch ist der Campingplatz »Abbey Wood«.

14 LONDON

WELTMETROPOLE MIT GRÜNER OASE

Was auf den ersten Blick schwierig erscheint, entpuppt sich schon bald als wahrer Geheimtipp: London bietet sich auch nach den Olympischen Spielen bestens als Ziel für Reisemobilisten an. Mit der Fähre geht es sicher und bequem auf die Insel, und nach einer Stunde Fahrt kann man auf dem Campingplatz einchecken. Dann startet man zum unvergesslichen Stadtrundgang rund um Big Ben, Tower Bridge und »London Eye«.

Mit den neuen Fähren von »Stena Line« fährt man von Hoek van Holland in den Niederlanden nach Harwich in England. Hierbei kann der Wohnmobilist zwischen einer Tag- und einer Nachtfahrt wählen. Empfehlenswert ist eine Nachtfahrt, denn so kommt man ausgeruht an und kann sich voll konzentriert dem Linksverkehr widmen.

Je nach Verkehrslage benötigt der Reisemobilist etwas über eine Stunde bis zum guten Campingplatz »Abbey Wood« im Osten Londons. Mit dem Zug geht es dann ins Herz der Hauptstadt des Vereinigten Königreichs.

DIE STADT, DIE NIEMALS SCHLÄFT

Im Großraum London, dem sogenannten Greater London, leben rund 8,3 Millionen Menschen, und an schönen Sommertagen scheint die Stadt aus allen Nähten zu platzen. In den Straßen stauen sich die berühmten – mittlerweile auch bunten – Taxis sowie die roten doppelstöckigen Busse, und in den Straßen und auf den Plätzen tummeln sich vornehmlich Touristen. Aber auch auf dem Gezeitenstrom Themse herrscht ein reges Treiben: Passagierschiffe, Schnellboote, Baggerschiffe, Ruderboote und sogar Kanus fahren hier mit oder gegen den Strom.

Auch nach den Olympischen Sommerspielen 2012 hat die Anziehungskraft nicht nachgelassen – London schläft nie, zu keiner Jahres- und Tageszeit. Wer die Metropole besucht, muss sich auf unvergleichliche Attraktionen ebenso einstellen wie auf den großen Ansturm. An vielen Ecken und Plätzen wird gebaut, und London wächst weiter in die Höhe – mit jedem Wolkenkratzer verändert sich die ohnehin schon beachtliche Silhouette. Jüngstes Beispiel ist das 310 Meter hohe Bauwerk »The Shard«.

WELTBERÜHMTE SEHENSWÜRDIGKEITEN

Für den Stadtbesuch sollte man mehrere Tage einplanen, und natürlich geht es am ersten Tag zu den Hauptattraktionen. Hierbei wohnt man dem Wachwechsel vor dem mächtigen Buckingham Palace bei und schlendert dann an der Themse

entlang, löst ein Ticket für das mit 135 Metern Höhe weltweit höchste Riesenrad, das »London Eye«, lauscht den Schlägen des Uhrenturms Big Ben, besucht die Kathedralen Westminster Abbey und St. Paul's Cathedral. Dann zeigt man sich begeistert von den Kronjuwelen im Tower of London und spaziert anschließend über die benachbarte Tower Bridge, um sich wenig später im »London Dungeon« zu gruseln. Sicherlich wird man auch die berühmten Plätze Trafalgar Square und Piccadilly Circus ansteuern. Wesentlich ruhiger geht es im St. James's Park und im bekannteren Hyde Park zu.

KOSTENLOSE MUSEEN

Mehr als 300 Museen und Galerien laden zu einem Besuch ein. Viele hochrangige Museen in London sind kostenlos, und so schont man nicht nur die Urlaubskasse, sondern kann sich auch gleich mehreren Museen widmen. Das British Museum mit einem bunten Mix an Ausstellungen und der Überdachung des Stararchitekten Norman Foster sollte man ebenso besuchen wie die Kunstmuseen Tate Modern und die National Gallery, das lehrreiche Science Museum oder das History Museum. Von allen wird man gleichermaßen beeindruckt sein – und das zum Nulltarif!

ZENTRUM DER MACHT

Die Monarchie ist in London an jeder Ecke präsent – ob als Queen-Elizabeth-, Diana- oder Kate-Postkarte, in den vielen Souvenirläden oder an den königlichen Plätzen und Bauwerken. Über die Zukunft des Landes wird in dem kunstvollen und kolossalen Houses of Parliament debattiert. Gleich nebenan stehen an der Regierungsmeile Whitehall die imposanten Regierungsbauwerke, und in der kleinen, jedoch stark bewachten Seitenstraße Downing Street lebt im Haus mit der Nummer 10 der Ministerpräsident. Anders als er können die Touristen ganz problemlos ins Nachtleben der Metropole eintauchen und sich in den vielen Musicals, den Theatern und – last but not least – den mehr als 6000 Pubs vergnügen. Das kulinarische Angebot lässt keine Wünsche offen, denn das Angebot reicht von hervorragenden Restaurants bis zu den beliebten Fish'n'Chips-Buden.

STELLPLATZ: Stellplätze stehen in London nicht zur Verfügung.

CAMPINGPLATZ: Einige Kilometer außerhalb des Stadtzentrums befinden sich Campingplätze in den Stadtteilen Crystal Palace, Chingford, Edmonton und Abbey Wood. Besonders lohnenswert ist die Unterkunft auf dem clubeigenen Campingplatz »Abbey Wood« – sehr gepflegt präsentiert er sich wie eine grüne Oase inmitten der Millionenstadt. Er liegt im Osten des Stadtzentrums und ist gut ausgeschildert (Reservierung empfehlenswert). Nur 5 Min. bis zum Bahnhof (Züge ins Stadtzentrum; es empfiehlt sich ein Tagesticket, das für U-Bahnen und Busse gleichermaßen gültig ist): Federation Wood, SE2 OLS London-Abbey Wood, Tel. +44/(0)20/83 11 77 08, www.caravanclub.co.uk, GPS 51°29'13" N, 0°7'10" E.

INFOS: VisitBritain, Alexanderplatz 1, 10178 Berlin, Tel. 030/31 57 19 74, www.visitbritain.de; www.visitlondon.com

TIPP: Essen in Chinatown! Unweit vom Piccadilly Circus, rund um die Gerrard Street, erstreckt sich das bunte Viertel Chinatown. Hier reihen sich viele Restaurants mit unvergleichlicher Atmosphäre aneinander. Schmackhaft und vergleichsweise preisgünstig!

15 CORNWALL

GRANDIOSE KÜSTE UND URIGE ORTSCHAFTEN

Cornwall ist die westliche Grafschaft Englands. Die lange Anfahrt mit dem Reisemobil quer durch Südengland lohnt sich, denn Cornwall bietet eine atemberaubende Küste mit freundlichen Badeorten und sehenswerten Städten. Im grünen Inland erstrecken sich saftige Weiden und berühmte Moore wie das Bodmin Moor. Weitaus farbenfroher präsentieren sich die Gärten und parkähnlichen Campingplätze.

Am Rande des Bodmin Moors steht die Schmugglerkneipe Jamaica Inn (oben). Weitaus friedlicher präsentieren sich die meisten Küstenorte wie Marazion (unten) mit einem unverfälschten Ortskern. Zu den schönsten Landschaften im Süden Englands gehört die Küste bei Land's End. Hier lohnen sich auch Wanderungen (rechte Seite).

Wer auf die Karte von England blickt, kann Cornwall leicht ausmachen. Die reizvolle Grafschaft hat hierbei die Form eines Fußes samt Wade. Dieser »Fuß« taucht ein in die Wassermassen des Nordatlantiks, gleichsam wie die vielen Sommerurlauber, die sich an den zahlreichen Stränden erfrischen oder über die Wellen reiten.

Die zerklüftete Küste ist mit ihren vielfach hohen und steilen Felsen eine Augenweide für jeden Cornwall-Besucher. So mancher wird sich auch die Augen reiben, denn an der Küste gedeihen viele Palmenarten. Aufgrund des Golfstroms, der die warmen Wassermassen von Mittelamerika nach West- und Nordeuropa bringt, sind die Winter hier mild.

LITERATUR UND LEGENDEN

Eine weitere Besonderheit ist die cornische Sprache, die man derzeit wiederbelebt und die in vielen Namen und Wörtern noch präsent ist. Ein wahrer »Cornishman«, dessen Legenden bis in die Gegenwart erzählt werden, ist König Arthur. Der Reisemobilist wird immer wieder auf Spuren des tugendhaften Königs stoßen. Wie er, so sind auch die beiden Schriftstellerinnen Daphne du Maurier und Rosamunde Pilcher die Aushängeschilder der Region. Die Verfilmungen nach den Romanen von Pilcher bringen die herrlichen Landschaften Cornwalls in unsere heimischen Wohnzimmer. Ein düsteres Bild zeichnete du Maurier in ihrer Schmugglergeschichte »Jamaica Inn«; das historische Wirtshaus kann man heute noch besuchen. Generell empfiehlt sich ein Pub-Besuch: In unvergleichlicher Atmosphäre trinkt man hier sein Bier klassisch randvoll. Und wer Hunger hat, sollte u. a. »Fish'n'Chips« probieren: Zahlreich sind die kleinen Imbissbuden, in denen man frittierten Fisch mit Pommes (mit Essig gewürzt) bestellt.

VON KELTEN, MINEN UND PIRATEN

Cornwall blickt auf eine lange Geschichte zurück; es wurde bereits in der vorchristlichen Zeit besiedelt. Viele Orte sind kelti-

schen Ursprungs, und auch die Römer hinterließen hier ihre Spuren. Im Mittelalter gab es drei historische Berufe, und so wurden Zinn und Kupfer geschürft und Metalle produziert, auf hoher See Fische gefangen bzw. Piraterie betrieben. Von weither sichtbar sind noch die alten Bauwerke der Zinnminen, deren Schornsteine sich wie Denkmäler in den Himmel strecken. Später kam auch noch der Schmuggel dazu, der 1850 jedoch gänzlich unterbunden wurde.

Heute ist der Tourismus ein wichtiges wirtschaftliches Standbein. Viele Reisende kommen insbesondere in den Sommermonaten und breiten ihre Laken an den reizvollen Sandstränden aus, fühlen sich in den idyllischen Städten auf Anhieb wohl, wandern über die Küstenpfade, besuchen die prachtvollen Gärten oder spielen Golf. Die Südküste von Cornwall und der angrenzenden Grafschaft Devon wird auch als »Englische Riviera« bezeichnet. Hier liegen einige beliebte Badeorte und so lebendige Städte wie Falmouth und Truro, der Hauptort der Grafschaft.

FALMOUTH UND TRURO

Falmouth hat sich zu einem beliebten Fremdenverkehrszentrum entwickelt und liegt geschützt in der Falmouth Bay. Im 16. Jahrhundert ließ Heinrich VIII. zwei Festungen bauen; sie sollten die Einfahrt in die Bucht Carrick Roads schützen. Es entstanden die beiden kreisrunden Festungen St. Mawes und Pendennis Castle auf einem kleeblattförmigen Grundriss. Neben den Festungen besticht die Stadt mit einer freundlichen Innenstadt, mit ihren schönen Promenaden und subtropischen Parkanlagen sowie den Badestränden. Vor den Toren der Stadt lohnt sich eine Wanderung auf dem Küstenwanderweg. Nicht versäumen sollte man auch den Besuch des lehrreichen und modernen National Maritime Museum, von dessen Turm man einen herrlichen Blick über die Bucht mit ihren vielen Schiffen und auf die Stadt genießt. Ebenfalls sehr lebendig zeigt sich Truro, das auch gute Einkaufsmöglichkeiten bietet. Aushängeschild ist die Kathedrale. Diese einzige Kathedrale Cornwalls ist etwas mehr als 100 Jahre alt und wurde im

Nicht versäumen sollte man den Besuch eines Pubs (oben). Er gehört ebenso zur Reise wie ein Besuch der Schlossruinen des sagenumwobenen Schlosses von Tintagel (Mitte) oder der Besuch des Küstenstädtchen St. Ives (rechts). Hier zückt man ebenso die Kamera wie bei den vielen schönen Häusern (unten). Guter Campingplatz: »Polmanter Touring Park« (rechte Seite oben).

gotischen Stil errichtet. Viel Wissenswertes rund um die Grafschaft Cornwall erfährt man im lehrreichen Royal Cornwall Museum.

MALERISCHE GÄRTEN UND DAS »EDEN PROJECT«

Quer über das Land verteilen sich wunderschöne Gärten. Südlich von Truro befindet sich Trelissick Garden; für eine unvergleichliche Farbenpracht sorgen hier u. a. riesige Rhododendronbüsche. Südlich von Falmouth lohnt sich ein Rundgang im Gartenlabyrinth von Glendurgan, und in der bizarren Schlucht von Trebah wachsen subtropische Pflanzen. Ebenfalls auf eine subtropische Vegetation stößt man in den »Lost Gardens of Heligan« südlich von St. Austell.
Ein weltweit besonderer Park ist das »Eden Project« in der Nähe von St. Austell. In einer tiefen Abbaugrube, in der einst Ton für die Porzellanherstellung abgebaut wurde, entstand ein sehenswerter Park. Riesige, wabenartige Gewächshäuser können hier erkundet werden, und der Besucher gewinnt einen tiefen Einblick z. B. in die Vegetation des tropischen Regenwaldes oder in die mediterrane Flora.

AUTHENTISCHE DÖRFER UND STÄDTE

Zwischen der Grenze zur Nachbargrafschaft Devon und dem westlichsten Ende, dem viel besuchten Land's End mit seiner atemberaubenden Küste, laden viele Dörfer und Städte zu einer Stippvisite ein. Newquay mit seinen Stränden und Buchten ist ein Eldorado für Surfer. In Penzance flaniert man über eine Uferpromenade und besucht im benachbarten Ort Marazion die berühmte Klosterinsel St. Michael's Mount, die von Benediktinermönchen im 12. Jahrhundert gegründet wurde. Bei Ebbe geht man hinüber oder nutzt bei Flut die kleinen Fähren.
Ein reizvolles Fischerstädtchen ist Padstow mit seinen herrlichen Stränden. Gleiches gilt für St. Ives: Hier kann man sich vor dem Relaxen am Strand der Kunst widmen und sich in den vielen Galerien umsehen. Im Kunsttempel »Tate Gallery« können wertvolle Kunstwerke bestaunt werden.
Staunen wird der Reisemobilist auch in Tintagel. Im Ort gehört das alte Postamt aus dem 14. Jahrhundert zu den beliebtesten Fotomotiven. Nur wenige Minuten entfernt kann man die Ruinen einer mittelalterlichen Burg begutachten. Der Sage nach soll hier König Arthur das Licht der Welt erblickt haben.

UNTERWEGS MIT DEM REISEMOBIL

Anders als man es vielleicht erwarten würde, ist die Reise quer durch Cornwall ganz unproblematisch, obwohl das Fahren auf der linken Seite und durch die vielen Kreisverkehre zunächst noch ungewohnt sein dürfte. Aufgrund der erhöhten Sitzposition im Wohnmobil kann man allerdings den Verkehr besser überblicken und wird auch selbst besser wahrgenommen. Beim Fahren z. B. durch enge Straßen mit Steinhecken kann von der Fahrerseite aus der Abstand zu den Mäuerchen gut eingeschätzt werden. Glücklicherweise sind die Engländer defensive Fahrer und nehmen Rücksicht auf den ohnehin zweifelsfrei zu erkennenden Nichtortskundigen. So macht die Fahrt mit dem Wohnmobil in Cornwall richtig Spaß!

STELLPLATZ: Stellplätze sind rar in Cornwall. Ausnahmen befinden in bzw. rund um die Orte Carleen, St. Levan, St. Ives, Marazion, St. Buryan, Portreath, St. Agnes, Four Lanes, Mevagissey, Lostwithiel und Perranporth. Und in Tintagel auf dem Parkplatz »King Arthur's Car Park« steht das Reisemobil im Zentrum (rund 10 Min. zu Fuß zur Küste und zur Schlossruine): Fore Street, Tel. +44/(0)1840/77 90 84, GPS 50°39'49" N, 4°45'06" W.

CAMPINGPLATZ: Flächendeckend verteilen sich die Campingplätze über Cornwall. In vielen steht man wie in einem Park. Zu diesen gehört auch »Polmanter Touring Park«, nur wenige Kilometer vom reizvollen Küstenstädtchen St. Ives entfernt. Bei der Anfahrt fährt man durch das Dorf Halsetown: Tel. +44/(0)1736/79 56 40, www.polmanter.co.uk, GPS 50°11'46" N, 5°29'28" W.

INFOS: VisitBritain, Alexanderplatz 1, 10178 Berlin, Tel. 030/31 57 19 74, www.visitbritain.de; www.visitcornwall.com; www.greatgardensofcornwall.co.uk

TIPP: Das Wandern an der Küste bereitet viel Freude. Ein schöner Abschnitt führt von Tintagel zum 5 km entfernten Trebarwith Strand.

16 USEDOM

ZUR ÖSTLICHSTEN DEUTSCHEN INSEL

Lange Sandstrände, die berühmten Kaiserbäder und eine grandiose Natur machen die östlichste deutsche Insel zu einem idealen Reiseziel. Sie ist die sonnenreichste Ostseeinsel und mit einer Fläche von 445 Quadratkilometern die zweitgrößte deutsche Insel. Tolle Camping- und gute Stellplätze runden den Inselurlaub ab. Das Fahrrad darf auf dem Heckträger des Reisemobils nicht fehlen.

Abseits der Seebäder stößt man auf urige Dörfer (oben). Zum Baden, Entspannen oder zu Strandspaziergängen geht es nach Ahlbeck, Heringsdorf oder Bansin (unten). Bekannt ist die lange Seebrücke von Heringsdorf (rechte Seite unten). An Stell- und Campingplätzen mangelt es nicht auf Usedom (rechte Seite oben).

Der Tourismus hat auf der Insel Usedom eine lange Tradition, und bereits 1825 wurde in Heringsdorf ein Seebad errichtet. Die prunkvollen Kaiserbäder brachten der Insel den Beinamen »Badewanne Berlins« ein.

Usedom erstreckt sich im Nordosten Deutschlands, am westlichen Oderdelta, zwischen dem Stettiner Haff und den beiden Armen der Odermündung: dem Peenestrom und der Swine. Ein kleiner östlicher Teil der Insel gehört zu Polen. Die gesamte Insel genießt als Naturpark Insel Usedom einen besonderen Naturschutz. An der Pommerschen Bucht ist der erholsame Sandstrand immerhin 42 Kilometer lang. Hier locken die traditionsreichen Kaiserbäder.

PRACHTVOLLE KAISERBÄDER

In Heringsdorf erwartet den Reisenden nicht nur ein guter Stellplatz im Zentrum, sondern auch die mit 508 Metern längste Seebrücke auf dem europäischen Festland. Die moderne Seebrücke täuscht zunächst darüber hinweg, dass es sich bei diesem Seebad um ein gewachsenes Dorf handelt. 1818 ließen sich hier die ersten Fischer nieder, und aufgrund der vielen Heringssalzereien gab ihm Kronprinz Friedrich Wilhelm den Namen »Heringsdorf«. Ein Garant für beste Erholung ist der seichte und sichere Strand. Erholsam ist auch ein Spaziergang auf der herrlichen Promenade, die die drei Kaiserbäder miteinander verbindet.

In westliche Richtung erreicht man das Seebad Bansin, doch wesentlich lohnenswerter ist ein Spaziergang gen Osten nach Ahlbeck, dem östlichsten Seebad des Landes. Hier führt die Promenade an prachtvollen Gründerzeitvillen vorbei. Um 1880 entstanden Hotels und Villen wohlhabender Bürger, die hier Ruhe und Erholung suchten. Damit aber auch die Arbeiterkinder aus der Großstadt in den Genuss der frischen Luft kamen, ließ Kaiser Wilhelm II. ein Erholungsheim errichten, was dem Ort den Beinamen »Kaiserbad« einbrachte. Unübersehbare Attraktion von Ahlbeck ist die bereits 1898 gebaute Seebrücke mit dem vier-

türmigen Pavillon, der seit der Wende in vornehm weißer Farbe erstrahlt. Abseits der beliebten Bäder kehrt am Achterwasser wieder Ruhe ein.

RUHIGES ACHTERWASSER

Mit dem Boot, dem Fahrrad oder zu Fuß lässt sich das Achterwasser bestens entdecken, so z. B. das Naturschutzgebiet Möwenort. Hier stößt man auf eine teils unberührte Wiesenlandschaft mit Wacholder- und Holunderbüschen, auf ein inaktives Kliff sowie auf Dünen und Strände. Wie auch an anderen Stellen auf Usedom trifft man hier auf eine einzigartige Flora und Fauna. Rund 280 Vogelarten leben auf der Insel, und auch der Seeadler zieht hier seine Kreise.
Nicht ganz aus der Vogelperspektive, aber aus einer erhabenen Position hat man vom 32 Meter hohen »Weißen Berg« einen grandiosen Ausblick über das Achterwasser und die Bucht Krumminer Wiek bis nach Wolgast.

In Wolgast können die Urlauber seit dem Jahr 2000 das »Blaue Wunder« erleben, so der Name der neuen Klappbrücke. Sehenswert sind auch die nette Altstadt, der Museumshafen und das Runge-Museum mit Werken des Malers Otto Runge.

USEDOM AUF USEDOM

Neben Wolgast sollte man sich auch die Stadt Usedom genauer anschauen. Am Usedomer See auf der Insel Usedom gelegen, war sie im Mittelalter eine bedeutende Stadt. Ein Zeugnis der Blütezeit ist das 1450 gebaute Anklamer Tor, in dem das Heimatmuseum untergebracht ist. Eine besondere Sehenswürdigkeit befindet sich nur wenige Kilometer südlich von Usedom: Bei Karnin ragt der Mittelteil der alten Eisenbahnhubbrücke aus dem Wasser.
Ob in Usedom oder an anderer Stelle – stets lohnt es sich, das Fahrrad vom Heckträger des Wohnmobils zu nehmen und damit die reizvolle Insel zu erkunden.

STELLPLATZ: Stellplätze befinden sich u. a. in Karnin, Lütow, Seebad Bansin, Heringsdorf, Seebad Ahlbeck und Kamminke. Ein guter und moderner Stellplatz ist »Mobilcamp Heringsdorf«, der rund 300 m vom Strand entfernt ist und parzellierte Stellplätze bietet: Mobilcamp Heringsdorf, Triftstr. 10a, 17424 Seebad Heringsdorf, Tel. 038378/49 80 73, www.mobilcamp-heringsdorf.de, GPS 53°57'42"N, 14°09'12"E.

CAMPINGPLATZ: Die Insel Usedom bietet Campingplätze u. a. in Trassenheide, Zinnowitz, Ostseebad Koserow, Freest, Zempin, Ückeritz, Neppermin, Stubbenfelde und Lütow. Empfehlenswert ist »Dünencamp Karlshagen«, ganzjährig geöffnet und direkt am Strand: Zeltplatzstr. 11, 17449 Ostseebad Karlshagen, Tel. 038371/202 91, www.karlshagen.de/duenencamp, GPS 54°7'12%N, 13°53'10"E.

INFOS: Über die zweitgrößte deutsche Insel informiert: Usedom Tourismus GmbH, Hauptstr. 42, 17459 Seebad Koserow, Tel. 038375/244 144, www.usedom.de

TIPP: Im Seebad Zinnowitz finden alljährlich die Vineta-Festspiele auf der Ostseebühne statt. Ein Spektakel mit Theater, Musik und Tanz (www.vineta-festspiele.de).

17 HAMBURG

QUIRLIGE »PERLE« MIT GANZ VIEL CHARME

Die Freie Hansestadt Hamburg ist die zweitgrößte Stadt Deutschlands. Unzählige Schiffe steuern den gigantischen Hafen an, und auch Reisemobilisten fühlen sich hier wohl. Viele Gäste besuchen die Musicals, nehmen an Hafenrundfahrten teil, schlendern über die Reeperbahn oder stöbern in den zahlreichen Geschäften. Hamburg ist eine quirlige und vielseitige Metropole, die einen weltoffenen Charme versprüht.

Die Messe- und Kongressstadt, Universitätsstadt und größte Hafen- und Handelsstadt Deutschlands ist auch ein eigenständiges Bundesland. Rund 1,8 Millionen Menschen leben in der norddeutschen Elbmetropole, die mit Stellplätzen im Zentrum ein tolles Ziel für Reisemobilisten darstellt. Sie bietet dem Besucher wie dem Hamburger gleichermaßen schöne Flecken, wie z. B. die Außenalster, die Binnenalster oder die Innenstadt mit unzähligen Geschäften und Passagen. Legendäre Ecken der Stadt sind die Reeperbahn und die Landungsbrücken.

HAMBURGER HAFEN

Berühmt ist der geschäftige Hamburger Hafen. Seit dem 12. Jahrhundert werden hier massenweise Güter umgeschlagen. Die riesigen Schiffe müssen noch 104 Kilometer von der Mündung der Elbe bis zum Hamburger Hafen zurücklegen, dann leisten kräftige Verladekräne Schwerstarbeit und be- und entladen alljährlich mehr als 12 000 Schiffe. Hier weht der Wind der großen, weiten Welt, und die Produkte aus fernen Ländern werden umgeschlagen. Neben der alten Speicherstadt ist mit der Hafen-City ein ultramodernes Stadtviertel entstanden, und die Elbphilharmonie präsentiert sich hier stolz den zufriedenen Besuchern und den vielen Passagieren, die hier eine lohnenswerte Hafenrundfahrt unternehmen.

MUSICAL- UND THEATERMETROPOLE

Das legendäre Ohnsorg-Theater gehört zu den bekanntesten Bühnen in Deutschland. Mittlerweile haben die vielen Musicals den alten Bühnen den Rang abgelaufen, denn ihre Anziehungskraft in Hamburg ist mittlerweile größer, und so hat die Metropole nach New York und London die größte »Musical-Dichte«. Bei diesem breiten Angebot an Opern, Theaterstücken, Revuen und Konzerten mag dem Besucher die Auswahl schwerfallen. Und auch nach dem Musical- oder Theaterbesuch sollte man den Weg zum Wohnmobil noch nicht gleich antreten, denn zahlreiche Bars und Szenekneipen locken zur Einkehr, denn – wie schon Hans

Die Hafen-City ist ein ultramoderner Stadtteil von Hamburg (oben). Szenelokale reihen sich hier aneinander. Ein traditioneller Schauplatz sind die Alsterarkaden (unten). Im Hamburger Hafen liegt der Dreimaster Rickmer Rickmers, der über ein Restaurant verfügt (rechte Seite oben). Nur wenige Gehminuten sind es zum Stellplatz am Fischmarkt (rechte Seite unten).

Albers es sang – »auf der Reeperbahn nachts um halb eins« herrscht noch viel Trubel. Danach sind es glücklicherweise nur wenige Schritte bis zum Stellplatz.

DIE »SÜNDIGE MEILE« UND DER HAMBURGER MICHEL

Ein ganz besonderes Stadtviertel ist St. Pauli: Hier locken der berühmte Fischmarkt und das bekannteste Rotlichtviertel der Welt. Kurioserweise verdankt St. Pauli seinen Namen dem Sittenapostel St. Paulus. Da, wo einst die »Reeper«, also die Seilmacher, arbeiteten, kehrten im 19. Jahrhundert die Seemänner in Kneipen und Freudenhäuser ein. Heute reihen sich in diesem Amüsierviertel, dem sogenannten Kiez, etliche Kneipen, Sex-Shops, Sex-Show-Lokale und Bordelle aneinander.

Abseits der Reeperbahn wird es wieder ruhiger, und hier locken Attraktionen wie die Michaeliskirche, der sogenannte Hamburger Michel. Dieses Wahrzeichen der Stadt wurde Mitte des 18. Jahrhun-

derts errichtet und verfügt über die größte Kirchenturmuhr Deutschlands. Vom Turm in 132 Metern Höhe hat man einen fantastischen Rundumblick.

INS HERZ DER STADT

Das Stadtzentrum markiert das prächtige Rathaus am Rathausmarkt, dem Sitz des Senats, des Bürgermeisters und der Hamburger Bürgerschaft. Von außen beeindruckt das Bauwerk durch die Neorenaissance-Architektur und im Inneren durch seine Größe, denn hier zählt man immerhin 647 Räume!

Nur wenige Schritte sind es bis zur lebendigen Fußgängerzone Mönckebergstraße mit vielen Geschäften bzw. zum Jungfernstieg, wo man an der Binnenalster entlangflaniert. Nach wenigen Hundert Metern erreicht man die Außenalster, einen großen See mitten in der Großstadt. Hier verkehren Ausflugsschiffe, und es wird gerudert und gesegelt – eine weitere Facette der vielseitigen Hansestadt, die niemals schläft.

STELLPLATZ: Stellplätze befinden sich im Zentrum direkt am St. Pauli-Stadion (Heiligengeistfeld) und in den Stadtteilen Eimsbüttel, Wandsbek, Wilhelmsburg sowie direkt am Fischmarkt in St. Pauli. Ein guter Stellplatz liegt in der Innenstadt (Stadtteil Hamburg-Hammerbrook): Grüner Deich 8, 20097 Hamburg, Tel. 040/30 09 18 90, www.wohnmobilhafen-hamburg.de, GPS 53°32'38"N, 10°1'43"E.

CAMPINGPLATZ: Rund um die Metropole gibt es einige Campingplätze. Zu empfehlen ist der »Knaus Campingpark Hamburg« im nördlichen Stadtteil Schnelsen (neben IKEA). Hier steht man auf einem ebenen Wiesengelände: Wunderbrunnen 2, 22457 Hamburg-Schnelsen, Tel. 040/559 42 25, www.knauscamp.de, GPS 53°39'00"N, 9°55'44"E.

INFOS: Hamburg Tourismus GmbH, Wexstr. 7, 20355 Hamburg, Tel. 040/30 05 17 01, www.hamburg-tourismus.de

TIPP: Hamburgs Fischmarkt ist ein Muss! Zwischen 5.00 und 9.30 Uhr werden jeden Sonntag Lebensmittel, Pflanzen, Kleidung usw. verkauft, während in der Fischmarkthalle ausgelassen gefeiert wird.

18 MECKLENBURGISCHE OBERSEEN

IM »LAND DER TAUSEND SEEN«

Mecklenburg-Vorpommern gehört zu den boomenden Reiseregionen Deutschlands, denn es bietet mit der Ostseeküste und den Seen schöne Ferienregionen. Im Inland ist man mit dem Reisemobil rund um die Mecklenburgischen Oberseen bestens unterwegs. Naturnahe Campingplätze, gute Stellplätze und viele Aktivitäten auf und am Wasser garantieren einen schönen Urlaub im »Land der tausend Seen«.

Wer sich mit seinem Reisemobil in Richtung Mecklenburg-Vorpommern aufmacht, um dort seine »schönsten Tage des Jahres« zu verbringen, kann zwischen der Ostseeküste oder den unzähligen Seen im Landesinneren wählen. Ein lohnenswertes Ziel ist die Mecklenburgische Seenplatte, die sich bei Wassersportlern schon lange als ideales Revier etabliert hat.

Ein Blick auf die Karte zeigt ein nahezu unüberschaubares Gewirr von Gewässern. Einfacher zu überblicken sind die Oberseen, bestehend aus Plauer See, Fleesensee, Kölpinsee und dem großen Müritzsee. Sauberes Wasser, natürliche

Viele gastfreundliche Städte an den mecklenburgischen Oberseen laden zu Rundgängen ein. Dazu zählen u.a. Plau am Plauer See (oben) oder die Stadt Röbel an der Müritz. Ein Blick lohnt sich hier in die Marienkirche (unten), die einen guten Ausblick bietet (rechts). Viele gute Campingplätze liegen direkt am Wasser wie »Camping am See« in Alt-Schwerin (rechte Seite oben).

Ufervegetation und nur wenige Städte rund um die Seen zeichnen die Landschaft aus und garantieren ein unverfälschtes Naturerlebnis. Über dem Müritzsee kreist sogar der Fischadler, der u. a. im Müritz-Nationalpark seinen Horst hat. Auf den Seen sind viele Wassersportler unterwegs. Ob mit dem nostalgischen Jollenkreuzer, dem sportlichen Motorboot, dem kräftezehrenden Kanu oder dem gemütlichen Hausboot – für alle gehören diese Seen zu den schönsten Wassersportrevieren.

Neuerdings kann man sein Reisemobil auch auf ein motorisiertes Ponton fahren und ist dann als »Watercamper« unterwegs. Die Freizeitkapitäne müssen allerdings dem Berufsverkehr in Form von großen Ausflugsschiffen der »Weißen Flotte« weichen. Viele von ihnen legen in der schönen Stadt Waren an und ab.

PERLE AN DER MÜRITZ – WAREN

Der Luftkurort Waren hat sich wie kaum eine andere Stadt in den letzten Jahren herausgeputzt und präsentiert sich heute als farbenfrohe und pulsierende Stadt. Um den lebhaften Stadthafen sitzt man gut unterhalten bei Bier und Live-Musik, am Markt steht das interessante Rathaus, und in den gepflegten Straßen kann man gut einkaufen.

Lohnenswert ist ein Besuch im modernen »Müritzeum«, das über die Flora und Fauna der Müritz informiert und über das größte Aquarium für Süßwasserfische verfügt. Sehenswert sind zudem die Backsteinkirchen St. Marien und St. Georgen.

SEHENSWERTES ENTDECKEN

Etwas ruhiger als in Waren geht es im reizvollen Plau am See zu. Eine schmucke Altstadt und die Schleusen und Brücken der Elde-Müritz-Wasserstraße werden von den Gästen gern besucht.

Auch in Malchow kommt man den Wassersportlern ganz nahe. So steht man an der alten Drehbrücke und winkt den passierenden Freizeitkapitänen zu, ehe man zur schönen Klosterkirche spaziert und das Orgelmuseum besucht.

In der idyllischen Stadt Röbel lohnt sich der Ausblick vom Turm der Marienkirche über den See auf die herrlichen Bootshäuser.

Nicht versäumen sollte man den Besuch des Müritz-Nationalparks, den man zu Fuß oder mit dem Fahrrad erkunden kann (200 km Radwege, 400 km Wanderwege). Er wurde 1990 eingerichtet und umfasst rund 100 Seen.

AKTIV DIE SEEN ERLEBEN

Rund um die Seen und auf den idyllischen Gewässern bieten sich viele sportliche Möglichkeiten an, und so kommen hier Aktivurlauber ganz auf ihre Kosten. Viele Campingplätze haben einen Bootsverleih, und man kann die Seen mit dem Kanu entdecken. Lautlos gleitet man durch das Wasser, Anleger und Pausenplätze sind ausreichend vorhanden. Beim Relaxen am Strand und durch ein erfrischendes Bad holt man sich die nötige Energie für die Weiterfahrt zurück. Begeistert sind die Kanuwanderer nicht nur von der schönen Landschaft, sondern auch von der touristischen Infrastruktur mit den Wasserwanderplätzen. Mitnehmen sollte man auf jeden Fall die Wanderschuhe und das Fahrrad, denn die Wander- und Radwege durch eine grandiose Natur sind hier zahlreich. Auch das Golfen und Angeln machen Spaß. Petri Heil!

STELLPLATZ: Stellplätze befinden sich u. a. in Alt Schwerin, Gotthun, Malchin, Malchow, Neustrelitz, Mirow, Neubrandenburg, Plau am See, Röbel, Sembzin, Silz-Nossentin, Userin OT Groß Quassow, Wesenberg und Waren. Waren bietet gleich fünf Stellplätze. Direkt am Rande der Altstadt, an der Uferpromade, steht der Reisemobilist auf dem »Parkplatz am Hafen«: Strandstr. 3b, 17192 Müritz, Tel. 03991/18 16 70, www.wohnmobile-mueritz.de, GPS 53°30'43"N, 12°41'11"E.

CAMPINGPLATZ: Viele naturnahe Campingplätze stehen bereit, z. B. in Bad Stuer, Jabel, Malchow, Plau am See, Röbel und Waren. Ruhig, idyllisch und direkt am nördlichen Plauer See steht man auf dem Platz »Camping am See« in Alt Schwerin: An den Schaftannen 1, 17214 Alt Schwerin, Tel. 039932/420 73, www.camping-alt-schwerin.de, GPS 53°31'21"N, 12°19'04"E.

INFOS: Tourismusverband Mecklenburgische Seenplatte e.V., Turnplatz 2, 17207 Röbel/Müritz, Tel. 039931/53 80, www.mecklenburgische-seenplatte.de, www.tausend-seen.de

TIPP: Am Kölpinsee, auf der Halbinsel Damerower Werder, kann man in dem »Wisentreservat Damerower Werder« stattliche Wisente beobachten (www.wisentinsel.de).

Das Brandenburger Tor ist Berlins Touristen-attraktion Nummer eins (oben). Eine weitere Sehenswürdigkeit ist der Berliner Dom (unten). Auf der Wiese vor dem Reichstag tummeln sich im Sommer die Menschen (rechte Seite unten). Wer die Kuppel besuchen möchte, muss oft lange anstehen. Im Winter locken viele Weihnachtsmärkte, z. B. auf dem Gendarmenmarkt (rechte Seite oben).

19 BERLIN

»BERLIN, BERLIN, WIR FAHREN NACH BERLIN«

Mit dem Wohnmobil nach Berlin? Dank zentraler Stellplätze, naturnaher Campingplätze im Umland, einem unbegrenzten Kulturprogramm, einer Fülle von Sehenswürdigkeiten, besten Einkaufsmöglichkeiten und einem unvergleichlichen Nachtleben ist die Stadt in Deutschland wohl konkurrenzlos. Die lebendige Metropole unterliegt einem stetigen Wandel, und so sollte man sie immer wieder aufs Neue mit dem Wohnmobil ansteuern – und das zu jeder Jahreszeit.

Wer die 3,5 Millionen Einwohner zählende Stadt besucht, sollte genügend Zeit mitbringen, denn nicht nur rund ums Brandenburger Tor und entlang des Ku'damms beeindruckt die Stadt, sondern auch im grünen Umland. So lohnt sich auch ein Ausflug mit dem Wohnmobil zum reizvollen Wannsee oder zum Müggelsee und eine Fahrt nach Potsdam mit dem berühmten Schloss Sanssouci.

WAHRZEICHEN DER STADT

Das Brandenburger Tor ist das Symbol für das wiedervereinigte Deutschland und ein imposantes Bauwerk. Hier schlägt das Herz der Stadt, und auf dem Pariser Platz finden viele Veranstaltungen statt, wie z. B. die gigantische Silvesterfeier. Vom Brandenburger Tor, das Ende des 18. Jahrhunderts erbaut wurde, sind es nur wenige Schritte bis zum Reichstag, dem Deutschen Bundestag, dem der Stararchitekt Sir Norman Foster eine mächtige Glaskuppel verpasst hat. Die

transparente Kuppel ist begehbar und bietet eine grandiose Aussicht u. a. auf das benachbarte kolossale Bundeskanzleramt, dem die Berliner den Spitznamen »Waschmaschine« gaben.

ÖSTLICH VOM BRANDENBURGER TOR

Die Quadriga auf dem Brandenburger Tor blickt über die Prachtstraße Unter den Linden. Hier passiert man zunächst das noble Hotel Adlon und kann dann vorbei an interessanten Geschäften und Restaurants flanieren. Schatten spenden die Linden der Allee in der Mitte der Straße. Im weiteren Verlauf erreicht man historische Bauwerke wie die Staatsoper, die Neue Wache, die Humboldt-Universität oder das Zeughaus.
Über die Schlossbrücke gelangt man zum sicherlich interessantesten Teil der Stadt. Hier gibt es Sehenswürdigkeiten wie den Berliner Dom, die riesige Stadtschloss-Baustelle und die Museumsinsel mit dem Pergamonmuseum und dem Antiken Museum zu erkunden. Die hochrangige Mu-

seumsinsel wurde auch in die UNESCO-Weltkulturerbeliste aufgenommen.
Nach dem Museumsbesuch lohnt sich ein Spaziergang durchs Nikolaiviertel, der Keimzelle Berlins. Die idyllische Altstadt bietet urige Kneipen und Straßenrestaurants.
Vorbei am Roten Rathaus, in dem der Regierende Bürgermeister die Geschicke der Stadt lenkt, läuft man zum berühmten Alexanderplatz. Gleich nebenan ragt der Berliner Fernsehturm 365 Meter in die Höhe und bietet aus 203 Metern Höhe einen tollen Rundumblick.

NEUE HIGHLIGHTS

In den letzten Jahren ist die Liste der hochrangigen Sehenswürdigkeiten immer länger geworden. Längst etabliertes Ziel für Berliner und Gäste gleichermaßen ist das Sony Center am Potsdamer Platz. Hier ist ein ultramodernes Stadtviertel mit verglasten Hochhäusern und riesigen Einkaufspassagen entstanden. Unter einem zeltartigen Glasdach speist man oder trinkt ein Bier, und Hollywood-Schauspieler stellen ihre neuen Filme vor. Wer sich für deutsche Filme interessiert, sollte sich

im benachbarten Deutschen Filmmuseum umschauen. Unterhalten wird man auch bestens in den vielen Kinokomplexen. Weitere »neue« Attraktionen sind das Jüdische Museum, das Holocaust-Mahnmal, das Dokumentationszentrum »Topografie des Terrors« oder die Neue Nationalgalerie. Doch weiterhin sollte man auch Sehenswürdigkeiten wie dem Schloss Charlottenburg, dem Kulturforum, dem KaDeWe, dem Schloss Bellevue, der Kaiser-Wilhelm-Gedächtniskirche und dem Kurfürstendamm seine Aufmerksamkeit schenken.

GRÜNE LUNGE

Eine kurze Auszeit vom bunten Treiben der lebendigen Metropole bietet sich im Tiergarten an. In diese »grüne Lunge« zieht es die Berliner zum Radfahren, Joggen, Spazieren, Entenfüttern, Sonnenbaden oder Kuscheln.
Eine weitere gute Adresse, um verloren gegangene Energie wieder aufzutanken, ist der Zoologische Garten, der zu den artenreichsten Zoos weltweit gehört und den vielseitigen Stadtbesuch bestens abrundet.

STELLPLATZ: Berlin bietet gleich mehrere Stellplätze. Sie befinden sich u. a. in den Berliner Stadtteilen Köpenick (3), Spandau (2) und Tegel. Ein idealer Ausgangspunkt für den mehrtägigen Stadtbesuch ist die zentrale »Internationale Reisemobilstation Berlin-Mitte«: Chausseestr. 82, Tel. 030/46 79 75 49, www.reisemobil station.com, GPS 52°32'17"N, 13°22'20" E.

CAMPINGPLATZ: Auch Campingplätze bietet die Hauptstadt. Sie liegen in Gatow, Kladow, Köpenick und Spandau. Empfehlenswert ist der ganzjährig geöffnete Campingplatz »Krossinsee« südöstlich von Berlin am Krossinsee nahe der Ortschaft Schmöckwitz. Hier steht das Reisemobil eben unter hohen Bäumen: Wernsdorfer Str. 38, 12527 Berlin, Tel. 030/675 86 87, www.campingplatz-berlin.de, GPS 52°22'13"N, 13°41'04" E.

INFOS: VisitBerlin, Am Karlsbad 11, 10785 Berlin, Tel. 030/25 00 23 33, www.visitberlin.de

TIPP: Einen grandiosen Ausblick über die Metropole hat der Besucher vom Panoramapunkt Potsdamer Platz. Mit dem schnellsten Aufzug Europas geht es in die 24. Etage. Aus einer Höhe von 100 Metern hat man dann einen Rundumblick: Potsdamer Platz 1, Tel. 030/31 87 93 01, www.panoramapunkt.rtrk.de

20 NIEDERRHEIN

REISEMOBILFREUNDLICH MIT VIELEN STELLPLÄTZEN

Kaum eine andere Region in Deutschland hat sich so gut auf Reisemobilisten eingestellt wie der untere linke Niederrhein mit vielen guten Stellplätzen. Zwischen dem Rhein und der niederländischen Grenze locken interessante Städte wie Kalkar und Kleve sowie die Römerstadt Xanten, und auf den zahlreichen Radwegen kann man den flachen Landstrich bestens erkunden.

Der Rhein ist der längste Fluss Deutschlands, und kurz bevor er das Land verlässt, geht er in den Niederrhein über. Von seiner besten Seite – insbesondere für Urlauber, die mit dem Reisemobil die Region ansteuern – zeigt sich der untere linke Niederrhein. Hier sind es nur wenige Etappen von einer Attraktion zur nächsten. Am besten lässt man das Reisemobil stehen und fährt mit dem Rad. Ein vorbildliches Radwegenetz mit guter Ausschilderung macht einen Ausflug mit der »Fiets« zum Vergnügen. Lediglich die wenigen Hügel (Stauchendmoränen)

In Xanten ist der Archäologische Park mit dem Amphitheater ein Muss (oben). In Kalkar am historischen Marktplatz fühlen sich die Gäste gut aufgehoben (unten). Am Niederrhein ist der Rhein sehr breit und viele Schiffe sind hier unterwegs (rechts). Der Niederrhein bietet eine Vielzahl von guten Stellplätzen, wie beispielsweise in Kalkar (rechte Seite oben).

verlangen einen kräftigeren Tritt in die Pedale. Eine Pause sollte man dann auf jeden Fall in Xanten einlegen und einen Stadtrundgang machen.

RÖMERSTADT XANTEN

Vor rund 2000 Jahren ließen sich die Römer an einem Fleckchen am Rhein nieder und errichteten die Siedlung Colonia Ulpia Traiana. Die Zeugnisse aus der Zeit der Römer sind heute noch allgegenwärtig, und so ist der Besuch im Archäologischen Park Xanten, dem sogenannten »APX«, ein Muss. Originalgetreu wurden Wohnhäuser, Thermen, Stadtmauern und -tore, Herbergen und Hafentempel nachgebildet. Prunkstück ist das mächtige Amphitheater, in dem viele Konzerte und Shows im Sommer stattfinden. Rund um die Römer informiert auch das Römermuseum, das allein durch seine Architektur aus Glas und Stahl begeistert. Ebenfalls begeistert wird der Reisemobilist von der Altstadt sein. Hier erhebt sich der mächtige Dom St. Viktor, der Mitte des 16. Jahrhunderts fertiggestellt wurde. Sehenswert sind u. a. die Krypta und der Kreuzgang.

Vor den Toren der Stadt ist an der Xantener Nordsee und Südsee das Freizeitangebot groß. Hier kann man nach Herzenslust baden, segeln und surfen oder auch Wasserski fahren und eine Fahrt mit dem kleinen Passagierschiff unternehmen.

AKTIV AM NIEDERRHEIN

Wassersportler kommen in erster Linie auf der Xantener Nord- und Südsee sowie am Wisseler See nahe Kalkar auf ihre Kosten. Lohnenswert sind auch Kanutouren auf der Niers. In Weeze kann man sich ein Kanu ausleihen und direkt loslegen – ein

Stellplatz befindet sich gleich nebenan. Dann geht es unter hohen Pappeln vorbei an Feldern, Wiesen und Weiden über den teilweise knietiefen Fluss.

Wer gern Golf spielt, ist rund um Kalkar gut aufgehoben; auch viele Reiterhöfe laden hier zum Reiten ein. Schiffsausflüge auf dem Rhein sollte man in Rees und Emmerich beginnen. Ein Highlight ist die Fahrt mit der Draisine, die in Kleve beginnt und bis in die Niederlande fährt. Ansonsten bietet die Region noch viele weitere Attraktionen, wie etwa das »Wunderland Kalkar«. Nach einem umfangreichen Umbau wurde aus dem einstigen Kernkraftwerk »Schneller Brüter« (der nie ans Netz ging) ein beliebter Vergnügungspark. Viel Spaß bereitet auch der Besuch im Wildpark in Weeze und im TerraZoo in Rheinberg, der sich den Reptilien verschrieben hat.

KALKAR UND KLEVE

Das Herz der Kleinstadt Kalkar schlägt am alten Marktplatz. Grobes Steinpflaster, die Gerichtslinde, das historische Rathaus aus dem 15. Jahrhundert, prächtige Giebelhäuser, alte Häuserzeilen und schließlich die 1450 geweihte Nikolaikirche prägen den malerischen Stadtkern. Wesentlich städtischer präsentiert sich die Stadt Kleve mit ihrer markanten Schwanenburg. Kunstliebhaber zieht es ins Museum Kurhaus und Gartenfreunde in die benachbarten barocken Gartenanlagen. In der verkehrsberuhigten Innenstadt reihen sich nette Geschäfte aneinander, und hier schlendert man sogar »bergauf«! Zwischen Kalkar und Kleve liegt das prächtige Schloss Moyland mit der umfangreichsten Sammlung des Künstlers Joseph Beuys.

STELLPLATZ: Am Niederrhein sind die Stellplätze zahlreich, z. B. in Wesel, Sonsbeck, Goch, Uedem, Kleve, Kalkar, Emmerich, Kranenburg, Moyland, Weeze, Rees und Issum. Weitere Städte verfügen über gute Stellplätze. Besonders gut steht man am Stadtrand von Xanten in dem »WomoPark Xanten«. Nur wenige Hundert Meter sind es zur historischen Altstadt: Fürstenberg 6, 46509 Xanten, Tel. 02804/21 95 88, www.womopark-xanten.de, GPS 51°39'15"N, 6°27'52"E.

CAMPINGPLATZ: Zu den empfehlenswerten Campingplätzen am Niederrhein gehört »Freizeitpark Wisseler See GmbH«. Er befindet sich zwischen dem Dorf Wissel und der Stadt Kalkar am Wisseler See. Die gute Ausstattung und die reizvolle Lage am See (blaue Flagge!) sprechen für den mehrfach ausgezeichneten Campingplatz: Zum Wisseler See 15, 47546 Kalkar-Wissel, Tel. 02824/963 10, www.wisseler-see.de, GPS 51°45'39"N, 6°17'6"E.

INFOS: Niederrhein Tourismus GmbH, Willy-Brandt-Ring 13, 41747 Viersen, Tel. 02162/81 79 03, www.niederrhein-tourismus.de

TIPP: Vorzüglich Speisen kann man am Kalkarer Marktplatz!

Dank einer Fülle von erlebenswerten Städten, Aktivitäten und Sehenswürdigkeiten kommt im Allgäu keine Langeweile auf. In vielen Städten informieren Masten über die Attraktionen und das Gewerbe. In Bad Wörishofen gehört der Park zu den schönen Flecken der Stadt (unten). Wer in dem Kurort ausspannen möchte, sollte die Therme besuchen.

 ALLGÄU

HERRLICHER URLAUB IM ALPENVORLAND

Das idyllische Allgäu im Alpenvorland zeigt sich dem Reisemobilisten von seiner schönsten Seite. Hier stößt der Urlauber auf tolle Stellplätze, reizvolle Städte, vielfältige Aktivitäten und ein gutes Wellnessangebot. Weltberühmt ist das Märchenschloss Neuschwanstein, und nicht minder interessant sind die beachtlichen Klöster und Kirchen sowie die freundlichen Städte wie Füssen, Kempten oder Memmingen.

Das Allgäu liegt in den Bundesländern Bayern und Baden-Württemberg und erstreckt sich zwischen dem östlichen Teil des Bodensees und dem Fluss Lech im Osten, den Allgäuer Alpen im Süden und den ausgedehnten Wäldern und Hochmoorgebieten im Norden – so die nüchterne Lokalisierung einer wahrlich reizvollen Reiseregion. Diese Ferienregion hat im »Kulturraum und Naturraum« gleichermaßen viel zu bieten.

LANDSCHAFTLICHE HIGHLIGHTS

Der Reisemobilist wird stets von der malerischen Landschaft begeistert sein. Mitunter präsentiert sich das Allgäu wie aus dem Bilderbuch und scheint das eigene Klischee noch übertreffen zu wollen. So weiden die Kühe auf sattgrünen Wiesen vor einer grandiosen Bergkulisse. Hier strecken sich die Berge bis zu 2657 Meter hoch in den klaren, weiß-blauen Himmel.

Auf den Weiden wird das produziert, was dann u. a. als Käse von den Gästen

besonders geschätzt wird. Das Allgäu ist der wichtigste Käseproduzent in Deutschland, und unverkennbar ist auch der Fremdenverkehr eine wichtige Einnahmequelle. Reisemobilisten kommen hier voll auf ihre Kosten und sollten sich bei ihren Routen auch an den Ferienstraßen orientieren.

UNTERWEGS AUF DEN FERIENSTRASSEN

Im Allgäu rollt das Wohnmobil u. a. auf der Deutschen Alpenstraße, und der zufriedene Fahrer blickt über die Weiden und Blumenwiesen zu den schneebedeckten Bergen der Alpen. Neben der Deutschen Alpenstraße stehen weitere Ferienstraßen zur Auswahl, die attraktive Städte verbinden und atemberaubende Ausblicke bieten. So lohnt sich eine Etappe auf der Oberschwäbischen Barockstraße oder auf der Schwäbischen Bäderstraße. Die interessante, empfehlenswerte Romantische Straße verbindet Würzburg mit Füssen – beide Städte sollen neben anderen Orten nicht im Reiseprogramm fehlen.

STÄDTE WIE AUS DEM BILDERBUCH

Dank vieler Stellplätze in der Nähe der Städte ist ein Stadtrundgang ohne Anreise- und Parkprobleme möglich. Es bereitet viel Freude, durch die schönen Städte zu schlendern. Hierbei fällt die Auswahl sehr schwer, denn von malerischen Dörfern bis hin zu lebendigen Städten ist das Angebot groß.

Ein Muss ist die Stadt Kempten, die im Herz der Region liegt und als die »Hauptstadt des Allgäus« bezeichnet wird. Ihre Geschichte geht bis in die Römerzeit zurück, und so kann man sich über das einstige Cambodunum im interessanten Archäologischen Park informieren. Natürlich hat Kempten auch eine lebendige Altstadt mit netter Fußgängerzone und schmuckem Rathaus zu bieten.

In puncto »prächtige Altstadt« können auch Memmingen, Kaufbeuren, Wan-

gen, Isny und natürlich Füssen mithalten. Letzteres bietet neben einer einladenden Innenstadt auch imposante Bauwerke wie die Hohe Burg oder die Kirche des ehemaligen Benediktinerklosters.

Die Altstadt von Memmingen ist teilweise noch von einer schützenden Mauer umgeben. An dem stattlichen Markplatz steht das stolze Rathaus, und Gäste verweilen gern in den Straßencafés.

Aber auch weitere Orte wie das Bilderbuchdorf Wolfegg, das Städtchen Mindelheim oder der Wintersportort Oberstdorf sind einen Besuch wert – Gleiches gilt für die zahlreichen sakralen Bauwerke.

STOLZE KIRCHEN UND KLÖSTER

Ein weiteres Markenzeichen des Allgäus sind die prachtvollen Klöster und Kirchen – allesamt imposante Bauwerke, deren makelloser Zustand und das wertvolle In-

Auf dem Reiseprogramm sollte die frühbarocke Kirche St. Coloman nahe Schwangau (oben links) stehen. Zahlreich sind urige Restaurants, in denen man deftig essen kann (oben rechts), so auch in Memmingen vor dem historischen Rathaus (Mitte). Gestärkt kann man sich einer der vielen Kirchen und Klöster widmen, wie dem bekannten Kloster von Ottobeuren (unten).

Neben einer grandiosen Landschaft lockt das Allgäu mit vielen Attraktionen wie dem Rathaus in Kempten (oben), dem Oberjoch (Mitte) und der Klosterbrauerei in Irsee (unten). Weltberühmt ist das Schloss Neuschwanstein (oben). Die Überlandfahrten führen durch eine idyllische Landschaft (rechte Seite unten), ehe man am Abend einen Stellplatz wie in Füssen ansteuert (rechte Seite oben).

ventar von der Gläubigkeit der Menschen zeugen. An ihren markanten Zwiebeltürmen sind sie von schon von Weitem zu erkennen und können innen wie außen begeistern.

Sprachlos und fast auf Zehenspitzen geht der Besucher durch die Basilika von Weingarten. Sie gehört zu den größten Barockbasiliken des Landes, was ihr auch den Beinamen »Schwäbischer Petersdom« einbrachte.

Ebenfalls tief beeindruckt wird der Kirchenbesucher von der Basilika von Ottobeuren sein. Sie wurde im Barockstil errichtet und ist im Inneren reich an filigranem Prunk in den Farben Gold und Weiß. Gut besucht sind die einzigartigen Orgelkonzerte.

In Irsee sollte man die Klosterkirche Mariä Himmelfahrt des ehemaligen Benediktinerklosters genauer unter die

Lupe nehmen und danach der benachbarten Klosterbrauerei seine Aufmerksamkeit schenken.

Auf der langen Liste der sehenswerten Gotteshäuser stehen auch die prachtvolle Klosterkirche St. Lorenz, die schöne Rokokokirche St. Ulrich in Seeg und St. Coloman in Schwangau.

AUSHÄNGESCHILD SCHLOSS NEUSCHWANSTEIN

Auch wenn die schmucken Kirchen und Klöster den Reisemobilisten begeistern werden, so stellt der Schlossbesuch von Neuschwanstein im wahrsten Sinn des Wortes den Höhepunkt der Reise dar. Vom Parkplatz blickt man hinauf zum Schloss, das sich inmitten eines Waldes vor den schroffen Bergen als Märchenschloss präsentiert. Kein Geringerer als der legendäre König Ludwig II. (1845–

86) ließ es errichten. Allerdings erlebte er sein Traumschloss nur als Baustelle. Heute können die Besucher (viele kommen aus Übersee und Fernost) das frisch renovierte Schloss besichtigen. Ein Fußweg führt hinauf zum Schloss, das mit den vielen Türmen, unzähligen Zinnen, Erkern und Fenstern alle Blicke auf sich zieht. Oben angekommen, sollte man weiter zur hohen, schwindelerregenden Marienbrücke spazieren. Hier hat man den besten Blick auf das prächtige Schloss und auf das schöne Allgäu. Nach anschließender Schlossbesichtigung spaziert man wieder hinunter und erreicht das nicht minder interessante Schloss Hohenschwangau, das in der Nähe des herrlichen Alpsees steht.

WANDERN, WELLNESS, WINTERSPORT

Im Allgäu sind die drei »Ws« (Wandern, Wellness, Wintersport) ein zugkräftiges Argument, und so versteht es sich von selbst, dass man stets seine Wanderschuhe mit dabei hat. Zahlreich sind die Wanderwege, auf denen man u. a. die Allgäuer Alpen, eine fantastische Hoch-gebirgslandschaft, auf Schusters Rappen erkunden kann. Oder man wandert durch die bekannte Breitachklamm, die tiefste Felsenschlucht der Alpen.

Dank einiger Wintercampingplätze und der ganzjährig geöffneten Stellplätze lohnt sich auch eine Reise im Winter; dann genießt man rasante Ski- und Rodelabfahrten oder entdeckt die Region auf gespurten Loipen.

Nach sportlichen Aktivitäten lohnt sich ein Restaurantbesuch mit einem aufgetischten deftigen Hauptgericht, wie z. B. Braten mit Sauerkraut und Spätzle oder Knödel.

Alternativ kann man auch eine erholsame Therme besuchen. Erste Adresse ist hierbei die Therme von Bad Wörishofen, die auch über einen komfortablen Stellplatz verfügt. Pfarrer Sebastian Kneipp hat bereits Mitte des 19. Jahrhunderts durch seine Naturheilverfahren das Städtchen Wörishofen zu einem weltweit anerkannten Kurbad gemacht. Hier erfährt man auf angenehmste Art und Weise, wie schön eine Wohnmobilreise durch das Allgäu sein kann.

STELLPLATZ: Im Allgäu stehen viele Stellplätze bereit! Fast jeder attraktive Ort verfügt über einen Stellplatz, so auch Memmingen. Der Stellplatz »Stadtpark Neue Welt« bietet ebene Stellplätze in grüner Umgebung: Colmarer Straße, 87700 Memmingen, Tel. 08331/85 01 72, www.memmingen.de, GPS 47°59'44"N, 10°10'57"E.

CAMPINGPLATZ: Auch die Zahl der Campingplätze ist hoch. Zu den vielen empfehlenswerten Campingplätzen gehört »Via Claudia Camping«, der auch über einen angegliederten Stellplatz verfügt: Via Claudia 6, 86983 Lechbruck am See, Tel. 08862/84 26, www.via-claudia-camping.de, GPS 47°42'57"N, 10°49'18"E.

INFOS: Allgäu Marketing GmbH, Allgäuer Str. 1, 87435 Kempten, Tel. 0800/257 36 78 (kostenfrei), www.allgaeu.info

TIPP: Mit der Seilbahn geht's auf den 1881 m hohen Tegelberg in den Ammergauer Alpen. Er bietet einen grandiosen Blick auf das Alpenvorland und das Schloss Neuschwanstein (www.tegelbergbahn.de).

22 BERCHTESGADENER LAND

CAMPEN IM WINTERPARADIES

In der südöstlichen Ecke Deutschlands liegt das Berchtesgadener Land. Eine grandiose Landschaft und idyllische Städte prägen diesen Zipfel Bayerns. Die landschaftliche und kulturelle Vielseitigkeit und die guten Wintersportmöglichkeiten machen das Berchtesgadener Land zu einem idealen Winterziel für Reisemobilisten – hier gibt es gleich fünf Wintercampingplätze.

Ein Winter im Berchtesgadener Land wird unvergessen sein. Dazu gehören Besuche in dem malerischen Ort Ramsau (oben) und Ausflüge auf den Jenner, von dem man einen grandiosen Ausblick auf die Bergwelt hat (unten). Bekannt ist die Pfarrkirche St. Sebastian von Ramsau (rechte Seite). Bilder und Postkarten der rund 500 Jahre alten Kirche sind um die ganze Welt gegangen.

D er fjordartige Königssee und der Watzmann, der mit 2713 Metern zweithöchste Berg Deutschlands, und die Städte Berchtesgaden und Bad Reichenhall sind zwar die Aushängeschilder der Region, jedoch gibt es für den Reisemobilisten noch wesentlich mehr zu entdecken. Allerdings sollte man auf den Besuch dieser Attraktionen nicht verzichten. So stellt man sein Wohnmobil auf dem großen Parkplatz am Königssee ab und beginnt mit der Erkundung.

MALERISCHER KÖNIGSSEE

Im Winter hält sich der Andrang am reizvollen Königssee glücklicherweise in Grenzen. Sofern der See nicht zugefroren ist, geht es mit dem Elektroboot über den lang gezogenen smaragdgrünen See zur Halbinsel St. Bartholomä mit der berühmten gleichnamigen Wallfahrtskirche. Auf dem Weg dorthin wird eindrucksvoll das Echo mit der Trompete demonstriert. Der einzige fjordartige See Mitteleuropas wurde während der Eiszeit von einem mächtigen Gletscher ausgehobelt. Die

Eiszeit hat eine Landschaft geschaffen, die abseits der touristischen Pfade noch unwirtlich und ursprünglich ist.
Ein weiterer herrlicher See ist der Hintersee. Der benachbarte Zauberwald macht gerade tief verschneit seinem Namen alle Ehre. Der Wanderer wird in aller Ruhe und Gelassenheit auch im Winter die landschaftliche Schönheit entdecken können, und er sollte sich wie der heimische Steinadler mal einen Blick aus der Vogelperspektive gönnen, wozu der Berg Jenner einlädt. Mit der gemütlichen Zweiergondel geht es auf den Berg, und vom Plateau genießt man aus einer Höhe von 1802 Metern einen spektakulären Ausblick auf den Nationalpark.

NATIONALPARK BERCHTESGADEN

Im Jahr 1978 wurde der Raum rund um Watzmann und Königssee unter Naturschutz gestellt und als Nationalpark Berchtesgaden eingerichtet. Es ist der einzige alpine Nationalpark Deutschlands. Auf einer Fläche von rund 210 Quadratkilometern entdeckt man Seen,

Gebirgsbäche, Wälder und Auen sowie eine schroffe Gebirgswelt.

Auch im Winter zeigt sich der Nationalpark von seiner schönsten Seite. Einige Wanderwege sind geräumt, und zu einer lohnenswerten Wanderung gehört die Strecke durchs Klausbachtal.

Bei der Nationalpark-Infostelle erfährt man viel über Flora und Fauna mit besonderen Vertretern wie Gämsen, Steinböcken, Murmeltieren und Steinadlern. Am Wildfütterungsplatz, den man gut zu Fuß oder mit einem Pferdeschlitten erreichen kann, wird im Winter aufgrund der Nahrungsknappheit das Rotwild gefüttert, was man von einer neuen Aussichtsterrasse gut beobachten kann. In der schroffen Bergwelt ist der Blaueisgletscher, der nördlichste Gletscher der Alpen, zu finden.

WINTERSPORTPARADIES

Nicht nur die Wanderung im Nationalpark gehört zu den lohnenswerten Aktivitäten im Berchtesgadener Land – in der gesamten Region gilt es ein Netz von 200 Kilometern geräumter Winterwanderwege zu entdecken. Darüber hinaus bieten sich Schneeschuhwanderungen, Skilanglauf, Skiabfahrten, Snowtube-Fahren, Eisstockschießen, Eislauf und Rodeln an.

Gerade beim Rodeln zeigt sich das Berchtesgadener Land von seiner erfolgreichsten Seite, denn hier ist die Rennrodel-Legende Georg Hackl zu Hause. In Königssee finden auf der Kunsteisbahn zahlreiche Bob-, Rodel- und Skeleton-Wettbewerbe statt. Hier kann man Eissportler beobachten, die mit einer Geschwindigkeit von bis zu 130 km/h durch die 1200 Meter lange Eisrinne jagen. Wer selber in der weißen Winterlandschaft einen Geschwindigkeitsrausch erleben möchte, wird in einem der fünf Skigebiete die Skier unterschnallen. Die längsten Abfahrten bietet hierbei das Skigebiet Jenner–Königssee. Für Skilangläufer stehen rund 100 Loipenkilometer bereit.

Größtes Skigebiet ist das Jenner-Skigebiet (oben). Nur wenige Kilometer sind es zum idyllischen Königssee (Mitte). Zum Entspannen bietet sich die Rupertus-Therme in Bad Reichenhall an (unten). Gute Einkaufsmöglichkeiten findet man hingegen in dem Ort Berchtesgaden vor (rechts). Von Berchtesgaden ist es nicht weit zum Örtchen Ramsau (rechte Seite oben)

Einen sportlichen Tag kann man am besten im Solebad oder in der Sauna ausklingen lassen. Erste Adressen sind hierbei die »Watzmann-Therme« in Berchtesgaden und die »Rupertus-Therme« in Bad Reichenhall. Nur wenige Hundert Meter von Letzterer entfernt befindet sich ein guter Stellplatz, sodass man in direkter Nähe dieser Wellness-Oase sein Wohnmobil abstellen kann.

»WEISSES GOLD« IN BAD REICHENHALL

Inmitten der reizvollen Landschaft präsentieren sich einige nette Städte, und nur wenige Kilometer sind es über die Grenze zur weltberühmten Mozartstadt Salzburg, die der Reisemobilist auf jeden Fall in sein Reiseprogramm mit einbauen sollte. Im Norden des Berchtesgadener Landes liegt Bad Reichenhall, das aufgrund seiner traditionsreichen Salzförderung zu den bekannten Städten gehört. In der schönen Altstadt fühlt sich der Gast auf Anhieb wohl und kann in der Alten Saline viel über die Salzförderung erfahren. Immerhin sprudeln hier zahlreiche Solequellen, und seit mehr als 2000 Jahren wird das Salz, das »weiße Gold«, gewonnen. Der Salzgehalt liegt bei beachtlichen 27 Prozent. Rasch entwickelte sich Bad Reichenhall zu einem beliebten Kurort mit netten Geschäften, Theater, Casino und natürlich den Kuranlagen. Auch der Besucher kann noch etwas für seine Gesundheit tun, denn im Gradierwerk läuft die Sole über Reisigzweige, und die Atemluft wird mit Salz angereichert.

SCHMUCKES BERCHTESGADEN

Auch Berchtesgaden verdankt seine Entwicklung dem Salzvorkommen. Bereits im Jahr 1517 wurde das Salzwerk am Petersberg in Betrieb genommen. Im Mittelalter hatte der Ort seine Blütezeit und entwickelte sich zu einer wohlhabenden Stadt, was heute noch unübersehbar ist. Wer durch die erhabene, schöne Altstadt schlendert, wird beeindruckt sein von den vielen historischen Bauwerken wie der Stiftskirche und dem angrenzenden Kloster, dem Schloss und den herrlichen Häusern rund um den Marktbrunnen. Dort schlägt das Herz der Stadt, hier treffen sich die Menschen zum Plausch.

Genauer unter die Lupe nehmen sollte man das Hirschenhaus mit einer zum Schmunzeln anregenden Lüftlmalerei. Sehr filigran und mit Humor wurde die Fassade rund um die Fenster bemalt. Die Menschen werden hier respektlos als Affen dargestellt.

Im Kur- und Kongresshaus finden zahlreiche Veranstaltungen statt, und in der Nachbarschaft steht die schöne Franziskanerkirche.

Ein Besuch lohnt sich auf jeden Fall sowohl im Erlebnisbergwerk als auch in der Enzianbrennerei Grassl.

BERÜHMTES DORF – RAMSAU

In Bad Reichenhall und Berchtesgaden läuft der Kurbetrieb auf vollen Touren, die beiden Städte stehen in der Beliebtheitsskala der Reisenden ganz oben. Aber auch kleine Orte wie Bischofswiesen, Marktschellenberg, Schönau und Ramsau sind einen Besuch wert. In Ramsau bieten der Gebirgsbach und die Pfarrkirche vor der verschneiten Reiteralpe den wohl schönsten Anblick – ein Bild, das um die Welt geht und sicherlich auch auf der Speicherkarte des Wohnmobilisten zu finden sein wird!

STELLPLATZ: Ein Stellplatz befindet sich in Bischofswiesen an der Gotschen-Alm, ein weiterer in Bad Reichenhall. Hier steht der Reisemobilist auf ebenen Schotterplätzen in der Nähe der erholsamen Rupertus Therme: Hammerschmiedweg, 83435 Bad Reichenhall, Tel. 08651/762 20, www.rupertustherme.de, GPS 47°44'4"N, 12°52'31"E.

CAMPINGPLATZ: Gleich fünf Campingplätze sind das ganze Jahr geöffnet. Diese Campingplätze befinden sich in Schönau am Königssee (2), Ramsau und Bischofswiesen. Wenige Kilometer nördlich von Berchtesgaden liegt »Familien-Camping Allweglehen«. Von hier hat der Gast einen Blick auf den Watzman. Zur guten Ausstattung gehört u. a. ein kleiner, eigener Lift und ein modernes Sanitärgebäude: Allweggasse 4, 83471 Berchtesgaden, Tel. 08652/23 92, www.allweglehen.de, GPS 47°38'50"N, 13°02'24"E.

INFOS: Berchtesgadener Land Tourismus GmbH, Bahnhofplatz 4, 83471 Berchtesgaden, Tel. 08652/656 50 50, www.berchtesgadener-land.com

TIPP: Die Alte Saline in Bad Reichenhall bietet Führungen durch unterirdische Gänge zu den Salzquellen (www.alte-saline-bad-reichenhall.de).

23 FRIESLAND

WASSERREICHE NIEDERLÄNDISCHE PROVINZ

Im Westen umgibt das Ijsselmeer die malerische Provinz Friesland, und im Norden schließt sich mit dem Wattenmeer eine der interessantesten Landschaften Europas an. Mittendrin erfreut ein Wirrwarr von Seen und Kanälen die unzähligen Wassersportler und natürlich die Campingtouristen, deren Anlagen stets am Wasser zu finden sind. Radtouren krönen hier jeden Wohnmobilurlaub.

Das Städtchen Lemmer erstreckt sich im Süden Frieslands und ist das Eldorado für Wassersportler. Wer eine Fahrt mit den für die Region so typischen Plattbodenschiffen unternehmen möchte, kann u.a. in Lemmer starten (oben). Im Ortskern haben viele Schiffe am Kanal festgemacht (unten). Hier kann man Platz nehmen und den Schiffsverkehr beobachten.

Hat sich der Reisemobilist erst einmal auf seinem Campingplatz eingerichtet, wird er es den Friesen gleichtun und die nächsten Ziele mit dem Fahrrad ansteuern. Auf zweispurigen Radwegen fährt man mit der sogenannten »Fiets« und bleibt an so mancher Schleuse oder Klappbrücke stehen. Die einzige »Steigung«, die man bewältigen muss, ist die kleine Auffahrt zu den Brücken. Wie in den meisten Teilen der Niederlande ist es auch in Friesland bretteben, und unzählige Kanäle und Entwässerungsgräben durchziehen die Region.

Friesland ist eine von zwölf niederländischen Provinzen und beheimatet rund 650 000 Menschen. Hier wird nicht nur Niederländisch, sondern auch Friesisch gesprochen. Dass die Provinz Fryslân zweisprachig ist, merkt der Reisemobilist schnell an den Ortsschildern.

UNBEKANNTE FLAGGE

An den Booten und vor den Häusern weht in der Provinz Friesland eine besondere Flagge, und die blau-weißen Streifen mit den roten Seerosenblättern fallen dem Reisenden sofort ins Auge. Zunächst glaubt man an kleine Herzen, doch die sieben Seerosenblätter symbolisieren die einstigen friesischen Küstenländer des Mittelalters.

In die Geschichte taucht man an vielen Stellen der Provinz ein, denn so mancher Ort wirkt wie ein Freilichtmuseum. Bestes Beispiel hierfür ist das malerische Örtchen Sloten. Über altes Kopfsteinpflaster, vorbei an kleinen Kaufmannshäusern, schlendert man durch die Altstadt und ist erfreut, wenn man im Straßencafé einen Sitzplatz ergattert hat. Das Schild »kopje koffie is klar« sagt jedoch nichts über die Qualität des Kaffees aus, sondern weist lediglich darauf hin, dass das beliebte Getränk »fertig« ist. In der bezaubernden Altstadt scheint die Zeit stehen geblieben zu sein, darauf deutet auch der Pranger hin.

Der malerische Ort Sloten (friesisch: Sleat) ist ein Genuss und ein Muss und reiht sich in die vielen herrlichen friesischen Städte ein – auch wenn er mit sei-

nen 700 Einwohnern nicht größer als so manches Dorf ist.

STOLZE ELF STÄDTE

Genau elf Städte erhielten im Mittelalter die Stadtrechte. Auf eine besondere Art und Weise sind diese Städte heute miteinander verbunden, denn sollten bei einem strengen Winter die vielen Wasserflächen zufrieren, dann wird die »Elf-Städte-Tour« durchgeführt (erstmalig 1890). Auf Schlittschuhen sind dann unzählige Läufer unterwegs und versuchen die rund 200 Kilometer lange Strecke unter 24 Stunden zu bewältigen.

Mit dem Reisemobil steuert man die schönen Städte weitaus bequemer an. Dokkum und Stavoren sind die ältesten Städte des Landes. In Dokkum soll im Jahr 754 der angelsächsische Missionar Bonifatius ermordet worden sein, und so ist es nicht verwunderlich, dass sich Dokkum zu einem Pilgerstädtchen entwickelt hat. Natürlich lockt auch die idyllische Altstadt mit ihren schönen Bauwerken. Großstädtisch wirkt Leeuwarden mit seinen vielen Geschäften und Hochbauten. Aus dem einstigen mittelalterlichen Handelsplatz hat sich eine lebendige Provinzhauptstadt entwickelt. Berühmteste Bürgerin der Stadt war Mata Hari, jene legendäre Tänzerin und Spionin, die in Frankreich hingerichtet wurde. In friedlicher Atmosphäre spaziert man durch die pulsierende Altstadt, die von einer schützenden sternförmigen Gracht umgeben ist. Einige interessante Museen und sehenswerte Bauwerke sorgen für einen kurzweiligen Stadtbesuch. Ähnlich lebendig präsentiert sich die Stadt Sneek mit einer reizvollen Lage inmitten des friesischen Seengebietes. Mit

Die Stadt Sneek mit ihrer schmucken Altstadt zeigt mit dem »Waterpoort« stolz ihr Wahrzeichen (oben links). In der winzigen »Stadt« Sloten finden am oder über dem Kanal stets erheiternde Veranstaltungen statt (oben rechts). Wer durch Friesland reist, wird eher auf die friesische als auf eine niederländische Flagge blicken. Sie zeigt Seerosenblätter (unten).

In Lemmer hat man den Fischern ein Denkmal gewidmet (oben links). Manche Campingplätze bieten einen Blick über das Ijsselmeer (oben rechte Seite). Dampfschöpfwerk in Lemmer (unten). Die prächtige Altstadt von Hindeloopen mit ihren kleinen Häusern ist ein Muss (rechte Seite unten). Guter Stellplatz ist der ruhige Yachthafen Lutsmond in Balk (rechte Seite oben).

rund 30 000 Einwohnern ist sie die zweitgrößte Stadt Frieslands und lädt zu einem lohnenswerten Stadtrundgang ein, bei dem man zum Wahrzeichen der Stadt, dem Brückentor Waterpoort aus dem Jahr 1613, gehen sollte. Lohnenswert ist auch ein Stadtrundgang in der historischen Hansestadt Bolsward oder im freundlichen Städtchen Workum.

VON DER NORDSEE ABGETRENNT

Abseits der »größeren« Städte locken kleine friesische Städte wie Heeg, Balk, Woudsend oder das Örtchen Hindeloopen. Hinter dem schützenden Deich tummeln sich alte Backsteinhäuser. Geht man die wenigen Stufen den Deich hinauf, blickt man über das heutige Ijsselmeer, den einstigen Meeresarm. 1932 wurde durch den 30 Kilometer langen Abschlussdeich die Zuidersee von der Nordsee abgetrennt. Aus Salz-

wasser wurde mit der Zeit Süßwasser und aus Fischerhäfen große Yachthäfen. Heute kann man auf dem mächtigen Damm sein Wohnmobil abstellen und sich die frische Nordseeluft um die Nase wehen lassen. Wer sich in der flachen Region den Städtchen nähert, erkennt an den zahlreichen Masten der Segelschiffe, wo sich die Marinas konzentrieren. Lemmer ist mit seinen vielen Sporthäfen eine Metropole des Wassersports. Vor der altehrwürdigen Schleuse Lemstersluis drängeln sich die Boote, die hinaus aufs Ijsselmeer fahren wollen. In Lemmer steht das älteste Dampfschöpfwerk Europas, das auch in die Weltkulturerbeliste der UNESCO aufgenommen wurde.

CAMPING UND WASSERSPORT

Als Wohnmobilist muss man oft den Motor ausschalten oder bei der Fahrradtour

eine unfreiwillige Pause einlegen, denn verkehrstechnisch ist der Straßenverkehr eng verknüpft mit den vielen Klappbrücken. Dem Brückenwärter legt der Wassersportler dann die Gebühr in einen heruntergelassenen Holzschuh. Dem Radfahrer wird bei der kurzen Pause nicht langweilig, denn er beobachtet die Wassersportler und würde manchmal wohl gern mit ihnen tauschen. Kurzfristig ist das sogar möglich, denn die meisten Campingplätze verfügen auch über kleine Sporthäfen und bieten Boote zum Mieten an. Hier reicht das Angebot von offenen Segelbooten über Ruderboote und Kanus bis hin zu Motorbooten. Neben dem Radfahren sollten unbedingt Wassersportaktivitäten auf dem Urlaubsprogramm stehen. Wer auf das Wandern nicht verzichten möchte, sollte statt der Wanderschuhe dichte Gummistiefel einpacken und an einer geführten Wattwanderung teilnehmen. Über die Salzwiesen

geht es dann ins Watt, und der Blick auf die friesischen Inseln verdeutlicht einmal mehr, wie landschaftlich reizvoll Friesland ist.

FUSSBALL UND SEGELN

Die Begeisterung der Niederländer für ihren Fußballsport ist hinlänglich bekannt. Dass die Friesen aber auch fanatische Anhänger des Segelsports sind, bleibt dem Sommerurlauber zumindest drei Wochen im Jahr nicht verborgen. Plakate in den Läden, auf Campingplätzen und Häfen sowie Radio- und Fernsehberichte informieren über das beliebte »Skutsjesilen«, eine Regatta mit den großen Plattbodenschiffen, bei der sich die friesischen Städte seit 1820 miteinander messen. Nach vielen Vorläufen stehen dann 14 Schiffe im Finale. Um das Regattafeld herrscht unterdessen Volksfeststimmung – ein riesiger Spaß für Segler und Zuschauer gleichermaßen.

STELLPLATZ: In Friesland sind Stellplätze selten. Einige Campingplätze bieten jedoch ausgewiesene Bereiche für Wohnmobile an. Stellplätze am Yachthafen findet man in Sneek, Joure, Lemmer, Makkum, Woudsend und in Balk. Sleatemar 1a, Tel. +31/(0)514/60 34 34, www.jachthavenlutsmond.nl, GPS 52°54'15'' N, 5°35'35'' E.

CAMPINGPLATZ: Die Dichte an guten Campingplätzen in Friesland ist groß, u. a. in Woudsend, Hindeloopen, Lemmer, Franeker, Makkum, Workum, Eernewoude, Grouw, Balk, Koudum und Lauwersoog. Gut untergebracht ist man in Workum auf dem gut ausgestatteten Platz »Recreatiecentrum It Soal«; er liegt direkt am Ijsselmeer mit einem schönen Sandstrand: Suderséleane 29, NL-8711 Workum, Tel. +31/(0)515/54 14 43, www.itsoal.nl, GPS 52°58'9'' N, 5°24'52'' E.

INFOS: Niederländisches Büro für Tourismus & Convention, Richmodstr. 6, 50667 Köln, Tel. 0221/925 71 70, www.holland.com

TIPP: Gönnen Sie dem Wohnmobil eine Pause und entdecken Sie Friesland mit dem Fahrrad. Das System an Radwegen ist vorbildlich.

Eine gute Möglichkeit, die Hauptstadt zu erkunden, ist die Fahrt mit dem Fahrrad. Unzählige Amsterdamer sind auf den vielen Radwegen unterwegs und passieren die unzähligen Brücken (oben) und fahren an den Grachten entlang (unten). In vielen Grachten haben Hausboote festgemacht. Hier leben zahlreiche Bewohner und erfreuen sich an der zentralen Lage.

24 AMSTERDAM

LEBENDIGE UND LIBERALE METROPOLE

Entlang der Grachten stehen prächtige Patrizierhäuser, und die Bewohner rauschen auf ihren Fahrrädern vorbei – was nur für die Einwohner der niederländischen Metropole ein alltägliches Bild ist. Besucher sind auf Anhieb begeistert von der weltoffenen und vielseitigen Stadt. Und: Es sind nur wenige Kilometer bis zur Nordseeküste mit tollen Campingplätzen und einem hohen Erholungswert.

Die niederländische Hauptstadt Amsterdam (770 000 Einwohner) gehört zu den schönsten Metropolen Europas und begeistert mit ihren Grachten. Sie befindet sich im Westen der Niederlande, in der Provinz Noord-Holland, und hat durch den Nordsee-Kanal einen wichtigen Zugang zum Meer.
An Lebendigkeit und Schönheit ist Amsterdam nicht zu übertreffen. Malerische Häuserzeilen mit imposanten Giebeln erstrecken sich entlang der Grachten, über die unzählige reizvolle Brücken führen. In den Grachten liegen Hausboote, und Ausflugsschiffe und kleine Motorboote verkehren hier.
Amsterdam ist in vielerlei Hinsicht eine besondere und sehr liberale Stadt. Sie gilt als »Gay Capital«, und so wurden hier die ersten homosexuellen Paare getraut. Jedes Jahr tanzen bei der beliebten »Gay Parade« unzählige Schwule auf den Booten. Nach dem Zweiten Weltkrieg ließen sich Menschen aus Surinam und Indonesien, den ehemaligen niederländischen Kronkolonien, in Amsterdam

nieder. Heute zählt die Stadt rund 140 verschiedene Kulturen.
Reisemobilisten sollten sich an einem der schönen Campingplätze an der Nordsee niederlassen und von dort aus die Stadt ansteuern. In Amsterdam stoßen sie dann auf ein Nebeneinander von Tradition und Moderne und erleben hautnah eine ungezwungene Lebensfreude.

PLÄTZE, GRACHTEN UND BRÜCKEN

Ein Stadtrundgang, eine Grachtenfahrt mit dem Boot oder besser noch: eine Stadtrundfahrt mit dem eigenen Fahrrad macht Spaß und führt vorbei an den unvergleichlichen Grachten, die zeigen, dass Amsterdam auf Wasser gebaut ist – erst rund zehn Meter unter der Oberfläche befindet sich eine tragfähige Sandschicht. Rund fünf Millionen Baumstämme tragen die Stadt. Das unvergleichliche Grachtensystem prägt das Herz der Stadt und umfasst 160 Kanäle, 90 Inseln und beachtliche 1280 Brücken.
Das historische Stadtzentrum ist unverkennbar, denn die vielen Grachten um-

geben den alten Stadtkern im Halbkreis. Rund 7000 alte und denkmalgeschützte Patrizierhäuser stehen an den Grachten. Die schönste davon ist die Herengracht mit dem denkmalgeschützten Grachtenbogen und seinen Stadtpalästen. Die schönste Brücke ist die »Magere Brug«, eine alte Holzklappbrücke. Sie führt über die Amstel und ist bei Dunkelheit durch lange Lichtergirlanden stimmungsvoll beleuchtet.

Am Leidseplein lohnt sich eine Pause in einem Straßencafé – bei rund 1400 Cafés und Kneipen ist es wohl nicht schwierig, das passende Plätzchen zu finden. Schönster Platz ist der sogenannte Dam. Hier steht das Nationalmonument, das mit seinem 22 Meter hohen Obelisken an die Opfer des Zweiten Weltkriegs erinnert. Auch der große Königliche Palast und die Nieuwe Kerk, eine sehenswerte spätgotische Kreuzbasilika aus dem 15. Jahrhundert, sind hier zu bewundern. Zu einem ganz besonderen Erlebnis gehört das Bummeln in »Chinatown«. Im Stadtzentrum, rund um den Nieuwmarkt, taucht man in diese exotische Welt ein.

Abrunden kann man den Amsterdam-Aufenthalt mit einem Besuch im Botanischen Garten, der zu den ältesten Anlagen seiner Art gehört. Oder wie wäre es mit einem Besuch im Zoo? In der Nähe der Innenstadt wurden große Gehege geschaffen, die sich an den natürlichen Lebensräumen der Tiere orientieren.

Das Reichsmuseum gehört zu den wichtigsten Kunstmuseen in Europa (oben). Die Herengracht ist viel befahren (links). Natürlich kann man in Amsterdam bestens einkaufen. In den Einkaufsstraßen stöbert man in den Geschäften oder schlendert über die Märkte. Beliebt sind u.a. die Büchermärkte (unten rechts).

TULPEN AUS AMSTERDAM

Die Innenstadt ist ein gutes Pflaster zum Einkaufen! Neben den üblichen Boutiquen und einer Reihe interessanter Läden locken z. B. in der Nieuwe Spiegelstraat Antiquitätengeschäfte. Ein stilvolles Einkaufszentrum stellt das »Magna Plaza« hinter dem Königlichen Schloss dar. Unzählige Stände mit Fisch, Obst und Gemüse, Käse, Textilien und Kleinkram werden beim Albert-Cuyp-Markt in der gleichnamigen Straße aufgebaut. Zwischen dem Hauptbahnhof und dem Platz Dam erstreckt sich die Straße Damrak mit einem bunten Wirrwarr aus Restaurants und Läden. Entlang der Gracht Singel befinden sich die Blumengeschäfte mit einer gigantischen Auswahl an Blumenzwiebeln. Der Reisemobilist findet hier sein typisches Mitbringsel – »Tulpen aus Amsterdam«.

INTERESSANTE MUSEEN

Für den Erstbesucher gleicht die Altstadt einem riesigen Freilichtmuseum, was an den Grachten und den rund 2500 Hausbooten liegen mag. Zahlreich sind die weiteren interessanten Museen, und hierbei reicht das Spektrum von »Madame Tussaud's Wachsfigurenkabinett« über ein Tulpenmuseum bis hin zum Hasch-Marihuana-Hanf-Museum. Wichtigstes Museum ist das Reichsmuseum, ein bedeutendes Kunstmuseum mit Werken u. a. von Rembrandt, Frans Hals, Jan Vermeer und Jan Stehen. Mit

Das »Magna Plaza« gehört zu den Einkaufspassagen (oben). Nicht weit entfernt steht das Karussell (Mitte). Eine andere Perspektive erhält man aus der gemütlichen Riksha heraus (unten). Im grünen Umland von Amsterdam stehen viele Windmühlen. Einige von ihnen können auch besichtigt werden (rechts). Gut steht man bei »Op Hoop van Zegen« nahe Noordwijk (rechte Seite oben).

dem Stedelijk Museum und dem Van-Gogh-Museum bietet die Stadt zwei weitere bedeutende Kunsttempel. Technikfreaks pilgern zum »NEMO«. Dieses erlebenswerte interaktive Wissenschafts- und Technologiezentrum besticht von innen wie von außen. Der italienische Stararchitekt Renzo Piano schuf 1997 ein Bauwerk, das einem Schiffsrumpf gleicht, der aus dem Wasser herausragt. Freunde der Schifffahrt wird es zum Schifffahrtsmuseum ziehen. Ein weltberühmtes Museum, das allerdings sehr nachdenklich stimmt, ist im Anne-Frank-Haus untergebracht. Hier lebten die Familie der 13-jährigen Anne Frank und eine weitere jüdische Familie versteckt in einem Hinterhaus (1942–44). Das Versteck wurde jedoch verraten, und die Mitglieder der Familie starben später im Konzentrationslager. Das Tagebuch von Anne Frank wurde gerettet, und der überlebende Vater sorgte dafür, dass es (mit großem Erfolg) veröffentlicht wurde.

AUSFLÜGE

Rund um Amsterdam gibt es einige sehr erholsame Attraktionen zu entdecken. Die breiten Nordseestrände locken zu jeder Jahreszeit. Hier kann der Reisemobilist relaxen und sich die gesunde Seeluft um die Nase wehen lassen bzw. im Nationalpark Zuid-Kennemerland die einzigartige Dünenlandschaft erkunden. In Noordwijk ist jedoch nicht nur der Strand die Attraktion, sondern auch das »Space Expo«. Vor den Türen des Seebads hat die Europäische Raumfahrtorganisation ESA eine Niederlassung und ein offizielles Besucherzentrum. In den Monaten März bis Mai blühen die riesigen Tulpenfelder rund um Amster-

dam. Nicht versäumen sollte man dann einen Besuch des Keukenhofs in Lisse, dem wohl interessantesten Blumenpark der Welt. Hier dreht sich alles um die Tulpe, wie auch in Aalsmeer mit der weltgrößten Blumenversteigerung. Mit dem Wohnmobil lohnt sich auch die Fahrt zu den vielen umliegenden Städten mit ihren prächtigen Altstädten und schönen Marktplätzen. Ein gutes Beispiel ist Haarlem mit seiner schönen Altstadt oder das kleine »Käsestädtchen« Edam. Besuchenswert ist auch das Fischerdorf Volendam mit seiner historischen Hafenzeile. Zandvoort, die sogenannte »Badewanne Amsterdams«, ist mit dem »Circuit Park Zandvoort« ein Mekka für Motorsport-Interessierte.

STELLPLATZ: Im nördlichen Teil von Amsterdam befindet sich der neue, ganzjährige und moderne Stellplatz »Amsterdam City Camp«: Papaverweg 55, NL-1032 Amsterdam, Tel. +31/(0)64679/80 22, www.amsterdamcitycamp.nl, GPS 52°23'55" N, 4°54'4" E.

CAMPINGPLATZ: An der Nordseeküste, überwiegend hinter den Dünen, reihen sich viele Campingplätze aneinander, z. B. in Bloemendaal aan Zee, Katwijk aan Zee, Zandvoort, Wassenaar und rund um Noordwijk. Vom dortigen Campingplatz »De Duinpan« sind es nur wenige Hundert Meter bis zu den Dünen und zum breiten Sandstrand: Duindamseweg 6, NL-2204 Noordwijk, Tel. +31/(0)252/37 17 26, www.campingdeduinpan.com, GPS 52°16'05" N, 4°28'11" E.

INFOS: Niederländisches Büro für Tourismus & Convention, Richmodstr.6, 50667 Köln, Tel. 0221/925 71 70, www.holland.com; www.amsterdam.info/de

TIPP: Eine Grachtenfahrt! Mit einem der vielen Ausflugsschiffe lernt man Amsterdam von einer anderen Seite kennen.

In Delft schlägt das Herz der Stadt am historischen Markt (oben). Ein krasser Gegensatz bilden die ultramodernen Bauwerke der Stadt Den Haag (unten). Sehenswert sind die großen Windmühlen nahe Kinderdijk. Sie erheben sich in einer tischebenen Landschaft und dienten zur Entwässerung der Region. Einige von ihnen können auch besichtigt werden (rechte Seite).

25 SÜDHOLLAND

EINE REGION VOLLER GEGENSÄTZE

Die vielseitige Provinz Südholland, im Westen der Niederlande, präsentiert sich auf engstem Raum sehr gegensätzlich: Trubel in Rotterdam und Den Haag und Sonnenbaden und Strandspaziergänge an den breiten Nordseestränden, alte Windmühlen in Kinderdijk und ein modernes Raumfahrtzentrum in Noordwijk.

Die interessante Provinz Südholland (Zuid-Holland) erstreckt sich im Westen des Landes. Sie ist mit rund 3,5 Millionen Menschen und einer Fläche von 1207 Quadratkilometern die größte der zwölf niederländischen Provinzen. Die beiden wichtigsten Städte sind Rotterdam (580 000 Einwohner) und Den Haag (475 000 Einwohner) mit dem Regierungssitz.

KLEINER AUFKLÄRUNGSUNTERRICHT

Die einleitende Aussage: »Alle Holländer sind Niederländer, aber nur wenige Niederländer sind Holländer«, soll zu Beginn einen weit verbreiteten Irrtum aufklären. Die Bewohner der Provinzen Nord- und Südholland sind tatsächlich Holländer und also nicht nur Niederländer. Allerdings geht der Trend auch im eigenen Land dahin, dass sich immer mehr Bürger außerhalb der Provinzgrenzen als Holländer bezeichnen. Bestes Beispiel sind Sportveranstaltungen wie die Fußballwelt- oder die Europameisterschaft. Ein weiterer Irrtum ist ebenfalls eng mit den beiden Provinzen verbunden: So ist die Hauptstadt der Niederlande das le-

bendige Amsterdam (Provinz Noord-Holland), während der Regierungssitz sich in Den Haag (Provinz Zuid-Holland) befindet.

Mit dieser kleinen Landeskunde und den folgenden Infos ist der Reisemobilist bestens gerüstet für seine Tour durch das idyllische Südholland.

DEN HAAG

Ein ausgiebiger Stadtrundgang im interessanten Den Haag sprengt schnell mal den Zeitrahmen, denn in der Stadt, die durch den Internationalen Gerichtshof immer wieder Beachtung erfährt, gibt es jede Menge zu entdecken. Prächtige Bauwerke wie der Gebäudekomplex Binnenhof und sehenswerte Kunstmuseen wie das Mauritzhuis erfreuen den Gast ebenso wie die unzähligen einladenden Geschäfte. Nach dem Besuch der drittgrößten Stadt kann man sich vor ihren Toren bestens erholen. Nur wenige Kilometer sind es bis zum alten Seebad Scheveningen mit dem großen Fischereihafen. Rund drei Kilometer lang ist die Promenade, und immerhin 400 Meter ragt der betagte Pier über den Strand und ins

Rotterdam ist eine lebendige Stadt mit unzähligen Cafés, Restaurants und Kneipen (oben). Zu den vielen Attraktionen gehören die markanten Kubushäuser (Mitte) und die Erasmusbrücke, die über die Maas führt (unten). Von Den Haag sind es nur wenige Kilometer zum Seebad Scheveningen (rechte Seite unten). Zum Urlaub gehört auch der Kauf von frischem oder geräuchertem Fisch (rechte Seite oben).

NIEDERLANDE

Meer hinein. Hier spaziert man an vielen Hotels und Restaurants vorbei und bleibt beeindruckt vor dem einstigen Kurhaus im schönen Jugendstil stehen. In dem reich verzierten Bauwerk sind heute ein Luxushotel und ein Casino untergebracht.

»MAASHATTAN« DER NIEDERLANDE

Neben Den Haag ist Rotterdam ein Muss für alle Reisenden. Moderne Hochhäuser der Finanzdienstleistungsunternehmen dokumentieren hier die überragende wirtschaftliche Position der Stadt. Bereits die Anfahrt mit dem Wohnmobil durch die flache Landschaft mit Blick auf diese Wolkenkratzer macht neugierig.

In der »Downtown« von Rotterdam sind die meisten Sehenswürdigkeiten gut zu Fuß erreichbar. So geht es dann zu den gelben Kubushäusern mit ihrer eigenwilligen Architektur oder zum großen »Maritime Museum«. Letzteres ist das unbestrittene Highlight der Stadt. Im Schatten der verspiegelten Hochhäuser haben alte Schlepper, Feuerschiffe, Kutter und Frachter festgemacht.

Wenige Meter weiter fahren über die Maas seetüchtige Schiffe und steuern den gigantischen Hafen Europoort an.

MALERISCHE HOLLÄNDISCHE ALTSTÄDTE

Weitaus gemütlicher und provinzieller zeigen sich die alten Städte Utrecht, Dordrecht, Leiden, Delft und Gouda. Sie verfügen über malerische Altstädte, deren Herz auf den alten Marktplätzen schlägt.

Delft ist die Heimatstadt des berühmten Malers Jan Vermeer, und daneben steht die Stadt auch für das Delfter Porzellan. So gehört zum Stadtbesuch auch ein Fabrikbesuch; die Fayencen mit den typischen blau-weißen holländischen Motiven werden immerhin seit mehr als 350 Jahren gefertigt.

Ebenso typisch für die Region ist neben der Blumenzucht, die sich auf dem Keukenhof in Lisse von ihrer farbenprächtigsten Seite zeigt, auch die Produktion von Käse. In Gouda hat sich der Käsemarkt zu einem großen Event für Touristen entwickelt. Am Donnerstagmorgen werden dann die rund 40 Kilogramm schweren Käselaibe verkauft und mit Holzgestellen über den Markt getragen.

Nicht versäumen sollte man einen Mühlenbesuch. Die schönsten Mühlen stehen in Kinderdijk und wurden durch die Aufnahme in die UNESCO-Weltkulturerbeliste geadelt. Diese 19 historischen Windmühlen dienten einst dazu, das Land zu entwässern, und gehören heute zu den schönsten Fotomotiven im Land.

In Noordwijk bietet sich mit der »Space Expo« ein ultramodernes Fotomotiv. Hier hat die Europäische Raumfahrtorganisation ESA eine Niederlassung und informiert im Besucherzentrum über die Raumfahrt.

RELAXEN AN DEN BREITEN NORDSEESTRÄNDEN

Der breite Sandstrand vor dem oft kilometerbreiten schützenden Dünengürtel ist eine wahre Erholungsstätte. Hier weht Urlaubern und Einheimischen ganzjährig ein frischer Nordseewind um die Nase. Zu den schönen Seebädern gehört neben Scheveningen der Ort Noordwijk aan Zee, der mit seinen Glaspavillons den Gast auch in der Nebensaison schützt und einen ungetrübten Blick auf die Fluten der Nordsee ermöglicht.

MIT DEM RAD UNTERWEGS

Wer auf den vielen Campingplätzen seinen Stellplatz bezieht, erkennt schnell, dass die Niederländer passionierte Camper sind. Hierbei reicht das Spektrum vom Beduinenzelt über den komfortablen Wohnwagen und das fest installierte Mobilheim bis hin zum Wohnmobil. Doch während die Niederländer sich dem allgemeinen Trend bei der Fahrzeugwahl anpassen, wird für neue Reisemobil-Stellplätze im wahrsten Sinn des Wortes kein Platz gemacht. So stellt man weiterhin überwiegend (noch) sein Reisemobil auf dem Campingplatz ab. Ein Trost bleibt jedoch: Die Ausgleichskeile können in der Heckgarage bleiben – eine Suche nach einem ebenen Platz ist nicht notwendig. Die Region ist eben wie eine Tischplatte, und mit dem Abziehen des Zündschlüssels steht das Reisemobil, und so sollte es auch bleiben, denn schließlich kann man die anstehenden Touren alle mit dem Fahrrad unternehmen. Die Fahrt mit dem Rad ist hier immer wieder ein Erlebnis, das in Europa wohl einzigartig ist. Die vorbildlichen Radwege, die überwiegend von der Straße durch einen Grünstreifen getrennt verlaufen, führen fast immer an den Campingplätzen vorbei.

EINFACH UND LECKER

Mit der »Fiets« ist man problemlos zur nächsten Sehenswürdigkeit unterwegs oder steuert kurzerhand die nächste Snackbar an. In diesem so beliebten Schnellimbiss schmecken »Patat« (Pommes frites) und die »Frikandel« (Fleischrolle) am besten. Insider bestellen beides als »Spezial« mit Mayo, Ketchup und Zwiebeln.

Abwechslung bieten die vielen Fischbuden mit herrlichen Matjes oder frittiertem Backfisch, der als »Kibbeling« in kleinen Stückchen auf den Teller kommt. Smakelijk eten!

STELLPLATZ: Im Vergleich zu den vielen Campingplätzen gibt es in Südholland nur wenige Stellplätze (z. B. in Dordrecht, Alblasserdam, Gouda, Lekkerkerk-Loetbos und Maasdam). In Abbenes befindet sich beim Bauernhof Roubos einer mit ebenen Schotterplätzen und einer Sanitäreinrichtung: Kaagweg 50, NL-2157 Abbenes, Tel. +31/(0)623/55 96 59, GPS 52°13'39" N, 4°37'15" E.

CAMPINGPLATZ: Die Provinz Südholland ist gespickt mit guten Campingplätzen. In Meeresnähe steht man auf dem gut ausgestatteten Platz »Kampeerresort Kijkduin« am Rand von Scheveningen: Machiel Vrijenhoeklaan 450, NL-2555 Den Haag/Scheveningen, Tel. +31/(0)70/448 21 00, www.roompotparks.de, GPS 52°3'34" N, 4°12'43" E.

INFOS: Niederländisches Büro für Tourismus & Convention, Richmodstr. 6, 50667 Köln, Tel. 0221/925 71 70, www.holland.com

TIPP: Die Dünen formieren eine einzigartige Landschaft. Durch sie führen Rad- und Fußwege, die auch zu Aussichtsterrassen leiten. Einen Dünenbesuch sollte man also auf jeden Fall mit einplanen!

26 FLANDERN

STELLDICHEIN GRANDIOSER STÄDTE

Im belgischen Flandern machen in erster Linie spektakuläre Städte auf sich aufmerksam: Antwerpen, Brügge und Gent sind über die Landesgrenzen hinaus bekannt. In ihrer Blütezeit zog es unzählige Kaufleute in die Städte, um Handel zu treiben. Heute kommen interessierte Touristen und schlendern zufrieden durch die prachtvollen Altstädte oder breiten ihre Laken an den breiten Nordseestränden aus.

In Flandern präsentieren sich die Städte sehr unterschiedlich. Ein gutes Beispiel sind die Orte Blankenberge und Damme. An dem modernen Seebad Blankenberge flaniert der Gast über die Promenade oder die Seebrücke (oben), während man in dem idyllischen Damme eher in einem der einladenden Restaurants Platz nimmt (unten).

Rund zehn Millionen Menschen beheimatet das westeuropäische Land Belgien. Von ihnen sind rund ein Drittel Wallonen und zwei Drittel Flamen, die in der nördlichen Landeshälfte leben. Hier wird Niederländisch und im wallonischen Teil Französisch gesprochen. Beide Sprachen sind die offiziellen Amtssprachen und werden auch in der Hauptstadt Brüssel gesprochen. Nach Brüssel ist Antwerpen die zweitgrößte Stadt des Landes und ein Muss auf der Wohnmobilreise durch das interessante Flandern.

HAFENMETROPOLE ANTWERPEN

Rund 450 000 Einwohner zählt die vielseitige Stadt an der Schelde. Mit fantastischen Bauwerken, lebendigen Plätzen und einem ansprechenden kulturellen Programm zieht die Stadt ihre Besucher schnell in den Bann. Sie ist das Zentrum des Diamantenhandels, eine Stadt der Modemacher, eine multikulturelle Metropole und die zweitgrößte Hafenstadt Europas. Maler wie Rubens, Van Dyck, Jordaens, Bruegel und Platin, die in Ant-

werpen arbeiteten, unterstreichen die Bedeutung dieser erlebenswerten Kunstmetropole.

Das Herz der Stadt schlägt auf dem zentralen Platz Grote Markt mit seinen stolzen Zunfthäusern. Die prächtigen Fassaden und das kunstvolle Rathaus verbreiten den Glanz des 17. Jahrhunderts. In den Sommermonaten sind die Straßencafés und Restaurants gut besucht, und die Kutschen starten hier ihre Stadtrundfahrten.

Unweit davon befindet sich die Liebfrauenkathedrale, die durch ihren hohen und reichlich verzierten Turm die Stadtsilhouette bestimmt. Im Inneren überrascht die helle und siebenschiffige Kirche durch ihr wertvolles Inventar, zu dem drei Gemälde von Rubens gehören. Ein Denkmal auf dem Platz Groenplaats erinnert an den großen und weltberühmten Maler. Mehr über den großen Sohn der Stadt erfährt man im Rubenshaus. Peter Paul Rubens kaufte das Haus an der Gracht Wapper im Jahr 1611 und ließ es im Stil eines italienischen Palazzo umbauen. In

diesem repräsentativen Haus empfing er seine hohen Gäste. Heute schlendern beeindruckte Besucher durch das sehenswerte Museum. Weitere Kunstwerke, u. a. von Cranach, Tizian, Magritte, Van Dyck und natürlich Rubens, sind im Königlichen Museum für schöne Künste zu bestaunen. Ein weiteres informatives Museum ist das Nationale Schifffahrtsmuseum Stehen, das in der Burg Stehen am Schelde-Ufer untergebracht ist. Die Festung wurde um 1200 gebaut und ist das älteste Bauwerk von Antwerpen. Schlendert man über die benachbarte Promenade, so blickt man auf moderne Schiffe, die über die verkehrsreiche Schelde fahren. Große Frachtschiffe transportieren Güter aus aller Herren Länder in die schöne Metropole. Eine Hafenrundfahrt durch den zweitgrößten Seehafen Europas ist ein spannender Abschluss des Stadtbesuchs.

DIAMANTEN AUS ANTWERPEN

Teure Objekte stehen auch im Mittelpunkt des Diamantenviertels. Hier befinden sich immerhin 2000 Firmen, die mit Diamanten handeln oder sie schleifen. Dieses Viertel ist der Handels- und Umschlagplatz für 85 Prozent aller Diamanten weltweit. Auch Schmuck wird hier gefertigt und gehandelt. Im einzigartigen Diamantenmuseum wird anschaulich der Prozess von der Gewinnung der Diamanten bis zur Schmuckherstellung gezeigt.

DENKMALGESCHÜTZTES GENT

Über die Autobahn erreicht man mit dem Reisemobil zügig die nächste bedeutsame Stadt, das quirlige Gent. Im 14. und 15. Jahrhundert wurde hier eifrig Handel betrieben, was Gent zur zweitgrößten Stadt nördlich der Alpen

Wer alte Städte liebt kommt in Flandern auf seine Kosten. Attraktionen sind die prächtige Altstadt von Gent (links oben) oder der historische Marktplatz von Brügge (rechts oben). In Damme ist das Museum St.-Jan sehenswert (unten).

machte. Tücher aus Flandern brachten einst Wohlstand; heute ist der Fremdenverkehr eine wichtige Einnahmequelle. Verantwortlich für die große Beliebtheit ist die einzigartige Altstadt. Keine andere Stadt in Belgien besitzt so viele unter Denkmalschutz stehende Häuser wie Gent. Rund 400 geschützte Bauwerke gibt es im historischen Stadtkern, sie erinnern an die einstige Blütezeit der Stadt. Im Mittelalter war Gent eine bedeutende Handelsstadt, und ihre Tuchwebereien produzierten Stoffe, die in viele Länder exportiert wurden. In der schönen Altstadt dominiert die gotische Sint-Baafs-Kathedraal, die gleich mehrere Baustile vereint. Im Inneren der Kirche beeindrucken Gemälde bekannter Maler wie Jan van Eyck oder Rubens sowie die größte Orgel des Landes.

Auf der gegenüberliegenden Seite des Kirchenplatzes steht der Belfried, der den Turm der Kathedrale noch überragt und im Mittelalter protzig die Macht des Bürgertums demonstrierte. Er ist ein Teil der Tuchhalle, in der die wertvollen Stoffe gehandelt wurden.

In der grandiosen Altstadt spaziert der staunende Urlauber von einer Attraktion zur nächsten und zückt immer wieder die Kamera. Fester Bestandteil eines Stadtrundgangs sind das Rathaus, ein prachtvolles Renaissancegebäude, die St.-Nikolaus-Kirche, ein gutes Beispiel der Scheldegotik, und die sehenswerte St.-Michels-Kirche mit ihrem wertvollen Inventar.

Gut zu erkennen sind die unterschiedlichen Architekturstile, und zahlreiche Gebäude erinnern an den Wohlstand der ehemaligen Gilden. Besonders lebendig zeigen sich die schönen Uferpromena-

den Graslei und Korenlei; von hier blickt man auf die vielen passierenden Grachtenboote. An warmen Sommertagen treffen sich vor den alten Speicherhäusern Schüler und Studenten und genießen die einzigartige Atmosphäre.

Einen Blick aus erhabener Höhe hat man u. a. vom Turm des alten Grafenschlosses. Im einstigen Verlies und Gericht ist heute ein Justizmuseum untergebracht. Kunstinteressierte kommen im Museum für schöne Kunst, dem städtischen Museum für aktuelle Kunst und dem Museum für Kunstgewerbe und Gestaltung auf ihre Kosten. Die schönsten Kunstwerke der Stadt sind jedoch die stolzen Bauwerke.

LEBENDIGES BRÜGGE

Wer nach dem Rundgang in Antwerpen und Gent glaubt, dass keine Stadt die grandiosen Altstädte überbieten könne, wird in Brügge eines Besseren belehrt. Prächtige Bauwerke, idyllische Plätze, die Grachten und ein umfangreiches kulturelles und gastronomisches Angebot kennzeichnen das historische Stadtzentrum von Brügge. Glücklicherweise verfügt die Stadt auch über einen Wohnmobil-Stellplatz am Rand der Altstadt, sodass der Reisemobilist auch einen Abendspaziergang unternehmen kann. Dann zeigt sich die Altstadt mit den angestrahlten Fassaden von einer weiteren interessanten Seite. Eine Stadtrundfahrt mit dem Boot, eine Fahrt mit der Pferdekutsche oder ein Rundgang zu Fuß sind gleichermaßen lohnenswert.

ATTRAKTIONEN VON BRÜGGE

Schönster Platz von Brügge ist der Markt, an dem sich alle Stadtbesucher einfinden. Hier nimmt man in einem der ein-

Wer noch ausreichend Geld in der Urlaubskasse hat, kann sein Glück in dem Casino von Blankenberge versuchen (oben). Durch Flandern führt auch die Themenroute »Eulenspiegel-Route« und verbindet sehenswerte Orte (unten). Auf Anhieb begeistert sind die Gäste von Brügge. Aushängeschild ist der Grote Markt (rechte Seite).

ladenden Cafés und guten Restaurants gern Platz und wirft noch einmal einen Blick in den Reiseführer. Der informiert auch über das jüngste geschichtliche Ereignis, denn im Jahr 2002 war Brügge »Europäische Kulturhauptstadt«.

Die Stadt blickt auf eine lange Geschichte zurück, denn bereits im 2. Jahrhundert bestand eine Siedlung, und unter Graf Balduin I. von Flandern wurde im 9. Jahrhundert eine Burg erbaut. Im Mittelalter stieg die Stadt zu einer wichtigen Handelsstadt auf und gehörte zu den reichsten Städten Europas. Brügge war Hansestadt und trieb regen Handel mit Deutschland, Italien, Spanien und Russland. Als jedoch der Fluss Zwin gegen Ende des 15. Jahrhunderts versandete, die Schiffe ausblieben und die Kaufleute nach Antwerpen abwanderten, setzte der Niedergang der stolzen Stadt ein. Die Stadt war so arm, dass Geld für eine Modernisierung fehlte, und so kann heute ein einzigartiges Ensemble gotischer Bauwerke bestaunt werden. Kein

Wunder also, dass die UNESCO die intakte Innenstadt in die Liste der Weltkulturerbe aufgenommen hat.

Am Markt begeistern schöne, farbenfrohe Treppengiebelhäuser. Glücklicherweise sind der Platz und die umliegenden Straßen autofrei, lediglich Kutschen verkehren in der Innenstadt. Am Platz erhebt sich der Belfried, ein mächtiger Bürgerturm, von dem man einen herrlichen Blick auf die Stadt hat. Ein anderer lebendiger Platz ist der Burgplein, der an die ehemalige Burg erinnert. Um diesen schönen Platz gruppieren sich die Heilig-Blut-Basilika und das Rathaus. In der Heilig-Blut-Basilika wird die Heilig-Blut-Reliquie aufbewahrt, und das Rathaus aus dem 15. Jahrhundert gehört zu den prächtigsten Gebäuden der Stadt. Wenige Schritte sind es dann bis zur Gracht und zum Fischmarkt, an dem weiterhin frische Meeresfrüchte verkauft werden. Probieren sollte man die frischen Garnelen aus der Tüte. Dann schlendert man durch die mittelalter-

Das Örtchen Damme liegt an dem Napoleon-Kanal (oben). Interessant ist das Schifffahrtsmuseum in Zeebrugge (unten) und natürlich die Altstadt von Brügge. Das Herz der Stadt schlägt auf dem Markt (rechts). Glücklicherweise verfügt die Stadt auch über einen ruhig gelegenen Stellplatz (rechte Seite oben).

lichen Gassen und passiert weitere Prachtbauten wie die Liebfrauenkirche und die St.-Salvator-Kathedrale. Den schönen Beginenhof, der 1245 gegründet wurde, sollte man sich genauer anschauen; hier leben heute Angehörige des Benediktinerordens.

Unter den vielen interessanten Museen lohnt in erster Linie der Besuch des Spitzenmuseums. Brügge steht auch für feinste Pralinen, die in zahlreichen Konfiserien verkauft werden.

BREITE NORDSEESTRÄNDE

Wer die drei grandiosen Städte oder weitere schmucke Städtchen wie Leuven, St. Niklaas und freundliche, herausgeputzte Dörfer wie Lisseweg und Damme eingehend besucht hat, freut sich auf die natürlichen Augenblicke der Flandernreise. Rund um die Städte Flanderns erstreckt sich ein flacher Agrarraum. Hier weiden Kühe, und Getreide wird angebaut. Landschaftlich wesentlich interessanter und weitaus erholsamer zeigt sich die

Nordseeküste, die von Brügge rund 20 Kilometer entfernt ist. Der belgische Küstenabschnitt ist lediglich 67 Kilometer lang, und zwischen Knokke-Heist und De Panne sind die Sandstrände an heißen Sommertagen gut besucht. Knokke-Heist, Blankenberge und De Haan bieten nette Strandpromenaden und entlang der Strände unzählige Strandrestaurants. Blankenberge verfügt darüber hinaus über ein langes Pier, das weit in die Nordsee hineinragt und von der Rotunde einen lohnenswerten Blick über die Strände bis hin zum großen Hafen von Zeebrügge bietet.

In der geschäftigen Hafenstadt Oostende lohnt sich neben dem erfrischenden Bad in den Fluten der Nordsee auch ein Rundgang. Im Schatten der Hochbauten laufen zahlreiche Schiffe ein und aus. In der Nähe des modernen Yachthafens kann der Reisemobilist auch auf dem Stellplatz übernachten und einen erholsamen Badetag ausklingen lassen.

STELLPLATZ: Glücklicherweise verfügt Flandern über einige Stellplätze, so z. B. in Aalter-Bellem, Grobbendonk, Lier, Eeklo, Zeebrügge, Oostende, Antwerpen, Beernem und Bredene. Ruhig und trotzdem in Stadtnähe steht man in Brügge, südlich der Altstadt: Bargeweg, Tel. +32/(0)50/39 18 48, GPS 51°11'47" N, 3°13'36" E.

CAMPINGPLATZ: Auch die Campingplätze sind in Flandern zahlreich. Entlang der Küste sind die meisten zu finden; teilweise reihen sich hier gleich mehrere Campingplätze nebeneinander, wie z. B. in Blankenberge oder in Bredene. Zu den vielen empfehlenswerten gehört der »Camping 17 Duinzicht«; er ist nur wenige Hundert Meter vom Meer entfernt und gut ausgestattet: Rozenlaan 23, B-8450 Bredene, Tel. +32/(0)59/32 38 71, www.campingduinzicht.be, GPS 51°14'51" N, 2°28'02" E.

INFOS: Tourismus Flandern-Brüssel, Cäcilienstr. 46, 50667 Köln, Tel. 0221/270 97 70, www.visitflanders.de

TIPP: Aus Belgien kommen ursprünglich die heiß begehrten Pommes, und Belgier lieben Restaurantbesuche. Also nicht versäumen: den Besuch in einem der vielen guten Restaurants im Herz der Altstädte!

27 LUXEMBURG

WELTOFFEN UND IDYLLISCH

Der Zwergstaat Luxemburg verblüfft mit einer idyllischen Landschaft und sehenswerten Städtchen. Kurze Etappen mit dem Wohnmobil lassen viel Zeit übrig für Stadterkundungen und reizvolle Wanderungen. Die Hauptstadt Luxemburg zeigt sich modern und weltoffen. Der mäßige Ansturm der Touristen und ein gutes Netz an Stell- und Campingplätzen machen den Kleinstaat zu einem Geheimtipp für Reisemobilisten.

Das Großherzogtum Luxemburg gehört nicht zu den klassischen Reisezielen in Europa. In dem Zwergstaat leben rund 550 000 Menschen, die gleichnamige Hauptstadt Luxemburg zählt rund 110 000 Einwohner. Mit einer Fläche von lediglich 2587 Quadratkilometern gehört Luxemburg zu den kleinsten Staaten Europas. Die offiziellen Landessprachen sind Luxemburgisch, Französisch und Deutsch. Das hügelige Landschaftsbild wird überwiegend von den Gebirgen Ösling (Teil der Ardennen) im Norden und dem Gutland im Süden, das zum Lothringischen Stufenland gehört, bestimmt. Währung ist der Euro, Staatsform ist eine konstitutionelle Monarchie mit dem Großherzog Henri als Staatsoberhaupt.

Das Schloss von Clervaux (oben) stammt aus dem 15. Jahrhundert. Zu den reizvollen Landstrichen von Luxemburg gehören die Ardennen (unten) und zu den sehenswerten Städten zählt Larochette (rechts). Einen schönen Blick hinunter auf die Altstadt hat man von der Burg, von der lediglich noch eine Burgruine übrig geblieben ist.

VON WEGEN KLISCHEES!

Wer mit dem Reisemobil durch das interessante Land fährt, wird sicherlich einige Klischees im Kopf haben und an Steueroase, RTL und den Sitz des Europäischen Parlaments denken. Das kleine Land im Westen Europas hat jedoch viel mehr zu bieten, insbesondere für Wohnmobilreisende.

Auf dem Reiseprogramm sollte die Hauptstadt ganz oben stehen. Von der Grenze in der Nähe von Echternach fährt man mit dem Wohnmobil nur rund eine halbe Autostunde bis in die Hauptstadt Luxemburg, und hierbei hat man bereits eine Landeshälfte durchfahren. Die Reise geht durch das leicht wellige Gutland, mit Blick auf saftige Weiden, Obstwiesen und fruchtbare Felder. Inmitten dieser malerischen und verträumten Landschaft befindet sich eine der drei europäischen Hauptstädte.

KLEINE HAUPTSTADT LUXEMBURG

Neben Straßburg und Brüssel wird auch in Luxemburg die Zukunft Europas mitgestaltet. Große Teile der politisch bedeutsamen Stadt erstrecken sich auf einer felsigen Hochebene über dem Alzette- und dem Petrußtal. Diese eingeschnittenen Täler werden von großen Brücken und Viadukten überspannt, und so hat man stets einen grandiosen Ausblick – u. a. auf die Grünanlagen, die das Zentrum Luxemburgs umgeben, was der Stadt auch den Beinamen »Grünes Herz Europas« einbrachte.

Anders als der Stadtbesucher vielleicht erwartet, kann der Rundgang länger dauern, denn die Attraktionen der Stadt sind zahlreich. Sehenswürdigkeiten wie die reizvolle Altstadt, die Kasematten und die Ruinen der Festung wurden auch in die Weltkulturerbeliste der UNESCO aufgenommen. Der Rundgang ist sehr abwechslungsreich, und so pausiert man gern mal auf einem der malerischen Plätze oder steht vor einem Bankentempel. Immerhin haben sich hier mehr als 250 Bankinstitute niedergelassen, und so ist heute jeder zweite Arbeitnehmer im Dienstleistungssektor tätig. Während im 19. Jahrhundert die Schwerindustrie vielen Menschen das Einkommen sicherte, wird heute statt Blaumann ein feiner Anzug getragen.

Den lehrreichen Rundgang sollte man in der Unterstadt Grund ausklingen lassen. Touristen aus aller Herren Länder schlendern hier durch die Gassen, und man kann hier auf einer Terrasse am Ufer der Alzette sitzen und in aller Ruhe eine wiederbelebende Tasse Kaffee genießen oder sich mit einer Mahlzeit stärken.

UNBEKANNTE STÄDTE

Luxemburg hat noch weitere Städte zu bieten, die den Reisemobilisten begeistern werden. So liegt am Grenzfluss Sauer das freundliche Städtchen Echternach, das auf Anhieb gefällt und unverfälschtes französisches Flair versprüht. Auf dem lebendigen Place du Marché, der von prächtigen Bürger- und Adelshäusern umgeben ist, schlägt das Herz der Stadt. Hier tummeln sich Einheimische und Gäste gleichermaßen und nehmen gern in einem der vielen Straßencafés Platz. Nur wenige Schritte sind es bis zur imposanten Abtei, der zweitürmigen Willibrordus-Basilika, oder zum prächtigen Gerichtsgebäude Denzelt.

In der Hauptstadt Luxemburg steht auf dem Platz der Verfassung der hohe Obelisk »Monument du Souvenir« mit der vergoldeten Figur der »Goldenen Frau« (oben). Nicht nur in der Stadt Luxemburg, sondern in vielen Orten stößt man auf viele Einkehrmöglichkeiten. Einige nette Cafés und Restaurants entdeckt der Reisende in dem hübschen Städtchen Vianden (unten).

Die Hauptstadt Luxemburg kann man zu Fuß oder mit dem Sightseeing-Bus erkunden (oben). Eine Pause kann man gut auf dem »Place d'Armes« einlegen (unten). Naturnahe Erholung erfährt man im ursprünglichen Müllertal (oben rechts). Die Kasematten gehören zu den Attraktionen der Hauptstadt (rechte Seite oben). Gut: »Camping de l'Our« in Vianden (rechte Seite unten).

Wenn man mit dem Wohnmobil durch das schöne Tal des Flusses Our fährt, erreicht man Vianden (auf der anderen Uferseite liegt das deutsche Bundesland Rheinland-Pfalz). Dort stehen gleich mehrere Campingplätze zur Verfügung, und von allen ist die Altstadt gleichermaßen gut zu erreichen. Oberhalb des Orts thront die unversehrte Burg, die wie die Altstadt ein Besichtigungs-Muss ist und die man über altes Pflaster erreicht.

Eine ebenfalls schöne Burganlage, die jedoch teils verfallen ist, lockt in Larochette. Auf dem Weg dorthin sollte man dem authentischen Diekirch einen Besuch abstatten.

Nach so manchen interessanten Stadtrundgängen wird sich der Reisemobilist dann auf ein landschaftliches Highlight freuen: die Fahrt durchs Müllertal.

IN DER KLEINEN LUXEMBURGER SCHWEIZ

Der unspektakuläre Name lässt nicht vermuten, dass es sich beim Müllertal um eine landschaftliche Attraktion handelt. Es ist ein Teil des Deutsch-Luxemburgischen Naturparks und wird von der Schwarzen Ernz durchflossen. Im mittleren Teil des Tals, inmitten eines Waldgebiets, ist auf einem Parkplatz ausreichend Platz für Wohnmobile, sodass man hier eine unvergessliche Wanderung beginnen kann.

Mit festem Schuhwerk ausgestattet, geht es auf dem Wanderweg unterhalb von steilen, teils überhängenden Felswänden hindurch zum Schiessentümpel. Diese imposanten Sandsteinfelsen und der über einige Schwellen fließende Fluss haben dem Tal den Namen »Kleine Luxemburger Schweiz« eingebracht. Am tosenden Wasserfall Schiessentümpel ist die

Luft kühl, das Wasser glasklar, und die Steine sind mit Moosen bedeckt. Hier ist man der Natur so nah wie kaum irgendwo anders. Man steht im kalten Fluss und erfreut sich an dem unverfälschten Naturerlebnis.

KURZE ETAPPEN ZUM NÄCHSTEN HIGHLIGHT

In dem kleinen Land sitzt man nicht lange hinter dem Lenkrad und spart so Kraftstoff, Nerven und wertvolle Urlaubszeit. Stets ist es nur eine kurze Etappe bis zum nächsten Anziehungspunkt, wie z. B. Esch-sur-Sûre. Dieses schöne Städtchen erstreckt sich auf einem Felsen in der Sûre-Schleife. Vorbei an alten Häusern und über altes Pflaster geht es hinauf zur Burgruine, von der sich ein herrlicher Ausblick auf das grüne Umland bietet.

Nur wenige Kilometer von hier liegt der Obersauerstausee – ein Paradies für Wassersportler und schließlich ein Ort der perfekten Erholung für jeden Reisenden, denn in dem Ort Lultzhausen wurden eine Liegewiese und ein Badeplatz eingerichtet. Relaxt blättert man hier im Reiseführer und sucht auf der Karte nach dem nächsten und stets nahen Ziel.

Nur einen Katzensprung entfernt liegt das idyllische Städtchen Wiltz. Danach lockt eine reizvolle Strecke durch die Ardennen nach Clervaux. Diese Stadt wird jeder Besucher auf Anhieb in sein Herz schließen, was wohl auch an dem imposanten, weiß gekälkten Schloss aus dem 15. Jahrhundert liegen mag. Ebenso bleiben die reizvolle Pfarrkirche und die schöne Benediktinerabtei wie so viele Sehenswürdigkeiten auf der Reise in bester Erinnerung.

STELLPLATZ: Stellplätze bieten die Orte Hohscheid, Diekirch, Larochette, Schwebsingen, Nommern, Redange-sur-Attert und Dudelange. Der vorbildliche Stellplatz »Camping Fuussekaul« in der Nähe von Heiderscheid ist ein lohnenswerter Übernachtungsplatz: Fuussekaul 4, Tel. +352/268 88 81, www.fuussekaul.lu, GPS 49°52'48'' N, 5°59'25'' E.

CAMPINGPLATZ: Mehr als 60 Campingplätze verteilen sich über das kleine Land. Gut und naturnah direkt am Fluss Our steht man auf dem »Camping de l'Our« am Ortsrand von Vianden: 3 Route de Bettel, L-9415 Vianden, Tel. +352/83 45 05, www.camping-our-vianden.lu, GPS 49°55'43'' N, 6°13'21'' E.

INFOS: Luxemburgische Botschaft/Abt. Tourismus, Klingelhöfer Str. 7, 10785 Berlin, Tel. 030/257 57 73, www.visitluxembourg.lu

TIPP: Wer sich verstärkt dem kulturellen Angebot widmen möchte, hat mit der kostenpflichtigen »LuxembourgCard« viele Vorteile. Sie ermöglicht freie Eintritte, Rabatte und die kostenlose Nutzung von Bussen und Bahnen. Gültig ist sie für 1, 2 oder 3 Tage.

28 PRAG

STIPPVISITE IN DER »GOLDENEN STADT«

Die schöne tschechische Hauptstadt Prag gehört zu den eindrucksvollsten Städten Europas. Im Herzen Prags schlendert man durch alte Gassen, trinkt seinen Kaffee oder eines der bekannten tschechischen Biere auf lebendigen Plätzen, genießt den Ausblick auf die Stadt von einer der vielen Moldaubrücken oder besucht eine der vielen hochrangigen Attraktionen.

Prächtige Häuser prägen die Altstadt von Prag (oben). Touristenziel Nummer eins ist die Karlsbrücke (unten). Von ihr blickt man hinüber zur riesigen Prager Burg, die aus vielen Palästen, Kirchen und Häusern besteht (rechte Seite unten). Sehenswert ist außerdem das Ausflugsziel Burg Karlstein (rechte Seite oben), sie gehört zu den schönsten Burgen des Landes.

Jahrelang hielt die »Goldene Stadt« einen Dornröschenschlaf und war gegen große Touristenströme durch den Eisernen Vorhang geschützt. Erst durch die Trennung der Tschechen und der Slowaken und durch die Ausrufung der Republik Tschechien am 1. Januar 1993 erwachte die Stadt und putzte sich für die zahlreichen Besucher aus aller Herren Länder heraus. Dank einiger Stell- und Campingplätze rund um Prag lohnt sich auch ein Besuch für Reisemobilisten, die dann feststellen werden, dass die Metropole von Jahr zu Jahr schöner und europäischer wird. Im Zweiten Weltkrieg ist die Stadt glücklicherweise von Bombenangriffen verschont geblieben, und so stößt man heute auf alte Bausubstanz in einem neuen Kleid. Beachtlich sind die Fassaden aus Barock, Gotik, Renaissance, Rokoko und Jugendstil.

ERLEBNISREICHER STADTRUNDGANG

Wer Prag (1,3 Millionen Einwohner) besucht, sollte seinen Rundgang auf dem quirligen Altstädter Ring beginnen. Dieser Platz ist das unumstrittene Zentrum, mit grandiosen Bauwerken und fantastischen Häuserzeilen. Hier schlägt das Herz der Stadt, und er ist ein Treffpunkt für Jung und Alt. Jugendliche sitzen gern auf den Treppenstufen am Jan-Hus-Denkmal. Andere Besucher bevorzugen die Stühle der vielen Straßencafés. Rund um den Platz stehen das Kafka-Haus, die sehenswerte Teyn-Kirche, viele prächtige Patrizierhäuser und das Altstädter Rathaus mit der berühmten astronomischen Uhr und dem aussichtsreichen Turm.

Gegenüber vom Kafka-Haus, in dem der Schriftsteller Franz Kafka 1883 geboren wurde, steht das große Jan-Hus-Denkmal, das an den Kirchenreformer Jan Hus erinnert. Nur wenige Meter vom Platz entfernt befinden sich die große zweitürmige Teyn-Kirche und die weiße St.-Niklas-Kirche, die zu den interessanten sakralen Bauwerken der Stadt gehören.

Vom lebendigen Altstädter Ring sollte man seine Stadterkundung durch die Zentnergasse fortsetzen, die beliebteste und schönste Promenade der Stadt. Hier

reihen sich gotische Häuser mit interessanten Läden aneinander. Man erreicht den Pulverturm, einen Wehrturm aus dem 15. Jahrhundert. Nebenan steht das schöne Repräsentationshaus, ein bemerkenswertes Jugendstilgebäude, das u. a. zwei Restaurants, ein Kaffeehaus sowie einen Konzertsaal beherbergt.

Über den Straßenzug »Graben«, eine trubelige Geschäftsstraße, flaniert man in südliche Richtung und erreicht den großen Wenzelsplatz. Hier demonstrierten 1989 rund 1,5 Millionen Menschen gegen das Regime. Der Grundstein für ein neues Land wurde gelegt, und Prag entwickelte sich zu einer der schönsten Städte Europas.

ABSEITS DER ALTSTADT

Nicht versäumen sollte man den Besuch der mächtigen Burg, der größten der Welt! Wenn man die Burg betritt, wird man von der Größe beeindruckt sein,

denn nicht weniger als 60 Häuser, Paläste und Kirchen gibt es hier zu bewundern. Die Geschichte der Burg (des Hradschin) lässt sich bis ins 9. Jahrhundert zurückverfolgen. Auf dem ersten Burghof wird der beliebte Wachwechsel pünktlich um 12 Uhr vollzogen.

Ein weiteres Highlight ist der Spaziergang über die berühmte Karlsbrücke, die zweitälteste Brücke Europas. Sie wurde bereits 1357 erbaut und hat eine beachtliche Länge von 516 Metern. Nach dem Trubel auf der Brücke kann man in den Königlichen Gärten wieder Energie tanken. Rund um das ansehnliche Lustschloss Belvedere im italienischen Renaissancestil spaziert man durch einen herrlichen Park.

Abrunden kann man den interessanten Prag-Rundgang mit einem Zoobesuch, und am Abend lockt die Stadt mit unzähligen Restaurants und einem lebhaften Nachtleben.

STELLPLATZ: Im nördlichen Stadtteil Troja, rund 5 km vom Stadtzentrum entfernt, wurden in den lang gezogenen Gärten drei Stellplätze mit Campingplatzcharakter eingerichtet. Sie befinden sich an der Straße Trojská. Ein gutes Beispiel ist das »Camp Dana Troja«: Trojská 129, Tel. +420/283/85 04 82, www.campdana.cz, GPS 50°7'01'' N, 14°25'54'' E.

CAMPINGPLATZ: Rund um Prag stehen einige Campingplätze zur Verfügung. Empfehlenswert ist der Vier-Sterne-Platz »Camping Sokol Praha«, rund 10 km östlich vom Zentrum; er ist gut ausgestattet und bietet ebene Wiesen unter hohen Bäumen sowie einen Transfer zum Zentrum: Narodni hrdinu 290, CZ-19012 Praha-Dolni Pocernice, Tel. +420/777 553 543, www.campingsokol.cz, GPS 50°5'30'' N, 14°34'58'' E.

INFOS: Tschechische Zentrale für Tourismus – Czech Tourism, Wilhelmstr. 44, 10117 Berlin, Tel. 030/204 47 70, www.czechtourism.com, www.praguewelcome.com

TIPP: Der Blick über Prag! Einen grandiosen Ausblick über die Altstadt hat man vom 70 m hohen Turm des 1338 erbauten Altstädter Rathauses.

29 NORD-PAS DE CALAIS

WILLKOMMEN BEI DEN SCH'TIS!

Der französische Kinoerfolg »Willkommen bei den Sch'tis« hat die nördliche Provinz Nord-Pas de Calais über die Landesgrenzen hinaus bekannt gemacht. Dem Reisemobilisten wird hier ein Ferienziel ans Herz gelegt, das mit erholsamen Stränden, freundlichen Orten und der tollen Metropole Lille glänzt. Zur großen Freude steht man auf einigen Stellplätzen direkt am Meer.

Die Region Nord-Pas de Calais liegt in der nordwestlichen Ecke des Landes, zwischen dem Ärmelkanal und der belgischen Grenze, und umfasst die beiden Départements »Nord« und »Pas de Calais«. Sie ist sowohl für kulturinteressierte Reisende als auch für Erholung suchende Urlauber gleichermaßen interessant.

ENTSPANNEN AM ÄRMELKANAL

Zwischen der französisch-belgischen Grenze und der Mündungsbucht des Flusses Authie erstreckt sich die Küste der empfehlenswerten Reiseregion. Im Norden ist der Landstrich flach, und die Strände sind breit. Südlich von Calais beginnt die landschaftlich reizvollere Opalküste. An dieser schönen Steilküste sind das Cap Gris-Nez und das Cap Blanc-Nez im wahrsten Sinn des Wortes die landschaftlichen Höhepunkte. Hier wandert man hinauf zu den Aussichtspunkten, genießt den Blick in Richtung England und sieht mit etwas Glück die weißen Klippen von Dover.

An den breiten Stränden von dem Badeort Le Touquet-Paris-Plage, Boulogne-sur-Mer oder Calais steht Entspannung auf dem Programm, und in den Fluten des Ärmelkanals kann man sich bestens erfrischen. Aber auch die Orte Audresselles und Ambleteuse bieten schöne Kiesstrände. Neben den weiteren Strandaktivitäten kann man sich u. a. in Boulogne-sur-Mer einen Strandsegler ausleihen und bei Ebbe über den Strand zischen. Lohnenswert ist es auch, die Fahrräder mitzunehmen, da man in der flachen bis leicht welligen Region bestens mit dem Rad unterwegs ist. Wer gern angelt, kann diesem Vergnügen an vielen Stellen an der Küste nachgehen. Auf seine Kosten, im wahrsten Sinn des Wortes, kommt man auch in dem riesigen Outlet-Center »Marques Avenue« vor den Toren von Calais.

UNVERGESSENE STADTRUNDGÄNGE

An der Küste oder im Herz der flachwelligen Region stößt man auf ein breit gefächertes Angebot an interessanten Städ-

Im Stadtzentrum von Arras befindet sich der einfache Stellplatz, und so sind es nur wenige Hundert Meter zu dem grandiosen Platz »Grand Place«, der von Arkadenhäusern gesäumt wird. Auf dem Platz kann man gut parken, und rund um den Platz hat man die Qual der Wahl, denn viele Cafés, Restaurants und Kneipen laden zum Verweilen ein.

ten wie die malerischen Kleinstädte Douai, Arras oder das mittlerweile bekannte Bergues.

In Douai steht inmitten der schönen Altstadt der prächtige Glockenturm, der sogenannte Belfried (»beffroi«). Er gehört zu den 23 Uhren- oder Glockentürmen der Region und wurde von der UNESCO in die Weltkulturerbeliste aufgenommen. Eine ebenfalls reizvolle Altstadt präsentiert Arras mit einem einfachen Stellplatz im Zentrum (Rue de Rosati). Mit dem Grand Place und dem benachbarten Heldenplatz (Place de Héros) hat die Stadt gleich zwei hervorragende Anziehungspunkte. Diese zentralen Plätze der Hauptstadt des Département Pas de Calais sind umgeben von makellosen Häuserzeilen mit schützenden Laubengängen. Auch Arras hat einen Uhrenturm zu bieten, der einen unver-

gessenen Ausblick auf die Altstadt ermöglicht.

In der gemütlichen Kleinstadt Bergues heißt es »Willkommen bei den Sch'tis«, wie die Bewohner der nördlichen Region im Land genannt werden. Hier wurde der Film gedreht, der mehr als 20 Millionen Franzosen in die Kinos lockte. Heute zieht es die Touristen in das freundliche Städtchen. Durch das mächtige Stadttor gelangt man in die schmucke Altstadt und spaziert zum Grand Place. Hier steht man vor dem schönen Rathaus und blickt hinauf zum Uhrenturm oder nimmt an einer humorvollen Stadtführung teil.

Sehenswert ist auch die Hafenstadt Boulogne-sur-Mer, die über einen Stellplatz direkt am Meer verfügt. Zu Fuß geht es, vorbei am Strand und am Meeresmuseum NAUSICAA, durch nette Einkaufsstraßen

»Speisen wie Gott in Frankreich« trifft auch im Norden des Landes zu (oben rechts). Wer lieber Meerestiere fangen möchte, sollte an der Küste sein Glück versuchen (oben links). Die Küstenstraße lässt sich mit dem Wohnmobil gut fahren (unten) und bietet Abstecher zu den aussichtsreichen Höhen Cap Gris-Nez und Cap Blanc-Nez an der landschaftlich reizvollen Opalküste.

An den vielen Konditoreien kommt man nicht vorbei (oben). Das nette Städtchen Cambrai liegt an dem Kanal St. Quentin (unten). Zu den guten Stellplätzen zählen der Platz oberhalb von Boulogne-sur-Mer (oben rechts) und der Stellplatz in Calais, direkt am Fährhafen (rechte Seite oben). Vom Stellplatz in Calais sind es nur wenige Meter zum Strand und zur Imbissbude (rechte Seite unten).

hinauf in die Oberstadt. Mächtige Mauern umgeben die historische Altstadt, die mit imposanten Bauwerken wie der hochaufragenden Kathedrale aufwartet.

JUNGE METROPOLE LILLE

Der Ballungsraum Lille beheimatet immerhin rund 1,2 Millionen Menschen und verfügt über ein höchst sehenswertes Stadtzentrum. In der makellosen Altstadt ist von der Hektik einer aufstrebenden Wirtschaftsmetropole nicht viel zu spüren. Lille ist eine beliebte Universitätsstadt, und rund jeder dritte Bürger ist jünger als 25 Jahre. Am zentralen Platz, dem Place du Général de Gaulle, stehen die prächtigsten Bauwerke der Stadt, zu denen die alte barocke Börse aus dem 17. Jahrhundert zählt. Kunstliebhaber werden von dem hochrangigen Kunstmuseum Palais des Beaux-Arts begeistert

sein, und anschließend probiert man in der ältesten Confiserie der Stadt, dem »Café Meert«, die wohlschmeckenden Waffeln mit Madagaskar-Vanille. Zu den prominenten Café-Gästen zählte auch der in Lille geborene Staatspräsident Charles de Gaulle.

Gestärkt geht es zur Kathedrale Notre-Dame, deren 30 Meter hohes Portal aus insgesamt 110 teils transparenten Marmorplatten besteht, die ein sanftes Licht ins Kircheninnere lassen.

Am ersten Wochenende im September dreht sich in Lille alles um den gigantischen Trödel- und Antiquitätenmarkt. Dann wird in den Restaurants das Einheitsgericht Pommes frites mit Muscheln serviert, und die Muschelschalen werden vor die Tür gekippt. Das Restaurant mit dem größten Muschelhaufen wird dann prämiert.

CALAIS UND DÜNKIRCHEN – ENGLAND IN SICHT

Zu den weiteren bekannten Städten von Nord-Pas de Calais gehören Calais und Dünkirchen, was in erster Linie an den wichtigen Fährverbindungen nach England liegt. Obwohl nur wenige Kilometer westlich von Calais der gigantische Eurotunnel die beiden Länder verbindet, legen hier weiterhin die Fähren ab. Von Calais bis Dover sind es auf dem Wasserweg lediglich 36 Kilometer. Abseits der großen Hafenanlagen lohnt sich in Calais ein Besuch des Kunstmuseums und ein Spaziergang zum schmucken Rathaus, das 1922 im flämischen Renaissancestil erbaut wurde.

In Dünkirchen sollte der Reisemobilist das informative Hafenmuseum Musée portuaire besuchen. In einem alten Speicher können u. a. sehenswerte Exponate schöner Schiffsmodelle bewundert werden. Vor dem Gebäude haben drei historische Schiffe festgemacht. Hierbei bereitet es viel Freude, das alte Feuerschiff, den historischen Frachter oder den stolzen Dreimaster »Duchesse Anne« unter die Lupe zu nehmen.

TOURISTISCHE HIGHLIGHTS

Abseits der sehenswerten Städte und der erholsamen Strände locken einige Attraktionen. Neben der Landwirtschaft hat die Kohleförderung das Leben der Menschen und das Image der Region geprägt. Nach der Stilllegung der Zechen im Jahr 1990 setzte ein tiefgreifender Strukturwandel ein, der längst noch nicht abgeschlossen ist. Über den einst wichtigen Wirtschaftszweig sollte man sich im größten Bergbaumuseum Frankreichs in Lewarde informieren. Im Rahmen einer Führung erfährt der Besucher viel über die unterschiedlichen Abbaumethoden und die harte Arbeit der Kumpel, die immerhin zwei Milliarden Tonnen Kohle gefördert haben.

Ein weiteres lohnendes Touristenziel unter den industriegeschichtlichen Denkmälern ist das beindruckende Schiffshebewerk L'Ascenseur à Bateaux des Fontinettes in der Nähe von Arques.

STELLPLATZ: Stellplätze gibt u. a. in Boulogne-sur-Mer, Camiers-Sainte-Cécile, Caudry, Equihen-Plage, Escalles, Hondschoote, Le Touquet-Paris-Plage, Tardinghen, Bergues, Berck, Fort-Mahon-Plage, Le Portel, Tardinghen und Wissant. Toll ist der »Port de Calais« in Calais direkt am Strand: Avenue Raymond Poincaré, F-62100 Calais, Tel. +33/(0)321/97 89 79, www.calais.fr, GPS 50°57'59" N, 1°50'41" E.

CAMPINGPLATZ: Campingplätze sind u. a. in Beaurainville, Calais, Condette, Éperlecques (bei St-Omer), Equihen-Plage, Escalles, Guines, Houplines und Plage-St-Gabriel (bei Camiers) zu finden. Empfehlenswert ist der »Parc de Plein Air de la Sensée« in Brunémont, am See Sensée: Rue du Camping, F-59151 Brunémont, Tel. +33/(0)327/80 91 28, GPS 50°17'17" N, 3°08'10" E.

INFOS: Atout France – Französische Zentrale für Tourismus, Zeppelinallee 37, 60325 Frankfurt/M. (kein Info-Telefon!), www.france.fr, www.calais-cotedopale.com

TIPP: Im Meeresmuseum NAUSICAA in Boulogne-sur-Mer sind zahlreiche Fischarten zu bestaunen, und Seelöwen führen im Außenbecken Kunststücke vor (www.nausicaa.fr).

30 LE MONT-SAINT-MICHEL

WELTBERÜHMTE KLOSTERINSEL

Die Klosterinsel Le Mont-Saint-Michel in Westfrankreich erhebt sich inmitten einer tischebenen Küstenlandschaft. Interessierte Touristen und gläubige Pilger sind hier hellauf begeistert. Auf dem nahe gelegenen Festland stellen Camping- und Stellplätze einen guten Ausgangspunkt für die Inselerkundung dar, die sich zu jeder Jahres- und Tageszeit anbietet.

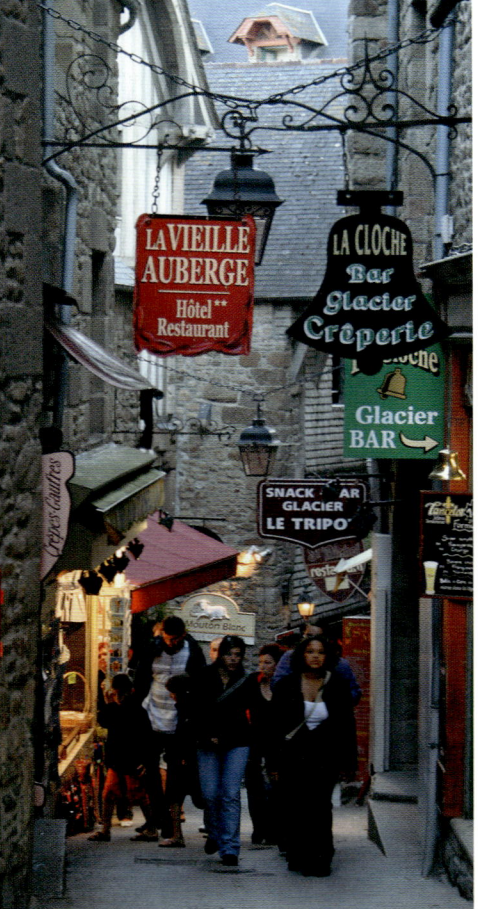

Es bereitet Freude, durch die alten Gassen der Klosterinsel zu schlendern. Alte Natursteinhäuser bestimmen das Bild (oben). Während es am Tag hektisch in den Gassen zugeht, wird es am Abend ruhig. Eine stimmungsvolle Illumination (rechte Seite oben) sorgt dann für einen unvergessenen Ausklang des Reisetages. Zurück geht es dann zum Stellplatz am Festland (rechte Seite unten).

Unbestritten gehört die kleine Insel mit der mächtigen Klosteranlage zu den herausragenden Anziehungspunkten, die Frankreich zu bieten hat. So wurde sie auch in die Weltkulturerbeliste der UNESCO aufgenommen. Der französische Schriftsteller Victor Hugo bezeichnete sie als »wunderbare Pyramide«. Diese ragt seit Jahrhunderten aus dem Golf de St-Malo heraus und gehört zu den Aushängeschildern der Normandie (wobei die Bretagne nur wenige Kilometer westlich beginnt).

Wer sein Wohnmobil auf dem benachbarten Parkplatz abstellt oder auf dem Campingplatz Quartier bezogen hat, freut sich auf die anstehende Besichtigung. Hierbei fühlt sich der Besucher ins Mittelalter zurückversetzt und glaubt ein riesiges Freilichtmuseum zu besuchen. Im Sommer schlendert man mit vielen anderen Besuchern durch die engen, idyllischen Gassen hinauf zur imposanten Klosterkirche. Abseits der Gassen stößt man auf kleine, beschauliche Plätze, die einen herrlichen Ausblick bieten. Ein Besuch lohnt sich auch am Abend, denn dann wird es ruhiger und die Bauwerke sind raffiniert beleuchtet.

EIN BLICK AUF DIE LANGE GESCHICHTE

Die Geschichte des einstigen unbesiedelten markanten Felsens (900 m im Durchmesser und 78 m hoch) geht bis ins Jahr 708 zurück. In diesem Jahr erhielt der Bischof von Avranches vom Erzengel Michael den Auftrag, eine Kapelle auf dem Felsen zu errichten. Erst im Jahr 966 wurde ein Benediktinerkloster gegründet und man baute eine Kirche. In mehreren Abschnitten vollzog sich der Bau der beeindruckenden Abteikirche, der erst im Jahr 1228 abgeschlossen wurde. Neben der Kirche entstanden weitere Gebäude wie Gerichtssaal, Gästehäuser, Krankenstationen und das Konventgebäude.

Allmählich schwand die Bedeutung des Klosters, und mit der Nutzung als Staatsgefängnis (bis 1863) begann sein Niedergang. Im Jahr 1869 wurde ein Damm

angelegt, eine rund zwei Kilometer lange Verbindung mit dem Festland. Erst 1897 wurde die vergoldete Statue des Erzengels Michael auf die Turmspitze der Abteikirche gesetzt, was den Aufschwung verdeutlichte.

Heute präsentiert sich Le Mont-Saint-Michel als Glaubensstätte, Wallfahrtsort und Touristenmagnet. Der Damm und die Kanalisierung des Flüsschens Couesnon verursachten eine Versandung rund um die Insel, und der einst so reizvolle Charakter einer Insel ging verloren. Zu den jüngsten Veränderungen gehörte daher der Rückbau des Damms, damit die Insel wieder umspült werden kann. Eine rund 700 Meter lange Fußgängerbrücke auf Stelzen wurde gebaut.

ATTRAKTION IN FRANKREICH

Bis zu drei Millionen Reisende zieht es alljährlich auf die Klosterinsel, die somit neben dem Vergnügungspark Euro-Disney, dem Eiffelturm und dem Pariser Kunstmuseum Louvre zu den Top-Zielen Frankreichs gehört.

Man betritt die Anlage durch die große Porte de l'Avancée, dann wird es innerhalb der Stadtmauern eng. An der Terrasse de l'Ouest starten die Führungen, und durch die Grand Rue geht es vorbei an alten Fachwerkhäusern mit einigen Geschäften. Der schönste Teil der Anlage ist der Kreuzgang mit wunderbaren Spitzbogenarkaden. Sehenswert ist neben dem imposanten Rittersaal auch der Salles des Hôtesses, in dem die reichen Gäste empfangen und bewirtet wurden. In der Pfarrkirche St-Pierre kann man u. a. eine versilberte Statue des heiligen Michael bewundern.

Mit dem Musée de la Mer et de l'Ecologie verfügt das Örtchen auch über ein interessantes Museum, das über die Gezeiten und die Versandung informiert. Nach dem lehrreichen Rundgang lohnt sich ein Spaziergang vor den mächtigen Festungsmauern rund um den Klosterfelsen.

STELLPLATZ: Im Zuge der Umbaumaßnahmen sind neue Parkplätze auf dem Festland entstanden. Mit dem Shuttle oder zu Fuß geht es dann zur 2,5 km entfernten Klosterinsel. Auf den gebührenpflichtigen Parkplätzen kann man auch übernachten. Bitte bei der Anfahrt der Ausschilderung folgen.

CAMPINGPLATZ: Im Umland von Le Mont-Saint-Michel befinden sich einige Campingplätze. Der »Camping du Mont-Saint-Michel« ist rund 2 km von der Klosterinsel entfernt; er bietet ebene Rasenplätze: Route du Mont-St-Michel, F-50170 Le Mont-St-Michel, Tel. +33/(0)233/60 22 10, www.camping-montsaintmichel.com, GPS 48°36'53'' N, 1°30'34'' W.

INFOS: Atout France – Französische Zentrale für Tourismus, Zeppelinallee 37, 60325 Frankfurt/M. (kein Info-Telefon!), Fax 069/74 55 56, www.france.fr; www.ot-montsaintmichel.com

TIPP: Kamera und Stativ mitnehmen! Abends zeigt sich Le Mont-Saint-Michel von seiner spannendsten Seite, die man unbedingt mit der Kamera festhalten sollte.

31 ELSASS

AUF DER »ROUTE DES VINS D'ALSACE«

Das idyllische Elsass steht für eine deftige Küche und guten Wein. Mit dem Wohnmobil fährt man über die Elsässische Weinstraße durch eine idyllische Landschaft von einem malerischen Weinort zum nächsten. Lebendiger geht es in Colmar oder Straßburg zu. Gute Campingplätze, zentrale Stellplätze oder ein Platz direkt beim Winzer machen den Reisemobil-Urlaub zu einem echten Vergnügen.

Nach Straßburg ist Colmar die schönste Stadt im Elsass. Im Krieg blieb sie unversehrt, und so blickt der Gast auf historische Bauwerke und schöne Plätze wie dem »Place d'Ancienne Douane« (oben). Manche Restaurants tragen auch den Storch im Aushängeschild (unten). Er stolziert durch die frisch gemähten Wiesen und baut die Nester auf den Dächern.

Das Elsass erstreckt sich im Osten von Frankreich und besteht aus den beiden Départements Haut-Rhin und Bas-Rhin. Landschaftlich bestimmen im Osten die Rheinebene und im Westen der Gebirgszug Vogesen das Bild. Der Grand Ballon im südlichen Teil ist mit 1424 Metern die höchste Erhebung der Region. Während entlang der Osthänge der Vogesen überwiegend kleine Weinorte zu finden sind, liegen in der Rheinebene größere Städte wie Mulhouse, Colmar und das berühmte Straßburg.

WECHSELVOLLE GESCHICHTE

Viele Elsässer sprechen Deutsch, was mit ihrer wechselvollen Geschichte zu tun hat. Im Lauf der Reise erzählen Festungen, Schlachtfelder, Mahnmale und Soldatenfriedhöfe immer wieder von einer leidvollen Geschichte. Das Elsass ist eine Region zwischen germanischer und romanischer Kultur – zwischen Frankreich und Deutschland. Nach wechselnder Zugehörigkeit ist das Elsass seit 1919 französisch, wurde jedoch in den Jahren des Zweiten Weltkriegs von deutschen Truppen besetzt.

Die Bewohner fühlen sich in erster Linie als Elsässer. Stolz können sie auf eine Region sein, die zwar für Wein und gute Küche steht, jedoch auch viele sehenswerte Städte bietet, wie z. B. Straßburg und Colmar.

WELTOFFENES STRASSBURG

In der lebendigen Metropole Straßburg (275 000 Einwohner) fühlen sich Politiker, Touristen und Bewohner gleichermaßen wohl. Straßburg liegt nur einen Steinwurf von der deutsch-französischen Grenze entfernt und ist die bedeutendste Stadt der Region. Die Stadt ist durch den Sitz des Europarats, der EU-Kommission und des Europäischen Parlaments von internationaler Bedeutung.

Für den Wohnmobilisten sind die Beschlüsse des Parlaments und der Kommissionen jedoch zweitrangig, denn sein Augenmerk ist vorrangig auf die prächtige Altstadt gerichtet und weniger auf das moderne Europa-Viertel. Den schönsten

Blick über die Stadt hat man vom Turm der Cathédrale Notre-Dame. Der Ausblick aus 66 Metern Höhe ist grandios, und auch der Schwarzwald, der Pfälzer Wald und die Vogesen sind zu erkennen. Danach geht es in die lebendige Altstadt. Der Platz vor dem Münster, der Place de la Cathédrale, hat sich zu einem beliebten Treffpunkt von unzähligen Touristen und Kleinkünstlern entwickelt. Nebenan stehen die grandiosen Bauwerke Maison Kammerzell (1467) und die Hirschapotheke. Ein Rundgang führt u. a. am sehenswerten Bischofspalais (Le Palais Rohan) mit Kunstgewerbemuseum und Archäologischem Museum vorbei. Informativ sind auch das Elsässische Museum (Musée Alsacien) mit einer Ausstellung zur Geschichte und Kultur des Elsass sowie das benachbarte Historische Museum. Die Pont du Corbeau ist ein mittelalterlicher Schauplatz einer eigenwilligen Strafe,

denn hier wurden Verbrecher bei lebendigem Leib in Säcke gepackt und ertränkt. Weniger schaurig zeigt sich das Viertel Petite France, in dem einst die Gerber die Tierhäute spülten und Leder herstellten. Eine Pause lohnt sich auch auf dem Place Kléber, auf dem ein großer Brunnen mit raffinierten Wasserspielen steht. Schließlich bietet Straßburg noch hochrangige Kunstmuseen wie das Musée d'art moderne et contemporain, das in einem hypermodernen und lichtdurchfluteten Bauwerk untergebracht ist, oder das Centre de Documentation Tomi Ungerer mit Zeichnungen des bekannten Karikaturisten, der 1931 in Straßburg geboren wurde.

SEHENSWERTES COLMAR
Colmars Herz schlägt in der herrlichen Altstadt mit ihren zahlreichen alten Fachwerkhäusern. Der Spaziergang durch

Der Reisemobilist passiert viele Dinge, die an den Weinanbau erinnern (oben links) und freut sich sicherlich auf die nächste Weinprobe. Mitbringen sollte man den kleinen Kuchen »Gugelhupf« (oben rechts). Ein weiteres schmackhaftes Mitbringsel ist ein Käse (Mitte) oder eine Flasche Wein, die sicherlich im Staukasten des Wohnmobils noch Platz findet (unten).

93

In dem idyllischen Elsass sind reizvolle Fotomotive zahlreich (oben), wie Störche (Mitte) und das Schiffshebewerk (unten). Nicht versäumen sollte man den Stadtrundgang in Obernai. An dem historischen Marktplatz stehen das Rathaus und der 60 m hohe Beffroi der Kapellkirche (rechte Seite).

dieses Viertel gleicht dem Besuch eines Freilichtmuseums. Unverkennbar ist, dass Colmar einst eine wohlhabende Stadt war; vom 15. bis zum 17. Jahrhundert war Colmar sogar freie Reichsstadt. Der unvergessliche Stadtrundgang führt auch durch das pittoreske Stadtviertel Petite Venise. Das Flüsschen Lauch, das kanalisiert an den alten Häuserzeilen vorbeifließt, und die vielen Brücken haben dem Viertel den wohlklingenden Beinamen »Klein-Venedig« eingebracht. Colmar ist reich an Sehenswürdigkeiten wie der Dominikanerkirche aus dem 14. Jahrhundert, der gotischen Martinskirche oder dem beachtlichen Renaissancebau Maison Pfister. Zu den vielen interessanten Museen gehört neben dem Musée Unterlinden auch das Musée Bartholdi, das über die Werke und das Leben des Bildhauers Frédéric-Auguste Bartholdi informiert, der u. a. die New Yorker Freiheitsstatue schuf.

TECHNIK UND WEIN

Interessant zeigt sich die Verbindung vom Rhein östlich der Vogesen zur Marne im Westen. Von 1828 bis 1853 baute man den wichtigen Verbindungskanal, und so steht man heute interessiert an der Schleuse im Stadtzentrum von Saverne und beobachtet, wie die Freizeitkapitäne den Höhenunterschied meistern. Gleich zwei technische Meisterwerke befinden sich nur wenige Kilometer vor den Toren des Elsass und sind ein Muss. Zum einen endet der Kanal plötzlich vor dem Tunnel von Arzviller. Schwach hörbare Motorengeräusche und kaum zu erkennende Lichter lassen vermuten, dass ein Schiff im Tunnel unterwegs ist. Später folgt die Gewissheit, und so fährt aus

diesem 2306 Meter langen Tunnel ein flaches Passagierschiff. Eine weitere Attraktion ist das in Europa einzigartige Schiffshebewerk in St-Louis. Abseits dieser technischen Sehenswürdigkeiten locken einladende Weinorte. In Rosheim gelangt man durch das Stadttor in die authentische Altstadt. Beim Anblick der romanischen Kirche St-Pierre-et-St-Paul und der historischen Fachwerkhäuser aus dem 12. Jahrhundert sind die technischen Meisterwerke fast vergessen.

ÜBER DIE ELSÄSSISCHE WEINSTRASSE

Im Elsass stößt man auf eine Vielzahl von Touristenstraßen wie die »Rheinstraße« oder die »Sauerkrautstraße«, und sogar auf der »Straße des gebackenen Karpfens« kann man unterwegs sein. Gut entdecken lässt sich die Region über die Elsässische Weinstraße, die »Route des Vins d'Alsace«. Sie verläuft über eine Länge von 170 Kilometern entlang der östlichen Hänge der Vogesen, mitten durch Weinberge und idyllische Orte. Den Römern sei Dank, denn hätten die hier im 1. Jahrhundert nicht die ersten Rebstöcke gepflanzt, wäre die Region um ein Aushängeschild ärmer. Beim Fahren in südliche Richtung blickt der Reisemobilist rechts auf großflächige Weinhänge, und linker Hand scheint der Ausblick kein Ende zu nehmen, denn über die Rheinebene hinaus erscheint am Horizont der Schwarzwald, der grau und mit verlaufenden Konturen zu erkennen ist. Vor den Augen präsentieren sich im satten Grün die Rebstöcke, die nur selten blaue Trauben aufweisen, denn hier werden vorrangig weiße Reben angebaut. In dem rund 100 Kilometer langen Weinanbaugebiet wird der

FRANKREICH

Riesling gekeltert, ihm folgen Weißburgunder und Gewürztraminer. In den Fässern reift in erster Linie reinsortiger Wein, und anders als in den meisten französischen Weinregionen geben die Elsässer Winzer die Rebsorte auf der typischen schlanken Flasche an.

Das Thema »Wein« ist für viele Gäste von Bedeutung, nicht nur weil ein guter Tropfen das Essen oder den schönen Reisetag krönt, sondern weil der Weinanbau ein bedeutender Wirtschaftszweig im Elsass ist. Daher lohnt sich nicht nur die Wanderung entlang eines Weinlehrpfads (von denen es immerhin 40 gibt!), sondern auch der Besuch des Weinmuseums in Kientzheim.

FARBENFROHE STÄDTCHEN

Wenn man entlang der Weinstraße von einem Weinort zum nächsten fährt, ist man auf Anhieb begeistert, und es scheint, als würden die Orte in einem harten Konkurrenzkampf miteinander

stehen, wer mit der schönsten Blütenpracht dem Gast am meisten imponieren kann. Bereits neben dem Ortsschild weist das Schild »Ville Fleurie« darauf hin, dass hier Blumen viel Farbe ins Dorfleben bringen. An den Lampen hängen Blütengirlanden, die Brunnen sind mit Blumen geschmückt, und natürlich wuchern von den Fensterbänken und Balkonen der Häuser die blühenden Ranken hinab. Die Idylle in den malerischen Weinorten ist kaum zu übertreffen.

Doch gibt es viele Orte, die es gar nicht nötig haben, sich so herauszuputzen, bestechen doch Städtchen wie Dambach-la-Ville, Riquewihr, Ribeauvillé und Eguisheim ohnehin durch ihre reizvollen historischen Altstädte.

Vom Stellplatz in Ribeauvillé sind es nur wenige Meter bis in die Altstadt. Hier schlendert man über Kopfsteinpflaster an historischen Fachwerkhäusern vorbei und wird auch vor so mancher Weinstube oder einem einladenden Restaurant mal

Die Elsässische Weinstraße führt durch Weinberge, nette Dörfer (oben) und schöne Städte wie Ribeauvillé (unten). Ein Muss ist das Automobilmuseum in Mulhouse (rechte Seite unten). Das mittelalterliche Städtchen Egnisheim ist zu jeder Tageszeit ein Highlight (rechts). Empfehlenswerter Campingplatz ist »Camping Municipal Le Vallon de l'Ehn« in Obernai (rechte Seite oben).

schwach werden. Wer Hunger hat, bestellt sich Quiches oder die dünnen »Flammekueche« (Tarte flambée) oder vielleicht das »Choucroute alsacienne«, ein für die Region so typisches und deftiges Gericht mit Sauerkraut, Würsten, Schinken und Speck.

OBERNAI, SAVERNE UND WISSEMBOURG

Auch in der schmucken Stadt Obernai gibt es viele Restaurants. Bevor man sich der Küche widmet, sollte man allerdings die schöne Stadt genauer unter die Lupe nehmen. In der Altstadt mit immerhin 30 Türmen fühlt sich der Besucher um Jahrhunderte zurückversetzt. Rund um den Markt stehen die wichtigsten Bauwerke, wobei die Kirche St-Pierre-et-St-Paul die Silhouette der Stadt prägt und nach dem berühmten Straßburger Münster die größte Kirche im Elsass ist. Man schlendert vorbei an gut erhaltenen Fachwerkhäusern und über malerische Plätze und bleibt schließlich vor dem interessanten

Sechseimer-Brunnen aus der Renaissance stehen.

Sehenswert ist auch Saverne mit schöner Altstadt, Schloss und den Schleusen des Marne-Rhein-Kanals. So kann man den Freizeitkapitänen mitten in der Stadt beim Schleusen zusehen.

Nahe der deutsch-französischen Grenze befindet sich das idyllische Städtchen Wissembourg. In der Altstadt herrscht ein typisch französisches Flair: Über malerische Gassen läuft man vorbei an alten Häusern, am lebendigen Place de la République erhebt sich das schöne Rathaus, und einen Steinwurf entfernt steht die gotische Kirche St-Pierre-et-St-Paul. Der Blick in die Fenster der Bäckereien lässt keinen Zweifel daran, dass sich der Besucher in Frankreich befindet: Kenner werden anhand des bekannten »Kougelhopf« schnell die Region lokalisieren können. Der Kuchen eignet sich auch als ideales Mitbringsel, denn einen Gugelhupf schenkt man Freunden!

STELLPLATZ: U. a. in Straßburg, Colmar, Waltenheim-sur-Moder, Marlenheim, Saint-Pierre-Bois, Rodern, Bergheim, Kaysersberg, Riquewihr, Orbey, Trois-Epis, Obermorschwihr, Soultzmatt, Westhalten, Ungersheim und Thann. Mit der kostenpflichtigen Karte »France Passion« (www.reisemobil-international.de/france-passion) kann man auch bei vielen Winzern umsonst stehen. Nahe der schönen Altstadt von Ribeauvillé steht man auf einem ebenen Schotterplatz: Route de Guémar, F-50037 Ribeauvillé, www.ribeauville.fr, Tel. +33/(0)389/73 20 00, GPS 48°11'32'' N, 7°19'43'' E.

CAMPINGPLATZ: Es gibt ausreichend Campingplätze! Ganzjährig hat z. B. der »Camping Municipal Le Vallon de l'Ehn« geöffnet; er befindet sich rund 1 km westlich der herrlichen Altstadt von Obernai: Rue de Berlin 1, F-67210 Obernai, Tel. +33/(0)388/95 38 48, GPS 48°27'55'' N, 7°28'01'' E, www.camping-obernai.fr

INFOS: Atout France – Französische Zentrale für Tourismus, Zeppelinallee 37, 60325 Frankfurt/M. (kein Info-Telefon!), www.france.fr, www.tourisme-alsace.com, www.ot-strasbourg.fr

TIPP: Nicht nur Oldtimerfreunde kommen in Mulhouse im Automuseum » Cité de l'Automobile« auf ihre Kosten (www.citedelauto-mobile.com)

32 TAL DER LOIRE

IM TAL DER KÖNIGE

Die Loire ist der längste Fluss Frankreichs, und im idyllischen Loire-Tal ließen die Herzöge und Könige wahre Traumschlösser bauen. Diese imposanten Prachtbauten mit ihren grandiosen Gärten und die malerischen Städte entlang des Flusses begeistern jeden Urlauber, der den »Garten Frankreichs« besucht. Auf und an der Loire bieten sich auch einige Aktivitäten an: Wie wäre es mit einer Rad- oder Kanutour?

Genau 1012 Kilometer legt die Loire zwischen dem Zentralmassiv und der Atlantik-Mündung, rund 50 Kilometer westlich von Nantes, zurück. Hierbei hält der Fluss den Landesrekord – doch wer von der Loire weitere Superlative erwartet, wird enttäuscht werden, denn der Fluss ist heute nicht mehr schiffbar. Am Ufer thronen prächtige Schlösser, und reizvolle Städte wie Orléans, Blois, Ambois, Tours, Saumur, Angers oder Nantes laden zu einer Stadterkundung ein.

UNESCO-WELTKULTURERBE

Als Loire-Tal wird der Flussabschnitt zwischen Giens und Angers bezeichnet, und der sicherlich interessanteste Teil dieses Tals erstreckt sich zwischen Sully-sur-Loire und Chalonnes-sur-Loire. Der rund 280 Kilometer lange und kulturhistorisch bedeutsame Abschnitt wurde im Jahr 2000 von der UNESCO »geadelt« und in die Weltkulturerbeliste aufgenommen.

TRAUMHAFTE SCHLÖSSER

Mit dem Wohnmobil sind es nur kurze Etappen vom einen zum anderen Schloss. Die prachtvollen Schlösser sind sehr unterschiedlich und versprühen stets einen ganz eigenen Charme. Mehr als 300 Schlösser zeugen heute von der einstigen Macht und dem schier unbegrenzten Reichtum des Adels.

Größtes und imposantestes Schloss ist Chambord, das König Franz I. zu Beginn des 16. Jahrhunderts als Jagdschloss erbauen ließ. Leonardo da Vinci entwarf die Doppelwendeltreppe, auf der man sich beim Ab- und Aufstieg nicht begegnen kann. Es scheint, als hätte das Universalgenie vor rund 500 Jahren geahnt, dass einmal unzählige Touristen zu diesem Schloss strömen würden. Allerdings verliert sich die Besuchermenge in den mehr als 400 Zimmern. In den Sommermonaten finden Lichtinszenierungen statt, sodass auch ein abendlicher Besuch lohnenswert ist.

Vor dem Schloss von Blois kann man eine Pause einlegen (oben). An dem »Place du Château« befindet sich der Südflügel des Schlosses, der 1503 errichtet wurde. Zu den vielen weiteren sehenswerten Schlössern gehört auch das elegante Renaissanceschloss Azay-le-Rideau. Im Sommer finden hier raffinierte Licht- und Klangspiele statt (unten).

Auf einen der schönsten Schlossgärten stößt der Reisende rund um das Schloss Villandry von 1536. Dr. Joachim Carvallo, der Großvater des heutigen Besitzers, entwarf 1906 den herrlichen und sehenswerten Renaissancegarten.

Der Anblick des reizvollen Schlosses Ussé lässt ebenfalls das Herz des Besuchers höherschlagen. Es wurde im 15. und 16. Jahrhundert errichtet und präsentiert sich mit seinen vielen kleinen spitzen Dächern wie ein Märchenschloss. Tatsächlich inspirierte das schmucke Gebäude den Märchenerzähler Charles Perault zur bekannten Geschichte von »Dornröschen«. In vielen Räumen wurden die Szenen des Märchens durch lebensgroße Figuren nachgestellt.

Eine Besonderheit bietet auch das Schloss in Azay-le-Rideau mit ausgefeilten Licht- und Klangspielen. Projektoren und Fluter lassen das helle Schloss im wahrsten Sinn des Wortes in einem anderen Licht erscheinen. Wechselnde Figuren und Strukturen können dann zu klassischer und sphärischer Musik an der Fassade bestaunt werden. Die Liste der weiteren attraktiven Schlösser ist lang und umfasst u. a. auch Schlösser in Blois, Cheverny, Beauregard, Saumur oder das Schloss Chenonceau.

WOHNMOBIL MAL STEHEN LASSEN!

In der überwiegend flachen Flusslandschaft sind die guten Camping- und Stellplätze zahlreich und es lohnen sich Ausflüge mit dem Kanu oder dem Rad. Insbesondere rund um die reizvolle Stadt Blois stehen im Rahmen des Programms »La Loire à Velo« rund 300 Kilometer Radwege zur Verfügung. An Rebflächen, Getreide- und Gemüsefeldern vorbeiradelnd, wird dem Urlauber sofort klar, warum die Region den Beinamen »Garten Frankreichs« trägt.

Das Schloss von Chambord ist eines der schönsten Schösser an der Loire (oben links). Gleiches gilt für das Schloss Azay-le-Rideau (unten) und das Schloss Villandry (oben rechts). Neben den vielen Prachtschlössern ziehen auch einige Kirchen den Besucher in ihren Bann. Ein gutes Beispiel ist die Kirche »Notre Dame« in Cunault, die über beachtliche Schreine verfügt (Mitte).

Die Benediktinerkirche St-Nicolas wurde im 12.–14. Jahrhundert im Anjoustil errichtet (oben links). Das Städtchen Cunault (oben rechts) ist stets einen Besuch wert, Gleiches gilt für die Weinläden (unten). In Ambois überspannt die alte Brücke »Pont du Maréchal Lerclerc« die Loire (rechte Seite unten). Am Abend ist sie stimmungsvoll beleuchtet.

AUF DEN SPUREN LEONARDO DA VINCIS

Über das Loire-Tal hinaus ist die Stadt Amboise bekannt, denn sie ging durch das Blutbad im Jahr 1560 in die französische Geschichte ein. Am Schloss wurden aufständische Protestanten aufgehängt. Wer heute das Schloss besucht und den herrlichen Blick über die malerische Altstadt und die Loire genießt, wird sicherlich nicht an die Hinrichtung denken. Voller Achtung steht man jedoch in der kleinen Kapelle vor dem Grab Leonardo da Vincis. Auf Einladung von König Franz I. kam dieser 1516 nach Amboise; im Gepäck des Malers und Forschers befand sich auch sein berühmtestes Bild, die »Mona Lisa«. In dem schmucken Schlösschen Le Clos-Luce verbrachte er seine letzten Lebensjahre. Hier erinnern zahlreiche Modelle wie ein Raddampfer, ein Fahrrad, ein Hubschrauber oder ein Pan-zerwagen an die Erfindungen des Universalgenies.

SANKT MARTIN UND DIE JUNGFRAU VON ORLÉANS

Neben Leonardo da Vinci ist die Geschichte des heiligen Martin eng mit dem Loire-Tal verbunden. Der Legionär der römischen Armee teilte im 4. Jahrhundert seinen Mantel und rettete dadurch einen Bettler vor dem Erfrieren – ein Ereignis, das in Deutschland oft nachgespielt und durch Fackelumzüge gefeiert wird. Später wurde Sankt Martin der Bischof von Tours, wo heute in der Basilika Saint-Martin die Gebeine des Heiligen liegen, zu denen zahlreiche Wallfahrer pilgern. Ganz im Zeichen der Jungfrau von Orléans, die ebenfalls heiliggesprochen wurde, steht der lohnenswerte Rundgang in Orléans, das mit

115 000 Einwohnern zu den größeren Städten entlang des Flusses gehört. Auf Schritt und Tritt begegnet man hier der Volksheldin, deren kämpferisches Leben auf dem Scheiterhaufen endete. Zuvor jedoch befreite Jeanne d'Arc als 17-jährige Bauerstochter an der Spitze eines Heeres im Jahr 1429 die Stadt Orléans von den verfeindeten Engländern. Ihre kurze Lebensgeschichte erzählen die großen Glasfenster in der stattlichen Kathedrale von Orléans, in der sie 1920 heiliggesprochen wurde.

SCHAUMWEIN AUS SAUMUR

Während die genannten Berühmtheiten zu den Aushängeschildern einiger Städte geworden sind, verbindet man das nette Städtchen Saumur mit dem schmackhaften Schaumwein. Probieren sollte man dieses feinperlige Getränk auf jeden Fall, ehe man sich dann beschwingt der Besichtigung des schönen Schlosses widmet. Es wurde Mitte des 15. Jahrhunderts

errichtet und erhebt sich, von Rebflächen umgeben, oberhalb des Flusses.

BESONDERE ATTRAKTION

Ein besonderes Highlight im Rahmen der Reise mit dem Wohnmobil durchs idyllische Tal der Loire sind die Höhlen La Cave aux Moines. Am südlichen Ufer, zwischen Angers und Saumur, erhebt sich ein flaches Kalksteinmassiv. Bereits im 10. Jahrhundert wurde der weiche Kalkstein abgetragen, der als Baumaterial für die Schlösser, Kirchen und Häuser verwendet wurde, und es entstanden lange Höhlensysteme. Später zog es die Menschen in die Höhlen, die in den sogenannten »troglos« eine neue Bleibe fanden. Die konstante Feuchtigkeit und die ganzjährige Temperatur von 11–14 °C bieten optimale Bedingungen zur Lagerung von Weinen und zur Pilz- und Schneckenzucht. In den Höhlen kann man auch im Restaurant »Les Pieds Blues« gut speisen. Bon Appetit!

STELLPLATZ: Glücklicherweise sind die Stellplätze im Loire-Tal zahlreich und nehmen auch weiter zu. U. a. befinden sich Stellplätze in Champtoceaux, Les Montils, Angers, Liré, Saint-Georges-sur-Loire, Saint-Clément-des-Levées, Azay-le-Rideau, Villandry, Chenonceaux, Blois, Beaugency und Orléans. Nahe der Altstadt von Amboise, neben dem Campingplatz »Municipal l'Île d'Or«, gibt es einen Stellplatz: Allée de la Chapelle Saint-Jean, F-37400 Amboise, GPS 47°25'03'' N, 0°59'16'' E.

CAMPINGPLATZ: Auch Campingplätze gibt es entlang der Loire ausreichend. Ruhig und direkt am Ufer steht man auf dem Campingplatz »Bellevue« am Rand von Muides-sur-Loire: Avenue de la Loire, F-41500 Muides-sur-Loire, Tel. +33/(0)254/87 01 56, www.muides.fr, GPS 47°40'19'' N, 1°31'34'' E.

INFOS: Atout France – Französische Zentrale für Tourismus, Zeppelinallee 37, 60325 Frankfurt/M. (kein Info-Telefon!), Fax 069/74 55 56, www.france.fr, www.schloesser-der-loire.com

TIPP: Einen grandiosen Blick über das untere Loire-Tal hat man von den Aussichtsterrassen in Champtoceaux. Gleich nebenan befindet sich ein Stellplatz.

33 AVIGNON

DIE STADT DER PÄPSTE

Avignon gehört zu den schönsten und bekanntesten Städten Frankreichs. Wer den Stadtnamen hört, hat prompt das Liedchen »Sur le pont d'Avignon« im Kopf. Inmitten der unüberwindbaren Stadtmauer verblüfft die grandiose Altstadt u. a. mit dem mächtigen Papstpalast und mit reizvollen Plätzen. Vor der Stadtmauer, am Rhône-Bogen, befinden sich gute Campingplätze.

Die fantastische Altstadt von Avignon verzaubert jeden Besucher (oben). Wer durch die Stadt schlendert, sollte einen Blick in die vielen netten Geschäfte werfen (unten). Am Abend hat man vom westlichen Rhône-Ufer den besten Blick auf den Papstpalast (rechte Seite unten). Gleich nebenan befindet sich der gute Campingplatz »Bagatelle« (rechte Seite oben).

Mit dem Wohnmobil kann man die rund 90 000 Einwohner zählende Stadt bequem erreichen, denn die Autobahn A 7 führt an der Stadt vorbei. Zu den Campingplätzen »Bagatelle« und »Camping du Pont d'Avignon« sind es von dort nur wenige Kilometer und dann nur noch ein kurzer Fußweg ins Herz der Stadt. Wer über die reizvollen Plätze und durch die Gassen von Avignon schlendert, wird auf zahlreiche Zeugnisse der lebendigen Stadtgeschichte stoßen. In der Bronze- und Eisenzeit ließen sich bereits die ersten Siedler nieder, und die Römer errichteten die Kolonie Avenio. Im Mittelalter wurde reger Handel betrieben, und im 14. Jahrhundert fühlten sich die Päpste in Rom nicht mehr sicher und zogen nach Avignon.

Heute zieht es die Touristen nach Avignon, einem ganzjährigen Reiseziel mit rund 300 Sonnentagen. In den Wintermonaten herrscht ein mildes Klima, und es macht Spaß, in den Restaurants die provenzalische Küche zu entdecken, sich in dem privaten Kunstmuseum Musée Angladon von den Kunstwerken begeistern zu lassen und in den interessanten Geschäften zu stöbern.

TÄNZCHEN AUF DER BRÜCKE

Vor den Campingplätzen erstreckt sich der Spazierweg am Rhône-Ufer entlang. Es macht Spaß, hier entlangzuschlendern und auf die erhabene Altstadt zu blicken. Der Blick fällt jedoch spontan auf die Pont Saint-Bénézet (UNESCO-Weltkulturerbe), die durch das Lied »Sur le pont d'Avignon« weltberühmt wurde. Nur noch ein Teil der Brücke (12. Jh.) ist erhalten geblieben und steht in der Rhône. Auf der Brücke kann man ein Tänzchen wagen und den Blick auf die prächtige Altstadt genießen, zu deren Sehenswürdigkeiten es nur wenige Schritte sind.

IM HERZEN DER ALTSTADT

Der lebendige Place de l'Horloge ist zweifelsfrei das Herz von Avignon. An diesem »Platz der Turmuhr« stehen das Rathaus mit der Turmuhr von 1470 und das schmucke Theater, und zu jeder

Tageszeit zieht es Touristen wie Einheimische zu diesem Platz. Rund um ihn laden viele gepflegte Restaurants zur Einkehr. Damit die Idylle perfekt ist, wurde auch noch ein altes Karussell aufgestellt. Straßenmusikanten, Aktionskünstler und Porträtzeichner verleihen dem Platz eine besondere Atmosphäre. Gelegentliche Blicke auf die Turmuhr verraten, wie schnell hier die Zeit vergangen ist. Die französischen Musikstücke, die von Akkordeonspielern auf dem Platz gespielt werden, und die abendliche Beleuchtung bleiben in ewiger Erinnerung.

ATTRAKTION NUMMER EINS

Einen Steinwurf entfernt steht das protzige Palais des Papes; in diesem Papstpalast fühlten sich die Kirchenoberhäupter wie »Gott in Frankreich« und gaben sich eher weltlich als kirchlich. Der Papstpalast wurde Mitte des 14. Jahrhunderts errichtet und ist zweifelsfrei das bedeutendste Bauwerk der Stadt. Mit einer Fläche von rund 15 000 Quadratmetern gehört er zu den größten mittelalterlichen Palästen. Insgesamt lebten in dem feudalen Bauwerk sieben Päpste, die allesamt Franzosen waren. Im Inneren beeindrucken in erster Linie der mittelalterliche Repräsentationssaal Grand Tinel und die gotische Papstkapelle.

An den Papstpalast schließt sich die romanische Kathedrale Notre-Dame-des-Doms an. Auf dem Turm steht eine große vergoldete Marienfigur. Abrunden sollte man den Palastbesuch mit einem Spaziergang durch den Garten.

Danach geht es für viele sicherlich zur Rue de la République, der Hauptgeschäftsstraße. Jeden Sonntag wird auf dem Place des Carmes ein Trödelmarkt abgehalten, wo man so manches Schnäppchen machen und vielleicht auch das passende Souvenir kaufen kann.

STELLPLATZ: Stellplätze stehen lediglich im Umland von Avignon zur Verfügung, z. B. in Comps (Rue Nelson Mandela) und in Fontaine-de-Vaucluse (Avenue Robert Garcin). Besser steht man auf den stadtnahen Campingplätzen.

CAMPINGPLATZ: Rund um Avignon gibt es einige Campingplätze. Auf der Rhône-Insel Île de la Barthelasse liegen die Campingplätze »Bagatelle« und »Camping du Pont-d'Avignon« fast nebeneinander. Vom ganzjährig geöffneten Campingplatz »Bagatelle« sind es nur wenige Minuten bis zur Altstadt; unter Bäumen steht man hier im Schatten: Allée Antoine Pinay 25, F-84000 Avignon, Tel. +33/(0)490/86 30 39, www.campingbagatelle.com, GPS 43°57'9" N, 4°47'58" E.

INFOS: Avignon Tourisme, 6 rue pente rapide Charles Ansidei, 84008 Avignon, Tel. +33/(0)490/27 50 00, www.avignon-tourisme.com

TIPP: Gegenüber vom Papstpalast befindet sich das Musée du Petit Palais, ein gotischer Wehrbau aus dem 14. Jh. Hier lohnt sich die Besichtigung der umfangreichen italienischen Gemäldesammlung, die nach dem Louvre die größte in Frankreich ist (www.petit-palais.org).

34 CÔTE D'AZUR

MONDÄNE »BLAUE KÜSTE«

Zwischen dem Zwergstaat Monaco und der Camargue locken mondänes Flair und eine atemberaubende Küste alljährlich viele Urlauber an. Sie fühlen sich hier in Südfrankreich insbesondere in den herausgeputzten Städten wie Nizza, Cannes und natürlich St. Tropez auf Anhieb wohl. Entlang des rund 250 Kilometer langen Küstenabschnittes sind Reisemobilisten bestens aufgehoben.

Die Region Provence bzw. Provence-Alpes-Côte d'Azur, wie sie administrativ genauer bezeichnet wird, liegt im Südosten des Landes zwischen dem Rhône-Tal, den Alpen und dem Mittelmeer. Der Verwaltungssitz ist die Stadt Marseille. Der südliche Teil der Provence, der Küstenbereich, ist die Côte d'Azur. Ursprünglich hieß die östliche Region zwischen Cannes und der französisch-italienischen Grenze Riviera. Nach dem erfolgreichen Buch »Côte d'Azur« von Stéphen Liégeards, das 1887 veröffentlicht wurde, benannte man sie um. Mittlerweile wird der gesamte Küstenabschnitt der Provence zwischen Marseille im Westen und Menton im Osten als Côte d'Azur bezeichnet.

VIELFÄLTIGES LANDSCHAFTSBILD

An der Küste hat der Tourismus eine lange Tradition, und seit den 1930er-Jahren kommen nun auch die Wintertouristen, die hier bei milden Temperaturen »überwintern«. Unter ihnen sind auch Reisemobilisten, die sich auf den wenigen ganzjährig geöffneten Campingplätzen oder den Stellplätzen niederlassen. Das Landschaftsbild der »blauen Küste« ist sehr vielseitig; zu einem großen Teil dominieren steile Felsen, aber mittendrin befinden sich auch immer wieder kleine, idyllische Sandstrände, die mitunter einsam sind, denn viele Urlauber bevorzugen die stadtnahen Strände – am liebsten unterhalb der Promenaden. Danach flaniert man gern über die Promenade, vorbei an Palmen, mit dem Blick über das Mittelmeer.

WIE IM FILM

In Städten wie der Filmmetropole Cannes, dem lebendigen Nizza oder dem weltberühmten St. Topez fühlt sich der Urlauber stets als Zuschauer eines Stückes, in dem die High Society die Hauptrolle spielt und große Yachten, Luxushotels, traumhafte Villen und exklusive Geschäfte die Kulissen sind. Er erlebt die Côte d'Azur als krasse Gegenwelt zu seinem Alltag und sollte sein Augenmerk auf die grandiose Landschaft und auf das

Das Fischerdorf Sanary-sur-Mer gehört zu den Perlen an der Côte d'Azur (oben). In der Nähe des Zentrums kann man auf einem großen Parkplatz gut parken (unten). Während in Sanary-sur-Mer die bunten Boote im Hafen und die alten Häuserzeilen begeistern, wird man von der schroffen Küste im Süden der Halbinsel von Giens beeindruckt sein (rechte Seite).

Alltägliche, wie z. B. die zahlreichen Märkte, richten – dann wird er vom Zuschauer zum Akteur und erhält ein realistischeres Bild und keinen klischeehaften Eindruck. Ein wahrlich schönes Bild liefert z. B. das Esterel-Gebirge.

MASSIF DE L'ESTEREL

Zwischen den beiden Küstenorten Fréjus und Cannes erstreckt sich das Massif de l'Esterel, das sich gerade an der Küste sehr imposant zeigt. Hier fallen rote, bizarre Klippen steil ins Meer hinab und werden immer wieder von kleinen Badebuchten unterbrochen. An der Küste führt eine Autostraße entlang, die atemberaubende Ausblicke bietet. Hier parkt man sein Reisemobil auf einem der vielen Panoramaparkplätze und lässt seinen Blick über die zerklüftete Küste und über die Berge schweifen. Man sollte sein Wohnmobil allerdings nicht zu lange aus den Augen lassen, denn Einbrüche sind hier zahlreich!

Die höchsten Erhebungen des Massivs sind rund 600 Meter hoch. Das Gebirge, das überwiegend aus Porphyr besteht, ist auch bei Wanderern sehr beliebt.

FILMSTADT CANNES

Nach der reizvollen Fahrt an der Küste entlang setzt sich die Begeisterung dann in Cannes fort. Der weltberühmte Badeort ist durch die Filmfestspiele immer wieder im Gespräch. Einmal im Jahr wird der rote Teppich ausgerollt, und die Stars steigen im Blitzlichtgewitter aus ihren Limousinen und schweben die Treppen hinauf in den Filmpalast, das Palais de Festivals et de Congrés. Die Stadt steht beim 14-tägigen »Festival International du Film« kopf, und Bewohner und Reisende versuchen gleichermaßen einen Blick auf die Filmstars zu erhaschen. Die wirtschaftliche »Hauptrolle« hingegen spielt in Cannes der Tourismus. Seit 1834 zieht es die Reisenden in den Badeort, und heute haben sich auch wohlhabende Senioren hier niedergelassen. In teuren Eigentumswohnungen oder Villen verbringen zahlreiche Millionäre ihren Lebensabend.

Am lebendigsten geht es auf dem Boulevard de la Croisette zu. An der rund zwei Kilometer langen Promenade steht auch das schöne Luxushotel »Carlton«, das 1911 erbaut wurde. Die Promenade führt vorbei am Palast der Filmfestspiele zum alten Hafen (Vieux Port), in dem viele Luxusyachten liegen. Geht man nun in die Innenstadt, so sollte man durch die Rue d'Antibes laufen, denn hier reihen sich teure und interessante Boutiquen aneinander.

Weitaus günstigere Produkte, wie beispielsweise frische Lebensmittel, kann man in der schönen Markthalle Marché Forville kaufen. Nur wenige Schritte vom Hafen entfernt befindet sich die Allées de la Liberté, auf der täglich ein Blumenmarkt abgehalten wird, und am Samstag findet hier ein interessanter Trödelmarkt statt.

Im Altstadtviertel Le Suquet befindet sich die Burg aus dem 11. Jahrhundert mit dem Musée de la Castre, in dem antike Fundstücke zu sehen sind. In der Nähe steht die Kirche Notre-Dame de l'Espérence aus dem 16. Jahrhundert.

Mit dem Wohnmobil ist es nur eine kleine Etappe bis zum Badeort Juan-les-Pins, der bereits in dem Song »Where do you go to my lovely?« von Peter Sarstedt besungen wurde. Bekannt ist Juan-les-

Die Autostraße zwischen dem Meer und dem Esterel-Gebirge gehört sicherlich zu den schönsten Straßen Europas. Von den Parkplätzen hat man einen grandiosen Blick auf das Gebirge und das Meer (oben). Auf Anhieb wohl fühlt sich der Reisende in der Küstenstadt Menton (unten), die stadtnah erholsame Strände bietet.

Pins auch für seine prachtvollen Villen, für sein Nachtleben und für das Jazzfestival sowie für die Strände am Golfe Juan. Wenige Kilometer weiter erreicht man Antibes.

WO PICASSO MALTE

Nicht versäumen sollte man den Rundgang in Antibes, das auf eine lange Geschichte zurückblickt. Bereits im 4. Jahrhundert vor Christus wurde der Ort durch die Griechen gegründet. Antibes ist von einer mächtigen Mauer umgeben, und der Charme der mittelalterlichen Stadt zog zahlreiche Künstler an, unter denen die Maler Max Ernst und Pablo Picasso zu den berühmtesten zählen. Noch zu seinen Lebzeiten wurde im Château Grimaldi ein fantastisches Picasso-

Museum eingerichtet. In den oberen Räumen hat Pablo Picasso 1946 gearbeitet. Neben seinen Werken sind u. a. auch Arbeiten von Miró, Max Ernst und Léger zu bewundern.

Nur wenige Schritte weiter erreicht man den Markt auf dem Cours Masséna. Neben dem bunten Wochenmarkt wird auch ein Trödelmarkt auf dem Place Audiberti (Samstag und Donnerstag) abgehalten. Nördlich der Altstadt erstreckt sich der gigantische Yachthafen Port Vauban, der 1970 angelegt wurde und immerhin Platz für 1500 Boote bietet; er zählt zu den größten am Mittelmeer. Hier machen Privatyachten von der Größe eines kleinen Kreuzfahrtschiffs fest. Am Hafen entlang verläuft die Avenue du Verdun, ein reizvolles Pflaster zum Promenieren. Geht man

In Martigues-Carro steht man mit dem Wohnmobil direkt am Wasser (oben). Landschaftlich sehr reizvoll zeigt sich die Küste am Cap Sicié (unten). Hier sieht man Wassersportler und viele Paraglider. Im Yachthafen von Nizza haben kleine Fischerboote und große Luxusyachten festgemacht (links). Ein Spaziergang am Kai entlang ist sehr interessant.

Im Süden Frankreichs kommt keine Hektik auf. Frisches Brot kauft man in der »Boulangerie« (oben), und eine Tasse Kaffee gönnt man sich im Straßencafé (unten). Abends steuert man einen der vielen guten Campingplätze wie »Camping Parc des Maurettes« in Villeneuve-Loubet-Plage an (rechte Seite oben). Sehenswert: Antibes (rechte Seite unten).

weiter über die Avenue du 11. Novembre, erreicht man das Fort Carré, eine mächtige Festung aus dem 16. Jahrhundert.

METROPOLE NIZZA

Rund eine halbe Stunde dauert die Fahrt mit dem Wohnmobil von Antibes zur lebendigen Stadt Nizza. Für Nizza sollte der Reisemobilist einen ganzen Tag einplanen, denn zwischen Strand, Altstadt und Hafen gibt es jede Menge zu entdecken – kein Wunder, denn immerhin zählt die Metropole rund 350 000 Einwohner.

Nizza ist eine Sport-, Freizeit- und Kulturmetropole, in der auch der Karneval gefeiert wird. Aufgrund des großen Flughafens ist Nizza aus aller Welt gut zu erreichen. Darüber hinaus kommen auch viele Kreuzfahrttouristen. Sie alle sind von der schönen Altstadt, dem Gewirr von Gassen und Gässchen sowie von den malerischen Plätzen gleichsam begeistert.

Der Hauptplatz ist der Cours Saleya, heute ein lebendiger Blumenmarkt, der von unzähligen Restaurants und Cafés umgeben ist. Idyllisch ist auch der Place Rosseti mit der Kathedrale Sainte-Réparate (12. Jh.). Gern steuert man zudem die Jesuitenkirche Saint-Jacques aus dem 17. Jahrhundert an.

Von der Altstadt ist es nicht weit bis zur palmenbestandenen Strandpromenade, die aus dem Quai des État-Unis und der Promenade des Anglais besteht. Hier blickt man über die Köpfe der Badegäste auf das Meer. Nur wenige Schritte sind das berühmte Hotel »Negresco«, das Casino Ruhl, das Théatre de Verdure und die Oper entfernt.

Geht man hinauf auf den Schlossberg, erreicht man einen ruhigen Park und er-

freut sich am Blick über den riesigen Hafen, die Dächer der Stadt und den langen Strand.

Auch Kunstinteressierte kommen in Nizza auf ihre Kosten und können zwischen dem Musée d'art moderne et contemporain, dem Musée des Beaux-Arts, dem Musée Matisse und dem Musée Chagall wählen. Ein Superlativ ist der bekannte Blumenpark Parc Floral de Nice mit seinem großen Artenreichtum an Pflanzen und dem weltweit größten Gewächshaus.

WELTBERÜHMTES ST. TROPEZ

Im Vergleich zu Nizza ist St. Tropez mit rund 6000 Einwohnern ein Dorf, jedoch weit über die Landesgrenzen hinaus bekannt. In den beiden Häfen reihen sich blank geputzte Luxusyachten aneinander, auf denen die Eigner relaxen. Aber das war nicht immer so, denn in der ersten Hälfte des vorigen Jahrhunderts war St. Tropez noch ein beschauliches Fischerdörfchen, eingebettet in eine idyllische Landschaft mit altem Bauernland und Heidehügeln. Mit dem Jahr 1952 und dem in St. Tropez gedrehten Film »Und ewig lockt das Weib« mit der jungen Schauspielerin Brigitte Bardot änderte sich das Leben in dem Fischerdorf. Mit der High Society kamen auch Touristen. Am Hafen schlägt das Herz der Stadt, und hier flanieren und speisen auch die Gäste, und Künstler bieten ihre Bilder zum Kauf an.

NICHT VERPASSEN!

Neben den aufgeführten Städten wird man sich auch in anderen Städten gern mal umschauen, wie z. B. in Fréjus mit dem Amphitheater und der schmucken

Altstadt oder im benachbarten Badeort Saint-Raphael mit seinem schönen Sandstrand. Einladend präsentieren sich auch der noble Badeort Cassis und Ste-Maxime. Begeistert wird der Reisemobilist sein von dem gepflegten Städtchen Sanary-sur-Mer. Hier schaukeln im Hafen alte, farbenfrohe Fischerboote, die wunderbare Fotomotive abgeben.

ÎLES D'HYÈRES

Die vier Inseln der Inselgruppe Îles d'Hyères sind dem südlichsten Küsten-saum der Côte d'Azur vorgelagert. Hierbei ist die Insel Giens durch eine schmale Landzunge mit dem Festland verbunden. Wer mit dem Reisemobil die lohnenswerte Insel ansteuert, wird rechts des Damms in den Salinen zahlreiche Flamingos und Seidenreiher entdecken und einige Campingplätze passieren. Auf der Insel bzw. Halbinsel Giens sollte man auf dem Küstenwanderweg die reizvolle Küste entdecken. Gegenüber liegt die Île de Porquerolles, die man von La Tour-Fondue mit dem Schiff erreicht.

STELLPLATZ: Stellplätze findet man u. a. in La Gaillarde, Pampelonne, Cuges-les-Pines, Ramatuelle, Grimaud, Le Lavandou, Sainte-Maxime und Saint-Aygulf. Einen tollen Platz gibt es im Hafendorf Martigues-Carro, direkt an der Küste: Quai Jean Vérandy, F-13500 Martigues-Carro, Tel. +33/(0)4/42 42 31 10, www.martigues-tourisme.com, GPS 42°19'46" N, 5°2'24" E.

CAMPINGPLATZ: Campingplätze sind zahlreich! Empfehlenswert ist der gut ausgestattete »Camping Parc des Maurettes« in Villeneuve-Loubet-Plage. Hier steht man auf mehreren Ebenen unter hohen Bäumen, und zum Strand sind es nur wenige Hundert Meter: Avenue du Docteur Lefebvre 730, F-06271 Villeneuve-Loubet-Plage, Tel. +33/(0)4/93 20 91 91, www.parcdesmaurettes.com, GPS 43°37'52" N, 7°7'47" E.

INFOS: Atout France – Französische Zentrale für Tourismus, Zeppelinallee 37, 60325 Frankfurt/M. (kein Info-Telefon!), www.france.fr

TIPP: Appetit? Fisch- und Meeresfrüchte-Gerichte sind hier ein Muss, und die sehr schmackhafte Fischsuppe Bouillabaisse ist weltbekannt.

35 ZILLERTAL

SCHNEEVERGNÜGEN BEIM WINTERCAMPING

Wintercamping liegt voll im Trend, und die Kombination aus Wintersport und Camping macht Spaß! Das Zillertal im österreichischen Tirol bietet viele Pisten, Loipen, geräumte Winterwanderwege und Rodelstrecken. Einige urige Dörfer begeistern ebenso wie das gut erreichbare Innsbruck. Komfortable Wintercampingplätze garantieren einen erholsamen Winterurlaub.

Österreich hat viele lohnenswerte Skigebiete zu bieten. Sie verfügen meist über eine perfekte Infrastruktur für die Urlauber. Wer sich jedoch mit Skiern und Wohnmobil nach Österreich aufmacht, ist an gute Wintercampingplätze gebunden. Gleich mehrere stehen dem Reisemobilisten im Zillertal zur Verfügung.

Das Zillertal schließt sich südlich an das wesentlich größere Inntal an. Durchflossen wird es vom Fluss Ziller, der in den Inn mündet. Das Zillertal ist ein teilweise breites Kastental, dessen Talsohle sich auf einem Höhenniveau von 550 bis 630 Metern erstreckt. Der Fremdenverkehr hat in diesem Tal, heute eine beliebte Ferienregion, eine lange Tradition. Kein Wunder, denn mit den umliegenden Gebirgszügen der Zillertaler Alpen, einem Hochgebirge mit Gletschern, Bergriesen und gipfelreichen Kämmen, stößt der Reisende auf eine grandiose Landschaft – die man im Sommer als Wanderer und im Winter als Skifahrer bestens erschließen kann.

SKI HEIL!

Vom Tal geht es mit der Gondel hinauf in die aussichtsreiche Bergwelt mit den Skigebieten Hochzillertal-Hochfügen, Spieljoch, Penken, Ahorn, Gerlosstein und Zillertal Arena. Mit dem »Zillertaler Super Skipass« geht es dann »berührungslos« durch die Drehkreuze und ab auf die Piste. Insgesamt befördern 172 Anlagen den Skifahrer bergaufwärts, der sich dann über 668 Pistenkilometer freuen kann. Bei diesen Vorzügen gehören die Abfahrtsskier auf jeden Fall ins Staufach des Wohnmobils.

Aber auch Langläufer kommen hier auf ihre Kosten. Auf zahlreichen gespurten Loipen kann man das Tal entdecken. Eine Besonderheit ist die Höhenrundloipe, die immerhin auf einer Höhe von 2135 Metern liegt.

Viel Freude bereitet auch das Rodeln, und so ist man auf Rodelstrecken mit einer Gesamtlänge von 13,7 Kilometern, die teilweise beleuchtet sind, unterwegs. Nach dem Pistenspaß oder mal als erholsame Alternative lockt die Erlebnistherme Zillertal in Fügen.

Mit der Gondel geht es hinauf in das Skigebiet Hochzillertal (oben). Ausflüge kann man mit der historischen Eisenbahn unternehmen (unten). Wer dennoch mit dem Reisemobil unterwegs ist, sollte stets Schneeketten an Bord haben (rechte Seite oben). In dem Skigebiet Hochzillertal sind dann gewachste Skier, Kondition und eine gute Stimmung gefragt (rechte Seite unten).

URIGE DÖRFER

An seinem Ende teilt sich das Zillertal in die vier Seitentäler Zillergrund, Stillupgrund, Zemmgrund und Tuxertal. Hier liegt der bekannte Wintersportort Mayrhofen. Zahlreiche Geschäfte, Gastronomie, Kongresshalle und Gondelbahnstation direkt im Ort prägen das lebendige Städtchen. An Neujahr wird das traditionelle Pferderennen veranstaltet. Wesentlich ruhiger geht es in Dörfern wie Aschau, Zell am Ziller oder im Luftkurort Fügen zu, wo das Schloss und die gotische Pfarrkirche (1497) sehenswert sind. Die Fügener Familie Rainer komponierte das Lied »Stille Nacht, heilige Nacht«. In Zell am Ziller befindet sich die bereits um 1500 gegründete Brauerei. Aschau und Stumm bieten einen netten Dorfkern mit vielseitiger Gastronomie, und in Uderns stehen noch einige alte massive

Bauernhäuser. Mondän präsentiert sich die Stadt Innsbruck, die als Ausflugsziel einfach zu erreichen ist.

UNTERWEGS MIT BUS UND BAHN

Im Zillertal kann man das Wohnmobil getrost auf dem Campingplatz stehen lassen, denn zu den Skigebieten fährt man ohnehin am bequemsten mit dem kostenlosen Skibus. Wer darüber hinaus den schönen Orten einen Besuch abstatten möchte, kann eine Wanderung auf den geräumten Wegen unternehmen oder natürlich ebenfalls die Busse nutzen. Gut unterwegs ist man auch mit der Zillertalbahn, die neben den modernen Zügen auch noch eine historische Dampflok, eine Schmalspurbahn, im Einsatz hat. Gerade an Samstagen, wenn im Tal der »Bettenwechsel« ansteht, ist man mit dem Zug stress- und staufrei unterwegs.

STELLPLATZ: Stellplätze sind rar im Zillertal. Lediglich das Hotel Rissbacher Hof in Stumm stellt einige Stellplätze bereit.

CAMPINGPLATZ: Campingplätze befinden sich in Fügen, Kaltenbach, Zell am Ziller und Mayrhofen. Der Campingplatz »Erlebnis Comfort Camping Aufenfeld« am Ortsrand von Aschau lässt keine Wünsche offen und bietet sich bestens für die kalte Jahreszeit an. Eine ansprechende Wellnesslandschaft und ein Schwimmbad sorgen für das Wohlbefinden im Winter. Die Stellplätze sind eben, und neben Restaurants und Supermarkt stehen auch ein Übungslift und ein Skiverleih zur Verfügung. Der Skibus hält direkt am Platz: Aufenfeldweg 10, A-6274 Aschau, Tel. +43/(0)5282/29 16, www.camping-zillertal.at., GPS 47°15'48'' N, 11°53'58'' E.

INFOS: Zillertal Tourismus GmbH, Bundesstr. 27d, A-6262 Schlitters, Tel. +43/(0)5288/871 87, www.zillertal.at

TIPP: Neue Bewegungserfahrungen macht man in der modernen Kletterhalle »Kletterzentrum Zillertal«. Sie befindet sich in Aschau, angrenzend an den Campingplatz »Aufenfeld« (www.kletterzentrum-zillertal.at).

Luzern bietet viele Attraktionen! Dazu gehört ein Schiffsausflug auf dem Vierwaldstätter See (oben) ebenso wie ein Besuch der Hofkirche (unten). Allerdings lohnen sich auch Ausflüge mit dem Wohnmobil. Die Kapellbrücke ist das Aushängeschild der Stadt (rechte Seite unten). Ein guter Ausgangspunkt ist Camping Lido in Luzern, unweit des Sees (rechte Seite oben).

36 LUZERN

ALPENPANORAMA AM VIERWALDSTÄTTER SEE

Luzern gehört zu den schönsten Städten der Schweiz und hat eine reizvolle Lage am Vierwaldstätter See. Das Alpenpanaroma macht das Stadtbild perfekt. Im Herz der makellosen Altstadt genießt man in den Gassen, auf den schönen Plätzen und den berühmten Brücken den idyllischen Charme. Über die tolle Uferpromenade geht es zum Campingplatz.

Rund 58 000 Menschen leben in der Kantonshauptstadt des gleichnamigen Kantons. Sie ist die wirtschaftliche, politische und kulturelle Drehscheibe der Zentralschweiz. Die Lage am westlichen Ende des Vierwaldstätter Sees, umgeben von den Bergen Rigi, Bürgenstock und Pilatus, ist herrlich.

Die Stadtgeschichte lässt sich bis in das 8. Jahrhundert zurückverfolgen; so wurde 735 das Benediktinerkloster St. Leodegar gegründet. Viele historische Bauwerke gibt es zu bestaunen. Aushängeschild ist die grandiose Altstadt, durch die der Fluss Reuss fließt und die unvergleichliche Atmosphäre untermalt.

Der Reisemobilist steuert am bestens erst den »Camping Lido« an und erfreut sich dann an dem Spaziergang über die schöne Uferpromenade bis in die Altstadt.

BUMMEL IN DER ALTSTADT

Es macht großen Spaß, durch die Altstadt zu schlendern und auf die beachtlichen Bauwerke zu blicken. Zu denen gehört zweifelsfrei das moderne Kultur-

zentrum KKL Luzern mit futuristischer Architektur, das die Handschrift des Architekten Jean Nouvel trägt. Nur wenige Schritte sind es bis zum Ufer der Reuss und zur berühmten Kapellbrücke. Sie ist die älteste Holzbrücke Europas und wurde um 1300 in Verbindung mit den Wehranlagen errichtet. Daneben steht der Wasserturm, einstige Schatzkammer, Wehrturm und Gefängnis.

Am anderen Ufer, nur wenige Meter entfernt, steht das Rathaus, das 1606 im italienischen Renaissancestil errichtet wurde. Das benachbarte Am-Rhyn-Haus ist ein ebenfalls prachtvolles Renaissancegebäude. Nur wenige Meter sind es bis zum Hirschenplatz mit seinen kunstvoll bemalten Gebäuden. Ein anderer schöner Platz ist der Weinmarkt, ein einstiger Gerichtsplatz mit dem interessanten Weinmarktbrunnen. Unweit steht die Spreuerbrücke, die um das Jahr 1400 errichtet wurde. In der Mitte der Brücke hat man einen grandiosen Ausblick auf die Altstadt und hinauf zur alten Stadtmauer, der Museggmauer, mit ihren Stadttürmen. Die

Türme Schirmer-, Männli- und Zytturm können besichtigt werden.
Am Kasernenplatz befinden sich einige historische Gebäude sowie der beachtliche Zeughausbrunnen mit der Sagenfigur »Wilder Mann«. Unweit davon steht die Jesuitenkirche (1669), eine stattliche Barockkirche mit wertvollem Inventar und einer Rokoko-Ausstattung von 1750. An die Kirche schließt sich der Ritter'sche Palast an, ein sehenswerter Renaissancebau. Eine weitere wichtige Kirche ist die Hofkirche, das bedeutendste sakrale Bauwerk der Renaissance in der Schweiz. Unterhalb des Kirchenhügels steht mit dem Rothenburgerhaus (1500) eines der ältesten bürgerlichen Wohnhäuser des Landes. Nicht versäumen sollte man den Besuch des Löwenplatzes, an dem sich in einem Rundbau ein rund 1000 Quadratmeter großes Rundgemälde befindet. Sehenswert ist auch das Löwendenkmal mit dem bereits 1821 in den Fels gehauenen

sterbenden Luzerner Löwen. In der Nähe des Löwen liegt der interessante Gletschergarten.

AUFSCHLUSSREICHE MUSEEN

Luzern bietet viele sehenswerte Museen, wie z. B. das Naturmuseum oder das Historische Museum, das über die Stadtgeschichte informiert. Ein Besuch lohnt sich auch im Richard-Wagner-Museum, das an den großen Komponisten erinnert und in seinem ehemaligen Wohnhaus auf der Halbinsel Tribschen untergebracht ist. Weitere Museen sind das Kunstmuseum Hans-Erni-Museum und das Kunstmuseum »Sammlung + Picasso Donation Rosengarten«. Ein besonderes Museum ist das Verkehrshaus, in der Nähe des Campingplatzes, das rund um die Verkehrsmittel informiert und auch ein Planetarium bietet. Anschließend kann man am Strand des benachbarten Bades bestens relaxen!

STELLPLATZ: Im Stadtgebiet von Luzern gibt es keinen Stellplatz. Aber rund 20 km östlich, am nördlichen Ufer des Vierwaldstätter Sees, befindet sich einer bei einem Bauernhof in Weggis-Gerbeweid: Eichistrasse, CH-6353 Weggis-Gerbeweid, Tel. +41/(0)41/390 15 74, GPS 47°2'20'' N, 8°24'51'' E.

CAMPINGPLATZ: »Camping Lido« hat eine ideale Lage: Zur Promenade am Seeufer und zum Schwimmbad sind es nur 100 m und zum Verkehrshaus nur 300 m. Der Vier-Sterne-Campingplatz hat ganzjährig geöffnet: Lidostr. 19, CH-6006 Luzern, Tel. +41/(0)41/370 21 46, www.camping-international.ch, GPS 47°03'00'' N, 8°20'16'' E.

INFOS: Luzern Tourismus AG, Bahnhofstr. 3, CH-6002 Luzern, Tel. +41/(0)41/227 17 17, www.luzern.com

TIPP: Die »Goldene Rundfahrt«: Mit dem Schiff geht es von Luzern nach Alpnachstad und weiter mit der weltweit steilsten Zahnradbahn auf den Berg Pilatus (2132 m). Nach dem Genuss des atemberaubenden Panoramas fährt man mit der Gondel wieder hinunter nach Kriens und mit dem Bus zurück nach Luzern (www.pilatus.ch).

37 ENGADIN

GRANDIOSE BERGWELT IN GRAUBÜNDEN

Mit dem Reisemobil ist man im Schweizer Kanton Graubünden bestens unterwegs. Besonders lohnenswert ist eine Reise durch das idyllische Engadin. Kleine, malerische Orte oder das weltberühmte St. Moritz ziehen den Reisenden schnell in ihren Bann. Die grandiose Bergwelt lässt die Herzen höherschlagen, und ein Besuch des einzigartigen Schweizerischen Nationalparks wird noch lange im Gedächtnis bleiben.

Mitten im Herz von Europa liegt die Schweiz mit ihrer wunderbaren Bergwelt und den vielen prächtigen Städten. Sie lockt mit zahlreichen landschaftlich attraktiven Reiseregionen, und so mancher Reisemobilist hat hier die schwere Entscheidung zu treffen, welchen der 26 Kantone er bereisen soll.

Ganz oben auf der Liste sollte der flächenmäßig größte Kanton Graubünden stehen, denn er begeistert mit Höhenzügen und herrlichen Tälern. Zu den schönsten Tälern gehört zweifelsfrei das Engadin, das vom Inn durchflossen wird und sich in Ober- und Unterengadin gliedert. Ob im breiteren Tal des Oberengadins oder im schmaleren Unterengadin – der Reisemobilist findet hier viele naturnahe Campingplätze und einige Stellplätze. Gut ist auch das Angebot an Aktivitäten in der grandiosen Natur.

»ALLEGRA«!

Im Engadin wird auch heute noch u. a. Rätoromanisch gesprochen. Neben Deutsch, Französisch und Italienisch ist Rätoromanisch die vierte offizielle Amtssprache in der Schweiz. So begrüßt man sich mit einem freundlichen »Allegra«.

Der Sommer ist die perfekte Reisezeit, jedoch bringt der Herbst die schönsten Farben hervor, und in so mancher alten Gasse wird es dann spürbar ruhiger. Gerade Stille, Ruhe und natürlich die grandiose Natur genießt man besonders im Schweizerischen Nationalpark, dem einzigen Nationalpark der Schweiz.

SCHWEIZERISCHER NATIONALPARK

Bereits im Jahr 1914 wurde der Nationalpark gegründet und eine alpine Wildnislandschaft unter Schutz gestellt. Wer dieses ursprüngliche Fleckchen in der Schweiz mit der besonderen Flora und Fauna genauer unter die Lupe nehmen möchte, sollte vorher das informative Nationalparkhaus in Zernez besuchen. Inmitten des modernen, kubusförmigen Bauwerks werden dem Besucher sehr anschaulich das Leben

Im Oberengadin gehört St. Moritz zu den elitären Orten (oben). »Camping Silvaplana« liegt direkt am Silvaplanasee (rechte Seite). Das Engadin bietet auch viele kulturelle Highlights. So sollte man sich den urigen Dörfern widmen. Hier scheint die Zeit stehen geblieben zu sein. Ein gutes Beispiel ist das Dorf Zuoz (unten) mit seinen prächtigen Häusern.

und die Natur des Nationalparks nahegebracht.

Nach der Theorie sollte die Praxis nicht lange auf sich warten lassen, und so geht es dann auf Schusters Rappen durch den Nationalpark. Auf gut markierten Wanderwegen ist man unterwegs und kann so manche urige Berghütte ansteuern. Im Val Trupchun oder im Val Mingèr hält man Ausschau nach Adler, Bartgeier, Luchs, Gams, Steinbock oder Tannenhäher, dem Wappentier des Nationalparks. Erspäht man hier einen Steinbock oder vielleicht einen Braunbären, wird die Reise bestimmt unvergessen bleiben.

AKTIV UNTERWEGS IM ENGADIN

Im Engadin ist das Wandern ein Muss, und so gehören in den Staukasten des Wohnmobils auf jeden Fall die Wanderschuhe. Neben dem festen und guten Schuhwerk benötigt der Reisende aber auch die richtige Ausrüstung, die entsprechende Zeit und die nötige Kondition. Belohnt wird man während einer reizvollen Wanderung stets mit herrlichen Blicken ins Tal oder auf die atemberaubenden Berge.

Im Engadin stößt man auf ein umfangreiches Netz an Wanderwegen. Hierbei kann man ganz nach Lust und Laune die entsprechende Wanderung wählen: Das Angebot reicht von erholsamen Spaziergängen – z. B. rund um den malerischen St. Moritzer See oder entlang des Silvaplanasees – bis hin zu ausgiebigen Etappen auf dem Fernwanderweg »Via Engiadina«, der auf der sonnenreichen

Camping in Zernez mit Blick auf die Bergwelt (oben). Lohnenswert ist eine Wanderung in den Schweizerischen Nationalpark (Mitte und unten). Generell lohnen sich Wanderungen im Gebirge oder etwas kräfteschonender am Silvaplanasee, dann passiert man auch das burgartige Schloss Crap da Sass (rechts).

nordwestlichen Seite des Tals verläuft. Ein herrlicher Abschnitt verbindet die Orte Guarda und Scuol.

Wer sich eine Auszeit von den Wanderungen gönnen möchte, sollte sich den schönen Orten im Engadin widmen, allen voran dem weltberühmten St. Moritz.

ST. MORITZ IM OBERENGADIN

In dem beliebten Sommer- und Wintersportort hört und spricht man die Sprachen aus aller Herren Länder. St. Moritz im Oberen Engadintal hat sich zu einem Ziel der Reichen und Schönen entwickelt. Hier hat der Tourismus eine lange Tradition, und nach der Austragung der Olympischen Winterspiele in den Jahren 1928 und 1948 ist das heute rund 6000 Einwohner zählende Städtchen in der ganzen Welt bekannt. Auf einer Höhe von immerhin 1850 Metern erstreckt sich das Örtchen oberhalb vom schönen St. Moritzer See, auf dem im Sommer Regatten und im Winter Pferderennen veranstaltet werden. Wer nicht die Straßen hinaufgehen möchte, steigt zunächst die Treppe an der Seepromenade hoch und blickt von der Aussichtsplattform über den malerischen See. Danach befördern zahlreiche Rolltreppen den Gast durch die »St. Moritz Design Gallery« ins Stadtzentrum. Von der Rolltreppe blickt man auf zahlreiche Fotografien, die von der Geschichte des Fremdenverkehrsorts erzählen. Im Zentrum gibt es zahlreiche exklusive Geschäfte und Luxushotels, die in erster Linie die Reisenden der High Society ansprechen werden. Zwei Kirchtürme gehören zu den besonderen Bauwerken, und so fällt der schiefe Turm der Mauritiuskirche ins Auge. Am See steht die katholische Kirche, deren Turm an einen ty-

pischen italienischen Campanile erinnert. Zu den touristischen Attraktionen gehört auch die Bergbahn, die auf den Berg Piz Nair fährt. Dort hat man in einer Höhe von beachtlichen 3057 Metern ein atemberaubendes Panorama.

Eine weitere Attraktion von St. Moritz ist der legendäre »Bernina-Express«, in den man u. a. im St. Moritzer Bahnhof zusteigen kann.

MIT DEM »BERNINA-EXPRESS« NACH ITALIEN

Die Fahrt mit dem Reisemobil durchs Engadin bereitet viel Freude. Wer jedoch das treue Gefährt mal stehen lassen und trotzdem viel Neues entdecken möchte, sollte sich eine Fahrt mit dem legendären »Bernina-Express« gönnen.

Eine atemberaubende Etappe ist die zweieinhalb Stunden lange und grenzüberschreitende Strecke von St. Moritz ins italienische Örtchen Tirano. Hierbei überwindet der rote Zug mit den großen Panoramascheiben den Bernina-Pass mit einer Höhe von 2252 Metern und stoppt erst wieder im mediterranen Tirano auf einer Höhe von 429 Metern. Der spannende Blick aus dem Zug auf die verschneite Bergwelt und die Gletscher ist ebenso abenteuerlich wie die Fahrt durch Tunnel und über Kreisviadukte. Die Strecke gehört zu den steilsten Bahnstrecken (ohne Zahnradantrieb) der Welt, und so beträgt die Steigung bis zu sieben Prozent.

Generell ist man im Oberen und im Unteren Engadintal bestens mit der Bahn unterwegs. Die roten Rätischen Bahnen sind pünktlich, verlässlich und bringen den Reisenden bequem zu den nächsten Ausflugszielen, zu denen auch die urigen Dörfer gehören.

Die Weidewirtschaft hat im Engadin nur eine kurze Saison, denn die Winter sind lang. Im Sommer freut sich das Vieh dann über saftige Wiesen (oben). Sehr erfreut ist der Gast in St. Moritz über das Aussichtspodest, von dem man einen Blick über den kleinen See und die umliegenden Berge hat (unten).

GUARDA, ZUOZ UND ARDEZ

Die Etappen mit dem Wohnmobil im Engadin sind sehr kurz, und so sind es manchmal nur wenige Kilometer bis zum nächsten Ort. Hier heißt es dann einen geeigneten Parkplatz finden und dem Dorf einen Besuch abstatten. So schlendert der neugierige Besucher im Engadin durch kleine, malerische Orte, die man auf Anhieb als einzig- und großartig beschreiben könnte.

Unvergessen wird der Besuch des authentischen Örtchens Guarda sein, das am Hang liegt. Hier scheint die Zeit stehen geblieben zu sein, denn Guarda wirkt wie eine riesige Filmkulisse für einen sorgenfreien Heimatfilm. Der ganze Ort präsentiert sich wie ein großes Freilichtmuseum, und so ist es auch nicht verwunderlich, dass Guarda als »Ortsbild mit nationaler Bedeutung« geadelt wurde. Über altes Kopfsteinpflaster, mit Stallgeruch in der Nase, schlendert man an verputzten Bauernhäusern vorbei. Die stattlichen Engadinhäuser präsentieren sich mit prächtigen »Wandmalereien«. Diese regional typischen Malereien bzw. Dekorationen sind das schöne Ergebnis einer Kratztechnik, die »Sgraffito« genannt wird. Ursprünglich aus Italien stammend, erlebte das Sgraffito im Engadin seine Blüte. Nicht nur die kunstvoll verzierten alten Häuser sind ein Blickfang, sondern auch die malerischen Plätze und die alten Kirchen. Inmitten der alten Plätze stehen Brunnen, aus denen immer noch klares Wasser sprudelt. Ein gutes Beispiel dafür ist der Bärenbrunnen in Zuoz. Hier schlägt das Herz der Stadt, und fotogene Häuser bilden ein unvergleichliches Ensemble. Ins Auge fällt das stolze Hotel »Crusch Alba«, das

schon 1499 errichtet wurde und mit einem vergoldeten Balkongeländer aufwarten kann.

In Ardez gehört das Bild des »Sündenfalls«, das Adam und Eva zeigt, zu den eindrucksvollsten Bildern an den Engadinhäusern. Dann verlässt man das urige Dorf und läuft wenige Schritte bergauf zur Burgruine Steinsberg. Sie hat eine erhabene Lage auf einem Felshügel und wurde bereits im Schwabenkrieg im Jahr 1499 zerstört. Vor dem historischen Mauerwerk sitzt der Reisemobilist und kann sich am grandiosen Ausblick auf das Untere Engadintal erfreuen. In weiter Ferne ist das weiße Schloss Tarasp zu sehen, das man ebenfalls ansteuern sollte.

ZUM SCHLOSS TARASP

Mit dem Wohnmobil ist es erneut nur eine kurze Etappe zum Schloss Tarasp, das man mittlerweile über die neue Brücke besser erreichen kann. So fährt das Reisemobil in schwindelnder Höhe über den Inn und gelangt nach wenigen Kilometern ins Örtchen Tarasp. Hier stellt man das Wohnmobil ab und geht hinauf zum Schloss. Es wurde bereits im 11. Jahrhundert auf einem Schieferfelsen in rund 1500 Meter Höhe errichtet. Inmitten der mächtigen Mauern befindet sich heute ein Museum, das über die Bündner und die Tiroler Wohnkultur informiert. Bei einer Schlossführung erfährt der Besucher viel Interessantes über das imposante Schloss und wird sicherlich von der großen Holzorgel mit ihren 3000 Pfeifen begeistert sein.

Nicht weit ist es von hier nach Scuol, das mit einer schönen Altstadt, einigen Geschäften sowie Stell- und Campingplatz lockt.

Unterhalb von St. Moritz, direkt am See, kann man am Segelclub eine Pause einlegen (oben). Viele Tafeln weisen auf die guten Wandermöglichkeiten hin (Mitte). Nicht versäumen sollte man den Besuch von Zernez (unten) und des stattlichen Schlosses von Tarasp (rechte Seite Mitte). Direkt am See liegt der Campingplatz »Camping Silvaplana« (rechte Seite oben).

AUSFLUG INS BERNINA-TAL

Ebenfalls begeistert sein wird man vom Bernina-Tal, einem Nebental, und dort gern das alpine Zentrum Pontresina ansteuern. Stattliche Hotels weisen auch hier unmissverständlich darauf hin, dass der Tourismus eine wichtige Einnahmequelle ist. 1961 wurde hier eine der ersten Schweizer Bergsteigerschulen eingerichtet, und allmählich mauserte sich der Ort zu einem alpinen Zentrum des Bergsports. Wer hier nicht so hoch hinaus möchte,

wird sicherlich im neuen Klettergarten saubere »Höhenluft« schnuppern können. Nur wenige Kilometer von Pontresina entfernt, lohnt sich die Übernachtung auf dem Campingplatz »Camping Plauns«. Hier steht man inmitten einer grandiosen Bergwelt auf einer Höhe von immerhin 1870 Metern und blickt auf den Morteratschgletscher und den Piz Palü. Nirgendwo in Europa kann man mit dem Wohnmobil höher übernachten als auf diesem naturnahen Campingplatz!

STELLPLATZ: Stellplätze sind eine Rarität im Engadin. Der Campingplatz »Camping Sur En« (nahe des Orts Sent-Sur-En) bietet einen direkt nebenan. Ebenfalls wurde neben dem Campingplatz in Scuol ein Stellplatz eingerichtet; hier steht das Reisemobil auf ebenen Asphaltplätzen: »Camping Gurlaina«, 7550 Scuol, Tel. +41/(0)81/864 15 01, www.campingtcs.ch, GPS 46°47'28" N, 10°17'54" E.

CAMPINGPLATZ: Im Engadin stößt man auf einige gute Campingplätze. Reizvoll und naturnah steht man u. a. in Cinuos-Chel, Morteratsch, Samedan, Scuol, Sent-Sur-En, Silvaplana, St. Moritz, Zernez oder Zuoz. Ein besonderer Platz ist der »Camping Morteratsch« inmitten einer grandiosen Bergwelt, nahe Morteratsch im Berninatal auf einer Höhe von 1870 m: Plauns 13, 7504 Pontresina, Tel. +41/(0)81/842 62 85, www.camping-morteratsch.de, GPS 46°27'38" N, 9°56'13" E.

INFOS: Schweiz Tourismus, Rossmarkt 23, 60311 Frankfurt/M., kostenlose Hotline Tel. 00800/100 200 29, info@myswitzerland.com, www.MySwitzerland.com

TIPP: In Scuol lohnt sich der erholsame Besuch des Thermalbads »Engadin Bad Scuol« (www.cseb.ch).

38 GENFER SEE

MONDÄNES GENF UND LAUSCHIGE WEINTERRASSEN

Der Genfer See ist der größte See der Schweiz und ein wunderbares Reiseziel. Zwischen Bergen und dem klaren See steht man auf guten Campingplätzen und freut sich auf die Rundgänge in mondänen Städten wie Genf, Lausanne, Vevey oder Montreux. Abseits der grandiosen Städte wird es in den Bergen oder im Lavaux, mit seinen Weinterrassen, weitaus ruhiger.

Rund um den großen Genfer See liegen schmucke Städte wie Coppet (oben), das über ein Schloss aus dem 18. Jahrhundert verfügt. Darüber hinaus kann man mit dem Ausflugsschiff in Coppet ablegen und Städte wie Genf ansteuern. Wer über das nötige Kleingeld verfügt, kann hier ausgiebig einkaufen. Zahlreich sind hier Delikatessengeschäfte (unten)!

Bei der Wohnmobilreise entlang des Genfer Sees (frz. Lac Léman) hat man den See stets im Blick, denn die schöne Uferstraße verbindet tolle Städte. Der malerische Genfer See erstreckt sich sichelförmig im äußersten Westen der Schweiz, dem französischsprachigen Teil. Er wird von der Rhône durchflossen, die im östlichen Teil in den See fließt und bei Genf wieder austritt. Mit einer Wasserfläche von 582 Quadratkilometern ist er der größte der rund 600 Schweizer Seen. Hierbei liegt der französische Anteil am See bei 212 Quadratkilometern. Am See befinden sich die Kantone Waadt und Genf. Der 72 Kilometer lange See liegt 371 Meter hoch und hat eine maximale Tiefe von 310 Metern. Die großen Wassermassen sind dafür verantwortlich, dass er sich im Sommer nur mäßig erwärmt und daher nicht zu einem ausgiebigen Bad einlädt. Neben Wassersport, Wandern und Radfahren bieten sich auch Stadtbesichtigungen an. Hierbei darf man einen Rundgang in Genf nicht versäumen.

WELTOFFENES GENF

Wer durch Genf (188 000 Einwohner) spaziert, wird begeistert sein und auf Anhieb erkennen, was die Stadt ausmacht. Sie ist eine äußerst wohlhabende Metropole – angeblich sollen hier mehr Millionäre als Arbeitslose leben. Teure Autos, exklusive Geschäfte und beeindruckende Häuser sind wenige der vielen Merkmale der »kleinsten Weltstadt«, wie sich Genf (frz. Genève) selbst bezeichnet. Berühmtheiten wie Jean-Jacques Rousseau, Calvin, Voltaire und Henry Dunant lebten und wirkten in Genf (Dunant gründete hier 1854 das Internationale Rote Kreuz). Sie ist die westlichste Stadt des Landes und nur wenige Kilometer von Frankreich entfernt. So ist es nicht verwunderlich, dass man hier ein französisches Flair genießt. Die Lage am westlichen Ufer des Genfer Sees und das gute kulturelle Angebot sorgen für eine hohe Lebensqualität. Die UNO und das Internationale Rote Kreuz haben ihren Sitz in Genf, und zahlreiche Messen (u. a. der Genfer Autosalon) und Kongresse werden hier abgehalten.

Bereits in vorchristlicher Zeit war der Raum zwischen Rhône und See besiedelt. Nach den Kelten zog es die Römer um das Jahr 120 v. Chr. in die Siedlung, die sie Geneva nannten.

Wahrzeichen der Stadt ist die 140 Meter hohe Wasserfontäne Jet d'Eau, auf die man von den Uferpromenaden aus blickt. Vom Quai du Mont-Blanc und am Quai Wilson schaut man jedoch auch in die Auslagen der Schmuckgeschäfte oder stöbert in den Boutiquen. Danach geht es in die Altstadt, die mit ihren verwinkelten Gassen und ihren vielen Prachtbauten wie der Kathedrale St. Pierre besticht. In der Nähe befindet sich der Place du Bourg-de-Four, der schönste und älteste Platz der Stadt. Nur wenige

Schritte sind es bis zum Museum für Kunst und Geschichte mit archäologischen Sammlungen, einer Altertümersammlung sowie einer Gemälde- und Skulpturengalerie. Sehenswert ist auch das Rathaus, das mehrere Bauwerke aus dem 16. und 17. Jahrhundert umfasst, die sich mit den schönen Laubengängen um einen reizvollen Innenhof reihen. Nicht weit ist es zur lebendigen Fußgängerzone mit vielen interessanten Geschäften. Durch diese verkehrsberuhigten Einkaufsstraßen gelangt man zur Rhône und zur Insel Quai de l'Ile. Hier befindet sich eine alte Markthalle mit einem Kulturzentrum. Eine Pause sollte man im reizvollen Park Jardin Anglais einlegen, wo man auch die farbenfrohe Blu-

Eine hochrangige Sehenswürdigkeit ist das prächtige Schloss Chillon, das Mitte des 12. Jahrhunderts errichtet wurde (oben). Ein Besuch wird ebenso in bester Erinnerung bleiben wie eine Ballonfahrt, die in Château d'Oex beginnt (links). Nach den ereignisreichen Tagen kann man z.B. am naturnahen Campingplatz »Camping Pointe à la Bise« ausspannen (unten).

Von der Kathedrale hat man den besten Überblick über die Metropole Genf und den See (oben). Eine besondere Attraktion in der Region ist das 1933 eröffnete Olympische Museum in Lausanne, in dem man viel erfolgreiches Inventar besichtigen kann (unten). Weniger sportlich ist die Fahrt durch die umliegende Bergwelt (rechte Seite).

menuhr bewundern kann. Die Herstellung von Uhren hat in Genf eine lange Tradition, und so lohnt sich ein Besuch des Uhrenmuseums. Eine weitere schöne Parkanlage liegt am Quai du Mont-Blanc, mit tollem Blick auf die Stadt, das Alpenpanorama und die vielen Wassersportler und Ausflugsschiffe.

MIT DEM REISEMOBIL AM SEE ENTLANG

Mit dem Wohnmobil fährt man am besten über die Uferstraße und sollte in den schmucken Städtchen Coppet und Nyon eine Pause einlegen.

Nyon ist bekannt wegen seiner Konzerte auf den vielen Freiluftbühnen – Freunde von Rock und Klassik werden hier auf ihre Kosten kommen. Das Städtchen wurde bereits von den Römern gegründet, und man sieht heute noch römische Zeugnisse. Dazu gehören Teile der Basilika, das Amphitheater und die Säulen im Park Bourg-de-Rive. Aus dem Mittelalter stammen trotz des irreführenden Namens die Cäsarturm (11. Jh.) und die reformierte Pfarrkirche. Schönstes Bauwerk ist das Schloss mit seinen fünf Türmen. Im Inneren sind das Historische Museum und das Porzellanmuseum untergebracht. Der Ausblick von der Schlossterrasse über den See bis zum Mont-Blanc-Massiv wird unvergessen bleiben.

Den nächsten Stopp sollte man auf jeden Fall in Rolle machen. Die Hauptattraktion des kleinen Weinhandelsstädtchens ist das Schloss Rolle, das im 13. Jahrhundert am Ufer des Genfer Sees erbaut wurde. Dann geht es zum Städtchen Morges. Vom Campingplatz spaziert der Reisemobilist durch einen reizvollen Park bis zur Altstadt, die zwischen See und Weinbergen eine schöne Lage hat und mit

schmucken Häusern, der barocken Pfarrkirche und dem spätgotischen Rathaus aufwartet. Sehenswert ist auch das Schloss, das Ludwig II. von Savoyen, Landesherr der Waadt, 1286 errichten ließ. Es beherbergt ein Militärmuseum sowie das Schweizer Zinnfigurenmuseum. In den Monaten April und Mai blühen rund 100 000 Tulpen im Parc l'Indépendance. Nicht versäumen sollte man einen Spaziergang über die aussichtsreiche, vier Kilometer lange Uferpromenade.

OLYMPISCHES LAUSANNE

Von Morges ist es nicht weit bis nach Lausanne. Rund 125 000 Bürger zählt die vielseitige Stadt, was sie zur fünftgrößten der Schweiz macht. Universität, Hochschulen, Privatschulen und das Schweizer Bundesgericht machen die Stadt ebenso bekannt wie das Internationale Olympische Komitee (IOC), das seit 1915 seinen Sitz in Lausanne hat. 1994 wurde sie zur Olympischen Hauptstadt gekürt, und so verfügt die Stadt über ein sehenswertes Olympisches Museum am Quai d'Ouchy. Weitere Attraktionen befinden sich in der reizvollen Altstadt, die rund 1,5 Kilometer vom Seeufer entfernt ist. Das Herz der historischen Altstadt markiert die frühgotische Kathedrale Notre-Dame, die 1275 von Papst Gregor X. geweiht wurde und die über ein wertvolles Inventar, wie z. B. das prächtige Rosenfenster (1240), verfügt. In der Bischofsburg, die zwischen dem 11. und 14. Jahrhundert erbaut wurde, sollte man sich im Stadtmuseum und im Kathedralenmuseum umsehen. Weitere beachtliche Bauwerke sind das Schloss St.-Marie und der markante große Palais de Rumine, ein Neorenaissancebau von 1906, mit einem von 20 Museen in

Mit der Bahn geht es hinauf auf den Berg »Les Pléiades« (oben). In Vevey blickt man an der Promenade auf die überdimensionale Gabel (Mitte). Eine schöne Promenade und kaufkräftige Gäste bietet Montreux (unten). Die Stadt Lausanne gehört ebenfalls zu den bevorzugten Zielen (rechte Seite unten). Eine Pause lohnt sich direkt am See (rechte Seite oben).

Lausanne. Hier lohnt sich der Besuch der interessanten Ausstellungen, u. a. zu den Themen »Archäologie«, »Zoologie«, »Geologie« und »Schöne Künste«.

Nur wenige Schritte sind es bis zum schönsten Platz der Stadt, dem Place de la Palud mit dem Gerechtigkeitsbrunnen von 1726 und dem schmucken Rathaus, das Ende des 17. Jahrhunderts errichtet wurde. Ein anderer schöner Platz ist der Place St.-Francois mit der Franziskanerkirche aus dem 13./14. Jahrhundert. Abrunden sollte man den Stadtrundgang mit einem Besuch des Botanischen Gartens und einem Spaziergang am Seeufer entlang, der dann auch zum Campingplatz »Camping de Vidy« führt. Am Ufer stößt man auf große Yachthäfen, das kleine Château d'Ouchy und den Schiffsanleger der Ausflugsschiffe. Wer mit dem Schiff in östliche Richtung ablegt, wird auf die Weinhänge des Lavaux blicken.

LAVAUX – WEINANBAU MIT TRADITION

Zwischen Lausanne und Vevey erstreckt sich das reizvolle Weinanbaugebiet, das sogar in die Weltkulturerbeliste der UNESCO aufgenommen wurde. In der Eiszeit schuf der mächtige Rhône-Gletscher die große Moräne. An ihren steilen Hängen begannen im 12. Jahrhundert Mönche die ersten Reben anzupflanzen; später wurden aufwendige Terrassen angelegt. Heute wird rund 80 Prozent Weißwein und 20 Prozent Rotwein gelesen. Mit einem kompakten Wohnmobil kann man gut durch die Weinberge fahren und über diese einzigartige Terrassenlandschaft hinunter zum Genfer See blicken. Vom Balcon du Léman, einem Aussichtspunkt beim Dorf Epesses, ist das Panorama atemberaubend. Über die

Straße »Route du Vignoble« sind die netten Weinorte zu erreichen.

MONTREUX UND VEVEY

Montreux ist bekannt für das »International Jazz Festival« und erfreut als gepflegter Kur- und Badeort jeden Gast. Das Städtchen versprüht mit Spielcasino, Grandhotels, prächtigen Bauwerken, exklusiven Geschäften und schließlich der blumenreichen, fünf Kilometer langen Promenade ein mondänes Flair. Gern lassen sich hier auch Prominente nieder, zu denen schon der legendäre »Queen«-Musiker Freddie Mercury zählte, dessen Statue an der Promenade steht. Gleich nebenan ragt eine hypermoderne Plattform über das Seeufer hinaus.

Nur wenige Kilometer weiter erreicht man das Schloss Chillon. Es thront ufernah im Wasser, wurde um 1150 errichtet und gehört zu den schönsten Schlössern des Landes.

Ebenfalls sehenswert ist das Städtchen Vevey, in dem der Nestlé-Konzern seinen Hauptsitz hat. Das informative Alimentarium hat sich der Geschichte von Nestlé und dem Thema »Essen und Kochen« verschrieben. In der Nähe steht eine kuriose überdimensionale Gabel im Wasser. Eine Statue, die Charlie Chaplin zeigt, erinnert an den berühmten Komiker, der in Vevey lebte. Das Herz der schönen Kurstadt schlägt am reizvollen Grand Place. An diesem Marktplatz steht auch das 1808 errichtete Kornhaus, ein Hallenbau mit großem Uhrenturm. Eine weitere Attraktion ist u. a. das Kunstmuseum Jenisch-Museum mit Werken Schweizer Künstler des 19. und 20. Jahrhunderts. Rund um Vevey lockt die Bergwelt, und so lohnt sich eine Zugfahrt auf den

1364 Meter hohen Berg Pléiades, von wo sich ein aussichtsreiches Wandergebiet erschließt.

ABSTECHER NACH CHÂTEAU D'OEX

Für kurze Zeit sollte man dem Genfer See den Rücken kehren und einen Abstecher nach Château d'Oex unternehmen. Dieses kleine Örtchen ist die »Hauptstadt der Ballonfahrer«. Hier starteten Bertrand Piccard und Brian Jones am 1. März 1999 ihre Nonstop-Ballonfahrt rund um die Welt. Ende Januar lockt ein unvergleichliches Ballonfestival die Interessierten aus aller Welt nach Château d'Oex. Dann kann man auch als Gast mitfahren – was mit den traumhaften Ausblicken über die Alpen und den Genfer See sicher zu einem unvergesslichen Erlebnis werden wird.

STELLPLATZ: Stellplätze sind am Genfer See rar. In Montreux, im Ortsteil Clarens, können wenige Wohnmobile an der Mehrzweckhalle »Salle Omnisport« stehen: Chemin du Pierrier, CH-1815 Montreux-Clarens, GPS 46°26'31'' N, 6°53'23'' E. www.montreuxriviera.com

CAMPINGPLATZ: Rund um den Genfer See gibt es ausreichend Campingplätze. Wenige Kilometer außerhalb von Genf sind »Geneva City Camping« und »Camping Pointe à la Bise« gute Adressen. Weitere befinden sich u. a. in Villeneuve, Morges und Rolle. Eine herrliche Lage am Rand von Lausanne hat der ganzjährig geöffnete »Camping de Vidy«: Chemin du Camping 3, CH-1007 Lausanne, Tel. +41/(0)21/622 50 00, www.clv.ch, GPS 46°31'3'' N, 6°35'53'' E.

INFOS: Schweiz Tourismus, Rossmarkt 23, 60311 Frankfurt/M., kostenlose Hotline Tel. 00800/10 0 200 29, info@myswitzerland.com, www.MySwitzerland.com www.geneve.ch

TIPP: Einen herrlichen Ausblick über Montreux und den Genfer See hat man vom 2042 m hohen Berg Rochers-de-Naye, der sich östlich von Montreux erhebt. Mit der alten Zahnradbahn geht's hinauf zum Gipfel (www.montreux-vevey.com).

39 PLATTENSEE

DAS MEER DER MAGYAREN

Der Plattensee in Ungarn ist der größte See in Mitteleuropa und zieht seit dem 18. Jahrhundert zahlreiche Touristen an. Er bietet unbeschwertes Badevergnügen, freundliche Städte wie Keszthly und Balatonfüred und eine schmackhafte und erschwingliche Küche. Entlang der rund 200 Kilometer langen Küstenlinie reihen sich viele empfehlenswerte Campingplätze aneinander.

Im Westen des Landes erstreckt sich der Balaton, wie er von den Ungarn genannt wird. Stolze 77 Kilometer ist er lang, und seine Breite variiert zwischen 1,5 und 14 Kilometern. Ähnlich variabel zeigt sich der See bei seiner Tiefe, die im Durchschnitt rund drei Meter beträgt. Der Ufersaum am Südufer ist sehr flach, und die tiefste Stelle hat der See bei Tihany mit »beachtlichen« elf Metern. Das flache Ufer macht ihn zu einem sicheren Badegewässer. Allerdings muss man oft mehrere Hundert Meter in den See hineinlaufen, bis man tatsächlich schwimmen kann.

Die geringe Tiefe ist auch dafür verantwortlich, dass sich der See schnell erwärmt, und so sind Wassertemperaturen von 25–27 °C in den Sommermonaten ganz normal. Hier herrscht ein kontinentales Klima mit heißen Sommern und strengen Wintern, sodass der See im Winter auch zufriert. Er ist eingebettet in eine malerische grüne Landschaft, die im nördlichen Teil von sanft erodierten Vulkankegeln bestimmt wird, während es am Südufer bretteben ist.

WASSERSPORT PAR EXCELLENCE

Auf dem 596 Quadratkilometer großen See fühlen sich die Wassersportler auf Anhieb wohl, und hierbei sind die Ungarn begeisterte Segler. Höhepunkt ist die mehrtägige Regatta »Blaues Band«, bei der unzählige Schiffe den See umrunden. Campingtouristen haben vielfach auf den Campingplätzen oder in den benachbarten Häfen die Gelegenheit, ein Boot zu chartern, oder sie bringen ihr eigenes Boot mit. Allerdings ist es verboten, mit Motorbooten zu fahren, und so herrscht am See eine himmlische Ruhe. Lediglich die Ausflugsschiffe sind motorisiert unterwegs und befördern die Touristen zu einem der reizvollen Städtchen.

SEHENSWERTE ORTE

Ob mit dem Ausflugsschiff, dem Wohnmobil, dem Motorroller oder mit dem Fahrrad – es lohnt sich auf jeden Fall, die reizvollen Orte anzusteuern. Im Land bekannt sind das Dorf Szigliget mit seinen reetgedeckten Häuschen und die Halbinsel Tihany, die weit in den See hineinragt.

Das reizvolle Schloss von Keszthely wurde 1745 erbaut und gehört zu den schönsten Bauwerken rund um den Plattensee (oben). Rund um den Prachtbau bereitet der Spaziergang durch den farbenfrohen Park viel Freude. In dem kleinen Ort Szigliget stößt man noch auf alte Häuser mit Reetdach (unten). Einen Spaziergang sollte man hier zur Marina unternehmen.

Hier befindet sich ein altes Fischerdorf, das am Fuß dieses Vulkanbergs liegt. Ein Spaziergang führt hinauf zur alten Abtei, deren goldene Kreuze auf den beiden Türmen schon von Weitem sichtbar sind. Es lohnt sich die Besichtigung der kunstvoll gestalteten Klosterkirche des ehemaligen Benediktinerklosters sowie des Lapidariums, einem Museum für Steinfragmente. Vom Kloster sind es nur wenige Schritte bis zu den Töpfereien, Souvenirgeschäften und dem fotogenen Paprikahaus, dessen Fassade voller Paprika hängt. Vorbei an einem Spielzeugmuseum geht es zum benachbarten Ausflugslokal, von dem man einen grandiosen Ausblick über den Ostteil des Sees genießt.

Ein Muss ist das quirlige Städtchen Keszthely im Westen des Sees, das durch seinen natürlichen Charme und das prachtvolle Barockschloss besticht. Das asymmetrische Bauwerk wurde 1745 errichtet und kann besichtigt werden. Sehenswert sind der herrliche Schlosspark, die Bibliothek mit über 86 000 Bänden und die musealen Schlossräume mit dem nostalgischen Inventar. Einen Besuch wert ist auch das Balaton-Museum, das über die Entwicklung des Balaton-Gebiets informiert und mit vielen Exponaten der awarischen und keltischen Kultur aufwarten kann. Nicht versäumen sollte man einen Bummel durch die nette Innenstadt und über die Promenade.

In der Liste der reizvollen Orte darf auf keinen Fall Balatonfüred fehlen, jener alte Kurort, der auch heute noch einen Hauch von Noblesse erkennen lässt. Hier flaniert man über eine schöne Promenade, nimmt Platz in einem der vielen Restaurants und Cafés oder kauft sich ein Ticket für das Ausflugsschiff. Er ist der älteste Ba-

»Balaton Campin Yacht« in Balatonalmadi gehört zu den guten Campingplätzen am Balaton (oben links). Nicht nur Campingtouristen, sondern auch Wassersportler fühlen sich auf dem Balaton wohl (oben). Ein bedeutendes Touristenziel ist Tihany. Hier stößt der Besucher auf viele Souvenirgeschäfte (Mitte) und ein Spielzeugmuseum (unten).

In Siofok reihen sich die Kneipen aneinander (oben). In vielen Touristenzentren findet man das passende Mitbringsel (Mitte), dazu gehört auch Paprika (unten). Tihany erreicht man auch mit dem Ausflugsschiff (oben rechts). Dann spaziert man den Weg hinauf zum Kloster und genießt den herrlichen Ausblick über den Ostteil des Sees.

deort am Balaton und lockt mit seinem kohlensäurehaltigen Wasser die Kurgäste an – das beliebte Quellwasser soll bei Herzerkrankungen helfen. Eine Gedenk-Allee der Geheilten zeigt durch kleine Votivtafeln auf, welcher Prominente hier Linderung erfahren haben soll.

SPEISEN ZU MODERATEN PREISEN

Ein anderes Getränk stammt ebenfalls aus der Region, und so wird rund um Balatonfüred und den markanten Vulkanberg Badacsony guter Wein produziert, der in Ungarn immerhin zu den besten Weinen gehört. Hierbei sollte man den leichten Olaszrizling (Riesling), den Zöldszilváni (Silvaner) oder den Kéknyelü (Blaustengler) probieren.

Generell findet man überall problemlos ein gutes Restaurant oder Café. Schwieriger ist dann die Speisenauswahl ... Über-

all zu finden sind die Grillplatten, und wer etwas aus dem See möchte, sollte »Fogas«, eine Zanderart bestellen. Traditionelle Gerichte sind gefüllte Paprikaschote, Paprikahuhn, Palatschinken oder Fischsuppe. Im Allgemeinen kann man günstig speisen, und auch die Preise für Getränke halten sich in Grenzen. Nach Bier und Wein muss das Wohnmobil jedoch stehen bleiben, denn in Ungarn gilt die strikte 0-Promille-Grenze!

EINIGE TOURISTENHOCHBURGEN

Wer rund um den See unterwegs ist, wird unschwer erkennen, dass in einigen Orten der Fremdenverkehr eine wichtige Einnahmequelle ist. Von Juni bis August hat der Tourismus Hochkonjunktur. Dann ist es heiß, und Scharen bevölkern die vielen Strände. Nach den Skythen, Kelten, Römern, Hunnen, Goten, Awaren

und Slawen kamen die Touristen und bevölkern nun den See, und das schon seit dem 18. Jahrhundert. Großer Andrang herrscht auch in den Hotelburgen und Discos, von denen Siofok mehr als andere Orte zu bieten hat.

Kein Problem hingegen stellt die Kommunikation dar – die Nähe zu Österreich und der Tourismus sind der Grund dafür, warum vielfach Deutsch gesprochen wird. Die ungarische Sprache zu lernen ist schwer, und selbst ein minimaler ungarischer Wortschatz mit den Wörtern »Jó napot« (Guten Tag), »Köszönöm« (Danke) und »Viszontlátásra« (Auf Wiedersehen) kann den motivierten Gast vor eine große Aufgabe stellen.

ABSEITS DER TOURISTENZENTREN

Rund um den Balaton erlebt der Besucher eine Fülle von Überraschungen, und so lohnt sich der Besuch der Tavas-Höhle

von Tapolca. Dieses System von Gängen und Wasserläufen kann auch mit dem Boot befahren werden.

In Balatonudvari lockt der Friedhof die erstaunten Besucher an. Hier stehen überwiegend herzförmige Grabsteine. Das Örtchen Alsóörs zeigt stolz seine alte reformierte Kirche, und auch im benachbarten Örtchen Felsóörs lohnt sich der Besuch eines Gotteshauses. Hier sollte man die spätbarocke Probsteikirche St. Maria Magdalena besichtigen.

Sehens- und erlebenswert ist auch der Aussichtsturm von Balatonföldvár, von dem man einen herrlichen Ausblick über die Tihany-Halbinsel hat. Den gesamten See kann man vom »Hohen Ufer« (am östlichen Teil) am besten überblicken. Bei gutem Wetter blickt man hierbei vom Ort Balatonkarattya immerhin 77 Kilometer weit – über die gesamte Länge des sympathischen Sees!

Das Touristenzentrum Siofok erstreckt sich am Südufer des Plattensees und verfügt über einen 17 km langen Uferstreifen. Hier reihen sich große Hotels aneinander. Im Zentrum ist der Wasserturm von weither sichtbar (rechts). Er wurde 1912 errichtet. Lohnenswert ist die Fahrt mit dem Ausflugsschiff (oben rechts).

STELLPLATZ: Stellplätze befinden sich u. a. in Balatonkeresztur, Vonyarcvashegy, Gyenesdias und Keszthely. Der Stellplatz »H+R Mobilcamping Balaton« liegt zwischen Balatonlelle und Balatonszemes am Südufer des Balatons; hier steht man auf einer ebenen Wiese, rund 300 m vom Strand entfernt: Radi Ut 6, H-8636 Balatonszemes, Tel. +36/(0)84/70 20 08, www.h-r-camping-balaton.de, GPS 46°48'6'' N, 17°45'1'' E.

CAMPINGPLATZ: Am nordöstlichen Ufer liegt der große und gepflegte Campingplatz »Balatontourist Camping Yacht« mit einem Strand; die Stellplätze sind eben, durch Hecken parzelliert und befinden sich unter hohen Bäumen: Véghely Dezsö u.18, H-8220 Balatonalmadi, Tel. +36/(0)88/58 41 01, www.yachtcamping.hu, GPS 47°01'15'' N, 18°00'31'' E.

INFOS: Ungarisches Tourismusamt, Wilhelmstr. 61, 10117 Berlin, Tel. 030/24 31 46-0, www.ungarn-tourismus.de; www.balaton-service.de

TIPP: Mittags kann im Wohnmobil die Küche kalt bleiben, denn viele Restaurants bieten schmackhafte und günstige Mittagsmenüs an.

40 SLOWENISCHE ADRIAKÜSTE

KLARES WASSER UND SCHMACKHAFTER FISCH

Sloweniens Herz schlägt an der Adria. Hier stoßen die Reisemobilisten auf venezianisch geprägte Städte, gute Bade- und Wassersportmöglichkeiten und komfortable Campingplätze. Ein Besuch in der grandiosen Altstadt von Piran wird ebenso unvergessen bleiben wie das klare Wasser, das Schlendern über die Promenade von Portoroz oder die leckeren Fischgerichte.

Das kleine Land Slowenien in Mitteleuropa ist seit 1991 eine unabhängige Republik und gehört mit rund zwei Millionen Einwohnern zu den kleinsten Staaten Europas. Slowenien besticht durch die landschaftliche Vielseitigkeit. Im Norden bestimmen die schroffen Berge der Julischen Alpen das Landschaftsbild, und im Osten befinden sich die Ausläufer der Pannonischen Tiefebene. Im zentralen Bereich und im Süden des Landes erstrecken sich ein bewaldetes Mittelgebirge und eine Karstlandschaft. Im Westen hat Slowenien einen nur 47 Kilometer langen Küstenstreifen an der Adria.

SEGELN, SCHNORCHELN, SONNENBADEN

Dank des milden Klimas bieten sich auch ruhigere Wohnmobiltouren (Vignette!) in der Vor- und Nachsaison an. Die freundliche Küstenregion bietet sich im Sommer zum Baden an, und auch Wassersportler kommen hier auf ihre Kosten; so bestimmen Segler und Surfer das Küstenbild. Das klare Wasser bietet sich zum Baden,

Schnorcheln und Tauchen an. Natürlich lohnen sich auch Stadtrundgänge.

KOPER IM NORDEN

Die Hafen- und Industriestadt Koper (25 000 Einwohner) befindet sich im Norden der kurzen slowenischen Adriaküste. Seit 1954 gehört Koper zu Slowenien, jedoch wird hier weiterhin auch Italienisch gesprochen. Das Herz der Stadt schlägt in der Altstadt. Hier prägen schöne Bürgerhäuser, reizvolle Plätze und einladende Geschäfte und Cafés das Bild. Der Hauptplatz ist der Titov trg, der »Piazza« genannt wird und einer der schönsten venezianischen Plätze ist. Er bildet zusammen mit dem Prätorenpalast aus dem 15. Jahrhundert, dem Dom und der Loggia ein einzigartiges Ensemble. Im Prätorenpalast hatten die venezianischen Kapitäne ihren Sitz. Der gotische Dom beeindruckt zunächst durch seinen auffälligen Glockenturm, einen venezianischen Campanile. Zum kostbaren Kircheninventar gehören der Marmorsarkophag des heiligen Nazarius und das Madonna-Altarbild.

Perle an der nördlichen Adria ist zweifelsfrei das Städtchen Piran. Im Hafen liegen noch alte Fischerboote (oben). Über den Hauptplatz, den makellosen Tartiniplatz, geht es hinauf zur St.-Georgs-Kirche. Nach der Besichtigung sollte man den Turm besteigen und sich Zeit für das herrliche Panorama lassen. Der Blick geht dann über die alten Dächer Pirans (unten).

AUTHENTISCHES IZOLA

Die reizvolle Altstadt von Izola liegt auf einer ehemaligen Insel, die nun durch eine Landzunge mit dem Festland verbunden ist. Hier lebt man noch heute vom Fischfang – und natürlich vom Tourismus. Zwei Faktoren, die in einem der vielen Fischrestaurants miteinander verschmelzen. Aushängeschild von Izola ist die 1547 erbaute Pfarrkirche St. Maurus mit einem wertvollen Innenleben.

PIRAN – PERLE DER SLOWENISCHEN KÜSTE

Wer mit dem Reisemobil die Stadt ansteuern will, muss sich bewusst sein, dass er auf dem Großparkplatz der Stadt nicht parken kann, sondern sich vor den Toren der Stadt einen Parkplatz suchen muss. Die Altstadt erstreckt sich am Ende einer Landzunge und umgibt den alten Hafen. In der Altstadt drängen sich gotische und barocke Häuser, und man schlendert durch enge Gassen hinauf zur beeindruckenden St.-Georgs-Kirche (1637). Der Einfluss der Venezianer ist unverkennbar, und so ist die Kirche mit einem frei stehenden Glockenturm ausgestattet, der einem venezianischen Campanile gleicht. Vorbild für den Turm war der Campanile des Markusdoms von Venedig. Das Innenleben der Kirche beeindruckt u. a. durch ein Engelsgemälde von A. de Coster. Neben der Kirche steht die interessante achteckige Taufkapelle. Der schönste Teil der Stadt ist der Tartiniplatz

In Portoroz kann man sein Glück im Casino auf die Probe stellen (oben). Gut steht man auf dem Stellplatz an der Marina in Portoroz (Mitte). Weniger Geld muss man in den netten Straßencafés ausgeben. Viele reihen sich in Piran aneinander (links). Generell kann man an der Küste leckere Fischgerichte bestellen (unten). Abendstimmung in Izola und Blick auf Izola (nächste Seite).

131

STELLPLATZ: In Portoroz steht der Reise-mobilist an der Marina direkt am Wasser und blickt über die Adria. In Izola kann man auf einem Großparkplatz nahe der Altstadt übernachten. Cankarjev Drevored, SLO-6310 Izola, Tel. +386/56 60 01 00, www.izola.si, GPS 45°32'17'' N, 13°39'51'' E.

CAMPINGPLATZ: Südlich des Stadtzentrums von Portoroz, am riesigen Yachthafen, befindet sich der Platz »Camping Lucija«; ebene Plätze, eine gute Ausstattung und ein eigener Strand kennzeichnen die Campinganlage: Seca 204, SLO-6320 Portoroz, Tel. +386/56 90 60 00, www.camp-lucija.si, GPS 45°30'5'' N, 13°35'38'' E.

INFOS: Slowenisches Fremdenverkehrsamt, Maximiliansplatz 12a, 80333 München, Tel. 089/29 16 12 02, info@slovenia.info, www.slovenia.info; www.portoroz.si

TIPP: Der Ausblick über Piran! Vom Glockenturm der St.-Georgs-Kirche hat man nach dem abenteuerlichen Turm-aufstieg einen grandiosen Ausblick über die herrliche Stadt und die Küste. Zur vollen Stunde wird man von der mächtigen Glocke erschreckt!

mit dem Denkmal, das an den berühm-ten Sohn der Stadt erinnert: den Geiger Giuseppe Tartini (»Teufelsgeiger«). Der ovale Platz mit seinen blank polierten Steinplatten ist ein Zeugnis des Wohl-stands der Stadt; ihn umgeben prächtige Häuser, die ebenfalls an die Venezianer erinnern. Bestes Beispiel hierfür ist das rot gestrichene Haus mit dem Namen »Venezianerin«, das in schönster venezia-nischer Gotik erbaut wurde. Nicht min-der interessant ist das klassizistische Rat-haus Obcinska placa. Vom Tartiniplatz sind es nur wenige Schritte bis zum Ha-fen. Hier promeniert man vorbei an prächtigen Häusern, Segelbooten und kleinen Fischerbooten und hat schöne Ausblicke auf die Adria. Wer sich für Flora und Fauna des Meers interessiert, sollte das Aquarium und das Ozeanografische Museum besichtigen.

»ROSENHAFEN« PORTOROZ

Die slowenische Küstenstadt Portoroz ist nur wenige Kilometer von der slowenisch-kroatischen Grenze entfernt und ein beliebtes Fremdenverkehrszen-trum mit dem größten und modernsten Yachthafen Sloweniens. Bereits im 13. Jahrhundert ließen sich hier Bene-diktinermönche nieder; der Ausbau zum Fremdenverkehrszentrum erfolgte gegen Ende des 19. Jahrhunderts. In Portoroz findet der Urlauber ein brei-tes Angebot an Hotels, Ferienwohnun-gen und Campingplätzen sowie einen Stellplatz an der Marina! Besonders be-liebt ist der aufgeschüttete Sandstrand. Nach dem Strandbesuch stehen dann die Promenade und die zahlreichen Res-taurants, Bars, Cafés und Hotels hoch im Kurs, und auch das Spielcasino hat eine lange Tradition. Viel Glück!

41 BLED UND BLEDER SEE

IM ANGESICHT DER JULISCHEN ALPEN

»Klein, aber fein«, so könnte man das slowenische Bled betiteln. Es ist zweifelsfrei einer der schönsten Orte Sloweniens und verdankt dies auch seiner reizvollen Lage am Bleder See, vor den Kalkriesen der Julischen Alpen.

D er beliebte Kurort Bled zieht viele zufriedene Besucher an, die stets die kleine Insel mit der Marienkirche im Auge haben. Viele von ihnen sind Campingtouristen, die auf dem gut ausgestatteten Campingplatz »Camping Bled« (www.camping-bled.com) ein ideales Quartier gefunden haben. Er ist ein guter Ausgangspunkt, denn er liegt direkt am See, und den netten Kurort erreicht man von hier über die Promenade am See entlang.

MARIENKIRCHE UND BJEJSKI GRAD

Dann geht's in die farbenfrohen Parkanlagen, wo auch die nostalgischen Ruderboote ablegen und die Insel ansteuern. Hier besichtigt man dann die schöne Marienkirche mit ihrem barocken Turm. Sie geht auf eine dreischiffige romanische Kirche zurück, die im 12. Jahrhundert erbaut wurde, jedoch folgten im 15. Jahrhundert viele Umbauten im gotischen und später im barocken Stil. Ebenfalls sollte man die Burg Bjejski Grad, die hoch über dem See thront, besichtigen. Aus einer Höhe von 140 Metern hat man den schönsten Ausblick auf den See mit der markanten Insel

und die Bergwelt im Norden. Die Burg, die im 16. und 17. Jahrhundert erbaut wurde, besteht im oberen Teil aus einem Wohnhaus und im unteren Teil aus einem Hof und einem Wirtschaftsgebäude, in dem heute ein Restaurant untergebracht ist. Die schönsten Teile der Festung sind die Schlosskapelle mit den beeindruckenden Wandmalereien und das Schloss, in dem ein Heimatmuseum untergebracht ist.

GANZJÄHRIGES REISEZIEL

Bled ist im Sommer wie im Winter ein Touristenziel, und dank warmer Quellen wird der See im Sommer bis auf eine Temperatur von 25 °C aufgeheizt. Beliebt ist der See nicht nur bei Schwimmern, sondern auch bei Ruderern, die hier eine lange Regattabahn vorfinden. Im Winter zieht es die Wintersportler nach Bled, die in den benachbarten Bergen viele Pisten und in der Umgebung kilometerlange Loipen nutzen.

Wer im Sommer wandert oder im Winter Skilanglauf betreibt, kann getrost die Spezialität der Stadt probieren: die kalorienreichen Bleder Cremeschnittchen (weitere Infos: www.bled.si).

Hoch über dem Bleder See thront die mächtige Burg (oben). Rund um den Bleder See kann man spazieren oder sich über den See schippern lassen (unten). Auf dem See werden auch viele internationale Regatten durchgeführt. Stets sind die Ruderer des heimischen Vereins sehr erfolgreich.

42 ISTRIEN

URLAUBSVERGNÜGEN AN DER ADRIA

Das besonders bei Campingtouristen sehr beliebte Kroatien bietet eine sehr schöne Reiseregion: Istrien. Einladende Küstenstädte, reizvolle Felsenküsten, glasklares Wasser und Sommertemperaturen in der Vor- und Nachsaison sind die Vorzüge der Urlaubsregion an der Adria. Dabei beschränken sich die Urlaubsaktivitäten nicht nur auf das Baden und Relaxen am Strand.

Mit Istrien landet der Reisemobilist einen Volltreffer! Mitten ins Herz, so könnte man die Form der Halbinsel auch beschreiben. Der nördliche Teil von Istrien gehört zum Nachbarland Slowenien. Istrien erstreckt sich am nördlichen Teil der Adria, den man von Süddeutschland oder Österreich kommend schnell und bequem mit dem Wohnmobil erreichen kann. Das Herz Istriens schlägt an der Küste, genauer gesagt an dem Abschnitt, der Italien zugewandt ist. Immerhin ist es der nördlichste Teil des Mittelmeers, mit – glücklicherweise – dem saubersten Wasser, was nicht nur Taucher unschwer erkennen können.

CAMPEN AM MEER

An der Küste hat sich nur vereinzelt Industrie angesiedelt, stattdessen entwickelte sich die Tourismusbranche zu einem wichtigen ökonomischen Standbein (wie schon vor dem Krieg). Campingplätze sind zahlreich und liegen überwiegend am Meer. Die Felsen- und Steinstrände am warmen, klaren Wasser

locken Sonnenhungrige an, und vor ihren Augen erfreuen sich die Freizeitkapitäne an den guten Wassersportmöglichkeiten. Die ausgesprochen gute touristische Infrastruktur in Verbindung mit den reizvollen Städten sowie das breitgefächerte Angebot an Urlaubsaktivitäten machen Istrien zu einem attraktiven Reiseziel. Gerade in der Vor- und Nachsaison lohnt sich daher eine Reise mit dem Wohnmobil nach Istrien – denn im Herbst sind die Wassermassen der Adria noch warm und in den Städten und an den Stränden ist wieder Ruhe eingekehrt.

FREUNDLICHE KÜSTENSTÄDTE

Die herrlichen Städte Istriens reihen sich wie an einer Perlenkette aneinander. Zwischen Umag im Norden und der antiken Stadt Pula im Süden stößt der Urlauber bei seiner Entdeckungstour auf Städte mit stets unterschiedlichem Charme.
Nicht versäumen sollte man den Besuch der Stadt Porec, denn sie hat eine großartige Altstadt. Hier stolziert man auf al-

An der Küste Istriens liegen viele einladende Städte. Dazu gehören auch das Städtchen Novigrad (oben) und natürlich Rovinj. Hier schlendert man durch alte Gassen, vorbei an alten Stadthäusern. Während es rund um den Hafen lebendig ist, wirkt es in den Gassen ruhig und besinnlich. Viele Ausflugsschiffe legen im Hafen ab (unten).

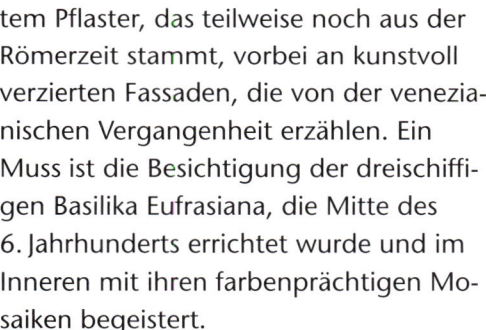

tem Pflaster, das teilweise noch aus der Römerzeit stammt, vorbei an kunstvoll verzierten Fassaden, die von der venezianischen Vergangenheit erzählen. Ein Muss ist die Besichtigung der dreischiffigen Basilika Eufrasiana, die Mitte des 6. Jahrhunderts errichtet wurde und im Inneren mit ihren farbenprächtigen Mosaiken begeistert.

Ähnlich beeindruckt wird der Stadtbesucher von Novigrad sein, das mit seinem alten Hafen und den pittoresken Häuserfassaden punktet. Ein Rundgang lohnt sich auch in dem Küstenort Vrsar, mit seinen vielen guten Restaurants.

Ein wahres Juwel ist die Stadt Rovinj, die sich auf einer Halbinsel erstreckt. Durch alte Gassen unter trocknender Wäsche geht es hinauf zur Kathedrale Sveta Eufemia, die mit ihrem schlanken Campanile die Silhouette der Stadt prägt. Von die-

sem Turm hat man einen atemberaubenden Ausblick über die alten Dächer auf die Küste und den Hafen, wo sich die kleinen Fischerboote tummeln und am Ufer Bars, Cafés und Restaurants zu einer Pause einladen.

Im Osten Istriens, nahe der Kvarner Bucht, lockt das einstige Fischerdorf Rabac mit schönen Steinstränden. Oberhalb davon, rund fünf Kilometer entfernt, sollte man einen Rundgang durch das venezianisch geprägte Bergdorf Labin unternehmen.

PULA – ZEUGNISSE AUS DER RÖMERZEIT

Gleichermaßen beeindruckt wird der Reisende von der Stadt Pula sein. Am südlichsten Zipfel der Halbinsel liegt in einer geschützten Bucht diese lebendige Hafenstadt und bietet in der Nähe zahlreiche Campingplätze.

Das Amphitheater von Pula gehört zu den herausragenden Sehenswürdigkeiten Istriens (oben links). In Porec besticht die Basilika Eufrasiana aus dem 6. Jahrhundert (oben). Eine schroffe Küste prägt den Brijuni-Nationalpark. Insgesamt 14 größere und kleinere Inseln wurden hier unter Naturschutz gestellt (unten).

KROATIEN

STELLPLATZ: In Istrien stößt der Reisemobilist in Motovun, Vizinada, Baderna (Dorf Katun) und Rovinj auf Stellplätze. Nahe der Altstadt von Rovinj, inmitten eines Pinienwalds, befindet sich das »Autocamp Porton Biondi«: Aleja Porton Biondi 1, PU-55210 Rovinj, Tel. +385/(0)52/81 35 57, www.portonbiondi.com, GPS 45°5'37" N, 13°38'33" E.

CAMPINGPLATZ: An der Küste Istriens sind die Campingplätze zahlreich. Einige FKK-Plätze bieten hier auch unverhüllte Badefreuden an. In der Hochsaison sollte man sich über die Notwendigkeit einer Reservierung informieren. Sehr schön ist der »Camping Village Medulin« an der Südspitze Istriens – ein guter Ausgangspunkt, um Pula zu besuchen; er begeistert mit reicher Vegetation sowie kleinen Buchten und Sandstränden: PU-52203 Medulin, Tel. +385/(0)52/57 28 01, www.arenacamps.com, GPS 44°48'51" N, 13°55'55" E.

INFOS: Kroatische Zentrale für Tourismus, Stephanstr. 13, 60313 Frankfurt/M., Tel. 069/238 53 50, www.croatia.hr

TIPP: Plastiksandalen mitnehmen – Seeigel und scharfe Felsen können das Badevergnügen schnell trüben!

Pula blickt auf eine rund 3000-jährige Geschichte zurück. Wichtigstes Zeugnis der Vergangenheit ist das kolossale römische Amphitheater, das rund 23 000 Zuschauern Platz bot, die die Gladiatoren bei ihrem Kampf auf Leben und Tod anfeuerten. Neben diesem rund 130 Meter großen Oval hat Pula noch viele weitere historische Bauwerke in der herrlichen Altstadt zu bieten. Gute Beispiele hierfür sind der Dom, die dreischiffige Basilika und der Triumphbogen der Sergier. Der schönste Platz ist das Forum, an dem der Augustustempel mit seinen sechs mächtigen Säulen steht. Daneben befinden sich die Reste des Dianatempels sowie das Rathaus.

Von der Altstadt sind es nur wenige Schritte zum Hafen. Hier liegen moderne Yachten, und Ausflugsschiffe bieten ein »Insel-Hopping« an.

BRIJUNI-NATIONALPARK

Vor den Toren Pulas liegt ein Ensemble kleiner Inseln: die Brijuni-Inseln, seit 1983 Nationalpark und einen Ausflug

wert. Abseits der lebendigen Städte findet man auf den Inseln lauschige Plätzchen unter großen Pinien, oder man sonnt sich auf den nackten Felsen. Während es heute die Touristen auf die Inseln zieht, fanden hier zur Zeit des jugoslawischen Staatspräsidenten Tito die Staatsgäste Ruhe für ihre Amtsgeschäfte. Gerade Naturliebhaber sollten die zerklüfteten und kargen Inseln mit ihrer besonderen Flora und Fauna einmal genauer unter die Lupe nehmen.

KURIOSER LIMFJORD

Eine landschaftliche Besonderheit ist der Limski-Kanal (Limski zaliv), eine rund zehn Kilometer lange und recht schmale Bucht, die sich weit ins Inland hineinstreckt und für die Zucht von Austern und Miesmuscheln bekannt ist. Obwohl es sich hierbei nicht um einen klassischen Fjord handelt, wird diese Bucht auch als »Limfjord« bezeichnet. Am Ende der Bucht gibt es größere Parkplätze für Wohnmobile, und Verkaufsstände, Restaurants und Schiffsausflüge locken die Besucher.

Am Rande von Vrsar befindet sich der Campingplatz Porto Solo mit Strandzugang (oben). In Rovinj geht es hinauf zur Kathedrale. Von dem 61 Meter hohen Turm blickt man dann über die Dächer der Stadt (unten). Die spätbarocke Kirche wurde 1736 fertiggestellt und ist ein beliebtes Wallfahrtsziel.

43 KRKA-NATIONALPARK

WASSERFÄLLE UND CANYONS

Der Krka-Nationalpark gehört zu den landschaftlichen Highlights von Kroatien. Die spektakulären Wasserfälle und die Canyons inmitten einer sattgrünen Landschaft lassen sich auf Wanderwegen, Stegen und Brücken bestens erkunden.

In Kroatien wurden ökologisch bedeutsame Gebiete unter besonderen Naturschutz gestellt und erhielten den Status eines Nationalparks. Hierzu zählen auch die Krka-Wasserfälle in Dalmatien, nördlich der sehenswerten Stadt Sibenik. Ein guter Ausgangspunkt ist der Campingplatz »Camp Krka« bei Lozovac, der wenige Kilometer vom Besucherzentrum des Nationalparks (Eingang 1) entfernt ist. Bei diesem familiär geführten Campingplatz stellt man sein Reisemobil unter Pinien ab und sollte unbedingt mal in dem kleinen Restaurant einkehren (www.camp-krka.hr). Ansonsten gibt es auch Parkplätze am Besucherzentrum. Gestärkt tritt man dann seinen Rundgang im kostenpflichtigen Nationalpark an.

FOTOGENE WASSERFÄLLE

Seit 1985 ist das atemberaubende Flusstal der Krka ein beliebter Nationalpark. Von seiner Karstquelle hat der Fluss sich teilweise bis zu 200 Meter tief in das Karstgebirge der dinarischen Gebirgsplatte geschnitten und präsentiert sich mit grandiosen Canyons. Auf seiner 70 Kilometer langen Strecke sind jedoch die sieben Wasserfälle die unbestrittenen Highlights.

Die schönsten Vertreter heißen »Skradinski buk« und sind nahe Lozovak zu finden. Das Wasser fließt hier in einem Wirrwarr aus unzähligen Stromschnellen, Wasserfällen und Becken über 17 Stufen. Von Stegen und Brücken gelingen sensationelle Fotos, u. a. von der artenreichen Tier- und Pflanzenwelt – 860 Pflanzenarten gedeihen rund um das Gewässer.

Im zentralen Bereich des 109 Quadratkilometer großen Nationalparks befindet sich die Insel Visovac mit dem bekannten Franziskanerkloster. Zu den weiteren kulturgeschichtlichen Denkmälern gehören auch die Wassermühlen.

AUF NACH SKRADIN

Entlang des Krka-Flusses erreicht man das Örtchen Skradin. Zu dem kleinen, geschützten Küstenort kann man aber auch mit dem Ausflugsschiff fahren bzw. von hier den Anleger im Nationalpark ansteuern. In der kleinen Altstadt lohnen sich ein Rundgang und ein Restaurantbesuch. Mit dem Bus geht es dann wieder über eine Serpentinenstraße zurück zum Campingplatz bei Lozovak. Weitere Infos unter www.npkrka.hr.

Eine Wanderung durch den Krka-Nationalpark lässt die Herzen der Besucher höherschlagen. Nur wenige Häuser stehen im Gebiet des Nationalparks (oben). Wer über die Stege und Pfade wandert, wird stets von den vielen Wasserfällen begeistert sein (unten). Zu den eindrucksvollsten Wasserfällen zählt »Skradinski buk«, dessen Wassermassen in einen kleinen See fließen.

44 INSEL KRK

REIF FÜR DIE »GOLDENE INSEL«

Mit dem Reisemobil geht es über die 1400 Meter lange Brücke auf die reizvolle Insel Krk. Komfortable Campingplätze sind dann gute Ausgangspunkte, um die größte kroatische Insel zu entdecken. Das Inselabenteuer inmitten der Kvarner Bucht umfasst viele Wassersportmöglichkeiten, unbegrenzten Badespaß und lehrreiche Besuche, z. B. der alten Stadt Krk oder der Klosterinsel Koslun.

Immerhin 1185 Inseln zählt Kroatien, unter denen Krk sicherlich zu den bekanntesten gehört. Mit einer Fläche von 400 Quadratkilometern ist sie die größte Insel des Landes und seit 1980 durch eine hohe Brücke mit dem Festland verbunden. Wenn sich der Reisemobilist der »Insula aurea«, der »goldenen Insel« nähert, blickt er auf eine karge und eher abweisende Landschaft. Der kalte Fallwind Bora, der von der Landseite über die Insel weht, macht der Vegetation zu schaffen. Auf der Leeseite, der Westseite, ist es hingegen grün, und eine artenreiche Flora bestimmt das Landschaftsbild. Statt verkarsteter Bergrücken erstrecken sich hier Macchia, verwilderte Felder und Olivenhaine. Im Sommer herrscht Hochkonjunktur, denn der Tourismus hat sich zu einem wichtigen wirtschaftlichen Standbein entwickelt. Kein Wunder, denn sommerliche Temperaturen in der Vor- und Nachsaison, Badestrände und ein gutes Angebot an Urlaubsaktivitäten sprechen für die Ferieninsel. An der Küste verteilen sich immerhin 16 Campingplätze, und

sie bieten allesamt erholsames Badevergnügen. Badehose und Bikini kann man auf den Naturistencamps Konobe, Bunculaka und Politin getrost im Wohnmobil lassen – hier wird nahtlos gebräunt.

KULTUR GEFÄLLIG?

Wer nicht nur am Strand liegen will, sollte sich dem kulturellen Angebot widmen. Ein Besuch lohnt sich auch im Ort Baska, im Südwesten der Insel. Baska punktet mit einem zwei Kilometer langen Strand direkt vor den alten Häuserzeilen, dem Meeresmuseum Akvarij Baska und dem benachbarten Campingplatz. Oberhalb thront die frühromanische Kirche der heiligen Luzia. In Punat dreht sich alles um den Wassersport. Hier ist ein riesiger Yachthafen entstanden. Abseits der modernen Marina dominiert rund um Punat immer noch der Olivenanbau. Von Punat blickt man auf die kleine Klosterinsel Koslun, die mit einer artenreichen Pflanzenwelt und einer sehenswerten Franziskanerkirche aufwarten kann. Auf

Hauptort der Insel ist die Stadt Krk, mit idyllischer Altstadt und einem Hafen (oben). Zu den weiteren interessanten Orten zählt auch Baska mit seinem schönen Strand (rechte Seite). Auf dem Weg nach Baska passiert man einige Skulpturen (unten). Guter Campingplatz: Camping Krk, direkt am Meer (rechte Seite oben).

der Insel hat auch Katarina Frankopan, Angehörige des Krker Fürstengeschlechts, ihre letzte Ruhestätte gefunden. Von Punat erreicht man diese naturgeschützte Insel mit dem Wassertaxi.

Ebenfalls einen Besuch wert sind die freundlichen Dörfer Vrbnik, Omisalj und Malinska.

HAUPTORT KRK

Die unbestrittene »Hauptstadt« und zudem die schönste Stadt der Insel ist Krk. Inmitten einer alten Stadtmauer, die unter den Frankopanen errichtet und in venezianischer Zeit verstärkt wurde, liegt die historische Altstadt. Vorbei an alten Häusern, Stadttoren und Wachtürmen schlendert man zur Kathedrale aus dem 12. Jahrhundert. Vor den Stadttoren sitzt man am Hafen und beobachtet von einem der Straßenrestaurants die kleinen Fischer- und Segelboote.

Im Sommer werden zahlreiche Festivals veranstaltet, unter denen der »Krker Sommer«, ein internationales Festival klassischer Musik mit Gesang, Ballett und Drama, ein großes Publikum anzieht.

AKTIV ERHOLEN

Die vielen Marinas zeigen, dass hier der Wassersport großgeschrieben wird. Wer die Insel mal aus einer anderen Perspektive kennenlernen möchte, kann sich ein Boot leihen, was an vielen Campingplätzen und Häfen möglich ist. Oder man kauft sich eine Fahrkarte für eines der vielen Ausflugsschiffe (u. a. in Krk). Ein spannendes Abenteuer auf dem Wasser bietet die Wasserski-Anlage bei Punat. Ansonsten lohnt sich auch das Abtauchen – beim Tauchen oder Schnorcheln hat man bei dem klaren Wasser stets den Durchblick.

Der Hitze entfliehen kann man bestens bei einer Höhlenbesichtigung, z. B. in der Höhle Biserujka. Abseits der reizvollen Küsten kann man auf markierten Wanderwegen herrlich wandern, und auch Radtouren bieten sich auf der allerdings etwas hügeligen Insel an.

STELLPLATZ: In Krk stehen wenige Plätze auf dem privaten Stellplatz in der Straße Narodnog Preporoda 51 zur Verfügung. Gleiches gilt für den Stellplatz »Mini Camp Draga« in Malinska; auf Rasen und Schotter steht man südlich des Stadtzentrums nur wenige Hundert Meter vom Meer entfernt: Palih Boraca 4, PU-51511 Malinska, Tel. +385/(0)51/85 99 05, GPS 45°7′14″ N, 14°31′29″ E.

CAMPINGPLATZ: 16 Plätze gibt es entlang der Küste. Aufgrund der Nähe zur tollen Altstadt von Krk empfiehlt sich »Jezevac Camping«; gute Ausstattung, moderne Sanitärgebäude, ein umfangreiches Sportangebot und Lage am Meer: Plavnicka 37, PU-51500 Krk, Tel. +385/(0)51/22 10 81, www.camping-adriatic.com, GPS 45°01′07″ N, 14°34′00″ E. Etwas außerhalb befindet sich der ebenfalls gute Campingplatz »Camping Krk«.

INFOS: Kroatische Zentrale für Tourismus, Stephanstr. 13, 60313 Frankfurt/M., Tel. 069/238 53 50, www.croatia.hr; www.tz-krk.hr

TIPP: Bei der Menüwahl sollte man sich auf die einheimischen Produkte konzentrieren. Neben Fisch und Meeresfrüchten schmecken Schafs- und Ziegenkäse, Prosciutto und Lammfleisch von der Insel sehr gut.

In Oggebbio befindet sich einer der besten Stellplätze rund um den See (oben). In Luino schlendert man durch die Stadt vorbei am einladenden Weinladen (unten). Ein Spaziergang durch Cannero Riviera macht auch Spaß. Geht man durch die Gassen hinauf, blickt man hinunter auf die malerische Häuserzeile am Ufer (rechte Seite unten). Herrlicher Park Villa Taranto (rechte Seite oben).

45 LAGO MAGGIORE

ITALIENISCH-SCHWEIZERISCHES REISEVERGNÜGEN

Mit dem lang gezogenen Lago Maggiore als Reiseziel ist der Wohnmobilist bestens bedient. Zwischen dem bergreichen Tessin im Norden und dem flachen Südteil des Sees zeigt sich die Landschaft sehr abwechslungsreich. Highlights sind neben den schönen Städten die anziehenden Inseln und die botanischen Gärten.

Der malerische Lago Maggiore ist nach dem Gardasee der größte See Italiens und gehört zu den Oberitalienischen Seen. Der nördliche und landschaftlich wesentlich reizvollere Teil erstreckt sich u. a. in der Schweiz, im Kanton Tessin. Hier umgeben die höchsten Berge den See, und die herausgeputzten Städte Locarno und Ascona ziehen den Reisenden schnell in ihren Bann.

Vom nördlichen Ufer bis zum Ufer im flachen südlichen Teil sind es beachtliche 64 Kilometer, und die maximale Wassertiefe beträgt immerhin 372 Meter – was den mächtigen Gletschern zu verdanken ist, die in der Eiszeit dieses Gewässer schufen.

KULINARISCHER URLAUB AM SEE

Ein Urlaub am Lago Maggiore ist sehr abwechslungsreich und umfasst neben Sightseeing auch sportliche Aktivitäten wie Wandern, Radfahren und Wassersport – und außerdem kann man hier sehr vielseitig seinen Gaumen erfreuen. Eine einheitliche Küche gibt es rund um den See nicht, denn im nördlichen Tessin werden Gerichte sowohl aus der Schweizer als auch aus der italienischen Küche serviert. Im Westen des Sees, der zur italienischen Provinz Piemont gehört, schmeckt man den Einfluss der französischen Küche, und im östlichen Teil des Sees, der Lombardei, wird deftig gekocht. Zwischen Locarno im Norden und Arona im Süden sind die Restaurants zahlreich; man sollte dort auf jeden Fall die schmackhaften Fischgerichte probieren. Wer aber lieber im Reisemobil kocht, sollte dies auf jeden Fall auf der Schweizer Seeseite tun, denn hier sind die Restaurantpreise wesentlich höher.

PRÄCHTIGE BOTANISCHE GÄRTEN

Die großen Wassermassen des tiefen Sees sind u. a. für einen milden Winter verantwortlich. Im Sommer erwärmt sich der See nur langsam, und so kann das Badevergnügen sehr kurz sein. Das milde Klima sorgt hingegen für eine exotische und artenreiche Flora mit Palmen und Bougainvilleen. Diese schönen Pflanzen zieren die gepflegten Promenaden, die Parkanlagen und botanischen Gärten, un-

ter denen die Gärten von Villa Pallavicino in Stresa und von Villa Taranto bei Verbania zu den schönsten des Landes zählen. Im Park von Villa Taranto gedeihen rund 2000 exotische und heimische Pflanzenarten. Ein Rundgang in dem farbenfrohen Park wird dem Reisemobilisten in ewiger Erinnerung bleiben. Gleiches gilt für einen Spaziergang entlang der schönen Promenaden am See. Hier haben Ascona und insbesondere Locarno mit den vielen Palmen ihre Nasen weit vorne.

LEHRREICHES INSEL-HOPPING

Die Urlaubsgäste zieht es nicht nur in die schönen italienischen Städte wie Stresa, Cannobio oder Cannero Riviera, sondern auch aufs Wasser. Inmitten des Sees, in der großen Bucht, dem sogenannten Borromäischen Golf, locken die Borromäischen Inseln. Sie sind mit dem Ausflugsschiff oder dem Seetaxi bequem zu erreichen. Im Mittelalter waren sie wich-

tige Militärstützpunkte, heute sind sie wahre Touristenmagnete. Die Schiffe machen auf Isola dei Pescatori und Isola Bella fest, und entdeckerfreudige Urlauber treten dann ihre Inselerkundung an. Die berühmteste und wahrlich schönste der Inseln ist, wie der Name schon sagt, die Isola Bella. Ein Schloss und ein prächtiger Barockgarten verzücken jeden Besucher. In Sichtweite liegt die Fischerinsel Isola dei Pescatori. Sie wirkt mit ihren engen Gassen und den alten Häusern wie ein Freilichtmuseum. Sehenswert ist auch die Isola Madre mit einem herrlichen englischen botanischen Garten und dem Palast der Borromeo.

Auch auf dem »Festland« imponiert so manches stolze Bauwerk, wie z. B. die Festung Rocca Borromeo, die über der Stadt Angera thront. Sie bietet ein Spielzeug- und Puppenmuseum sowie einen herrlichen Ausblick über den südlichen Teil des schönen Lago Maggiore.

STELLPLATZ: Rund um den See nimmt die Anzahl der Stellplätze zu, und so stößt man u. a. in Germignaga, Locarno, Cannobio, Verbania und Baveno auf Stellplätze. Eine Attraktion ist der Stellplatz von Oggebbio, der jedem Camper eine eigene Aussichtsterrasse bietet: Area Camper Oggebbio, Strada Martiri Oggebbiesi 21, www.areacamperoggebbio.it, GPS 45°59'52" N, 8°39'18" E.

CAMPINGPLATZ: Viele Campingplätze rund um den Lago Maggiore garantieren erholsame Ferien. Zu den empfehlenswerten gehört der »Camping Riviera« in Cannobio: Via Casali Darbedo 2, I-28822 Cannobio, Tel. +39/032/37 13 60, www.riviera-valleromantica.com, GPS 46°4'8" N, 8°41'44" E.

INFOS: Italienische Zentrale für Tourismus ENIT, Barckhausstr. 10, 60325 Frankfurt/M., Tel. 069/23 74 34, www.enit-italia.de; www.distrettolaghi.it

TIPP: Am östlichen Ufer (südlich von Laveno) lohnt sich die Besichtigung der alten Klosteranlage Catarina del Sasso Ballaro, die im 13. Jh. in den steilen Fels gebaut wurde. Vom Kloster hat der Besucher einen grandiosen Blick über den Lago Maggiore (www.santacatarinadelsasso.com). Heute ist das Kloster im Besitz eines Benediktinerordens.

46 GARDASEE

MALERISCHER SEE MIT MILDEM KLIMA

Im oberitalienischen Voralpenland erstreckt sich der malerische Gardasee. Rund um den 370 Quadratkilometer großen See locken reizvolle Orte. Das milde Klima und die zahlreichen guten Camping- und Stellplätze sind Garanten für einen erholsamen Urlaub.

Der Gardasee ist der größte See Italiens und ein ideales Reiseziel – davon überzeugte sich schon der deutsche Dichter Johann Wolfgang von Goethe im Jahr 1786 auf seiner italienischen Reise. Der See hat eine Länge von 52 Kilometern, und die idyllische Landschaft wird durch eine vielfältige Pflanzenwelt bestimmt. Zypressen, Oleanderbüsche, Zedern, Olivenbäume, Weinstöcke und Zitronenbäume zieren das herrliche Landschaftsbild. Im Norden bestimmen die Berge das malerische Bild des Gardasees.

MITTELALTERLICHE STÄDTE

Mit dem Reisemobil sollte man auf jeden Fall die freundlichen mittelalterlichen Städte wie Garda, Limone, Malcesine, Bardolino, Riva, Sirmione, San Vigilio, Lazise oder Peschiera ansteuern.
Eine besondere Stadt ist Sirmione, das am Ende einer Halbinsel in den See hineinragt. Die Silhouette der historischen Altstadt wird von der Skaligerburg bestimmt. Wie auch in Malcesine und Lazise errichtete das einstige mächtige Herrschergeschlecht der Skaliger in Sirmione eine trutzige Burg.

Am Nordufer liegt die herrliche Stadt Riva, deren Herz auf der großen Piazza 3 Novembre schlägt. Überragt wird der lebendige Platz von dem hohen Turm Apponale.
Ebenfalls lohnenswert ist ein Rundgang in Limone. Das schöne Städtchen liegt unterhalb steiler Berge und zieht mit seinen engen Gassen und einer schönen Promenade den Gast schnell in seinen Bann.
Nur ein Katzensprung ist es vom Südende des Sees bis nach Verona, der großen Stadt der Opernfestspiele mit ihrer imposanten Arena.

AKTIV DEN SEE ENTDECKEN

Die Möglichkeiten an Aktivitäten am und auf dem Gardasee scheinen nahezu unbegrenzt zu sein, und so kommen insbesondere Wassersportler auf ihre Kosten. Ob Segler, Surfer, Wasserskifahrer, Motorbootfahrer, Schwimmer, Taucher und Angler – alle nutzen das umfangreiche Angebot.
Abseits des Ufers lohnt es sich, die Bergwelt auf zahlreichen Wanderwegen zu entdecken. Ein grandioser Ausblick bietet sich von den umliegenden Bergen über

Torbole liegt im Norden und bietet einen guten Blick über den See (oben). Kulturinteressierte werden Freude an der Stadt Sirmione mit der imposanten Skaligerburg haben (unten). Atemberaubend ist der Seeblick vom Monte Baldo (rechte Seite unten). Eine schöne Lage hat der Campingplatz »Camping Zocco« bei Manerba, am Westufer (rechte Seite oben).

die schmucken Orte hinunter zum See. Dass man in den Wintermonaten sogar auf den Höhen des angrenzenden Gebirgsmassivs des Monte Baldo Ski fahren kann, unterstreicht die Vielseitigkeit der Region.

ERHOLSAMES KLIMA

Das Klima am Gardasee ist ein Gunstfaktor, der auch im Frühjahr und noch im Spätherbst viele Menschen anzieht, und so lohnt sich auch der ruhigere Urlaub in der Vor- und Nachsaison. Die enormen Wassermassen des großen und bis zu 346 Meter tiefen Sees sind ausschlaggebend für das Klima: Im Winter verhindern die erwärmten Wassermassen des Sees niedrige Temperaturen, und im Sommer werden hohe Temperaturen ausgeglichen. Das mediterrane milde Klima lässt auch exotische Pflanzen wie Zitronen-, Oliven- und Feigenbäume sowie Palmen gedeihen. Am Abend kühlt es kaum ab, und so kann man noch angenehm im Straßenrestaurant sitzen und

bei einem Glas heimischen Weins den Blick über den Lago di Garda genießen.

FISCH, OLIVENÖL UND WEIN

Der Fischfang ist ein traditioneller Erwerbszweig. In jedem noch so winzigen Hafen liegen die kleinen Fischerboote, mit denen die vielfach hauptberuflichen Fischer hinausfahren und ihre Netze auswerfen. So ist es nicht verwunderlich, dass man auf den Speisekarten der Restaurants viele raffinierte Fischgerichte findet. Neben dem Fisch spielt auch der Wein eine wirtschaftlich wichtige Rolle, und neben Olivenöl wird auch emsig Wein produziert. Hierbei »sprudelt« die Quelle quasi direkt vor der Haustür. Unter den vielen Weinorten ist die Stadt Bardolino mit ihrem typisch rubinroten Bardolino die bekannteste. Über die Weinstraße erreicht man die Winzer, die ihre Produkte gern verkosten lassen und ebenso gern ihre vorzüglichen Weine verkaufen – eine gute Flasche wird sicherlich im Staukasten des Reisemobils noch Platz finden.

STELLPLATZ: Rund um den Gardasee stößt man auf Stellplätze, u. a. in Riva del Garda, Torbole sul Garda, Malcesine, Garda, Bardolino, Lazise, Torri del Benaco und Salo. Den sicherlich interessantesten Stellplatz findet man in Sirmione; hier steht man am Wasser, nur wenige Meter von der grandiosen Altstadt entfernt: Piazzale Monte Baldo, GPS 45°29'12'' N, 10°36'37'' E.

CAMPINGPLATZ: Am Gardasee findet man problemlos den passenden Campingplatz; in der Hauptsaison sollte man jedoch reservieren! Zu den besten Anlagen gehört »Camping Piani di Clodia«, direkt am See, rund 3 km südlich von Lazise: Via Fossalta 42, I-37017 Lazise, Tel. +39/045/759 04 56, www.pianidiclodia.it, GPS 45°28'57'' N, 10°43'43'' E.

INFOS: Italienische Zentrale für Tourismus ENIT, Barckhausstr. 10, 60325 Frankfurt/M., Tel. 069/23 74 34, frankfurt@enit.it, www.enit-italia.de; www.lagodigarda.it; www.gardasee.de

TIPP: Eine Flasche Bardolino ist das perfekte Mitbringsel, schmeckt aber natürlich auch im Urlaub.

47 VENEDIG

LA BELLA SERENISSIMA

»Venedig ist die schönste Stadt der Welt!« Eine Aussage, die polarisiert und heftige Diskussionen aufkommen lässt. Eines steht jedoch fest: Die italienische Lagunenstadt an der Adria gehört zu den interessantesten Städten der Welt, und ein ausgiebiger Besuch ist ein Muss. 118 kleine Inseln, 400 Brücken, 160 Kanäle und unzählige Paläste prägen die Metropole mit Weltruf.

Packende Fotomotive befinden sich entlang des Canal Grande (oben). Berühmteste Brücke ist die Rialtobrücke (unten). Wer die Stadt vom Wasser aus kennen lernen möchte, unternimmt eine Fahrt mit der berühmten Gondel. Dann blickt man auch auf die Insel »Isola di San Giorgio Maggiore« (rechte Seite unten). Nahe der Altstadt liegt der einfache Stellplatz (rechte Seite oben).

Venedig ist gegensätzlich: Trubel und Stille, Schönheit und Schäbigkeit, Düfte und Modergerüche, Inszenierung und Natürlichkeit und schließlich Vergangenheit und Zukunft. Auch wenn man Venedig niemals im Ganzen entdecken und verstehen kann, so sollte man doch mindestens einmal in dieses gigantische Freilichtmuseum eintauchen. Irgendwie ist Venedig dem Besucher vertraut, was sicherlich an Fernsehgrößen wie dem Kommissar Brunetti oder dem Agenten James Bond liegt, die uns spannend die Stadt nähergebracht haben. Glücklicherweise gibt es für Reisemobilisten einen Stellplatz am Rand der weltberühmten Metropole.

VERGANGENHEIT UND ZUKUNFT

Die Geschichte der Stadt reicht bis ins 7. Jahrhundert zurück. Auf der Insel in der Lagune entstand eine Stadt, die sich schnell zu einem Staatsgebilde entwickelte, mit Stützpunkten rund um die Adria. Schiffe wurden gebaut, Handel wurde betrieben, man stellte Truppen auf und führte Kreuzzüge durch. Ab dem 16. Jahrhundert wandelte sich die Bedeutung der Stadt: Statt Weltgeschichte zu schreiben, widmeten sich die Einwohner vermehrt der Kunst und feierten u. a. das weltberühmte Maskenfest. Im 20. Jahrhundert hielt der Tourismus Einzug. So glanzvoll wie die Vergangenheit, so düster sieht wohl die Zukunft aus – denn das Wasser, das durch die unzähligen Kanäle wie den berühmten Canal Grande und unter den vielen Brücken wie der bekannten Rialtobrücke, vorbei an den gigantischen Palästen wie dem reichlich verzierten Dogenpalast, fließt, sorgt immer wieder für Untergangsstimmung. Die Stadt mit ihrem alten Fundament senkt sich immer mehr ab, und die Wassermassen überfluten die Altstadt. Viele Tage im Jahr steht der Markusplatz unter Wasser. Die Venezianer nehmen es gelassen, und mit viel Routine werden die Holzplanken ausgelegt. Ein milliardenschweres Projekt soll Abhilfe schaffen und die Öffnung der Lagune bei Bedarf verriegeln.

IM HERZEN DER »SERENISSIMA«

Das Herz der rund 270 000 Einwohner zählenden Stadt schlägt am Markusdom, der im Inneren über riesige Mosaike verfügt. Vor dem imposanten Kirchenbauwerk erstreckt sich die große Piazza San Marco. Hier treffen sich Touristen aus aller Welt, füttern die Tauben oder nehmen in einem der vielen Straßencafés Platz. Über dem Platz erhebt sich der 98 Meter hohe Campanile, der als höchster Turm die Silhouette der Stadt bestimmt. Nur wenige Schritte sind es von hier bis zum Dogenpalast, der innen wie außen ein grandioses Kunstwerk darstellt und mit dessen Errichtung man jahrhundertelang beschäftigt war.

Auf der langen Liste der sehenswerten Bauwerke ist auch die große Rialtobrücke zu finden, die den befahrenen Canal Grande überspannt. Auf ihr schlendern die Touristen an kleinen exklusiven Geschäften vorbei. Wer es ruhiger haben möchte, sollte abseits der Hauptgassen, in denen die Pfeile mit der Aufschrift »Rialto« und »San Marco« die Besucherströme leiten, unterwegs sein. Hier findet man die nötige Ruhe und ebenfalls beachtliche Bauwerke. Zudem kann man an den idyllischen Plätzen wesentlich günstiger seinen Espresso genießen.

MIT DER GONDEL UNTERWEGS

Im wahrsten Sinn des Wortes sind die Touristenpfade »kanalisiert«. Venedig ist autofrei, und der Personen- und Güterverkehr wird über die Kanäle abgewickelt. Eine besondere, wenn auch sehr klischeehafte Beförderung ist die Fahrt mit der Gondel. In einem der rund zehn Meter langen, schwarzen Kunstwerke aus Holz wird der Stadtbesucher an den prächtigsten Häuserzeilen vorbeigefahren. Informationen erhält man hierbei aus erster Hand, denn nur wer in Venedig geboren ist, darf als Gondoliere eine »Gondola« rudern. So eine Fahrt wird wie der gesamte Stadtbesuch sicherlich unvergessen bleiben.

STELLPLATZ: Auf einem kostenpflichtigen Stellplatz auf der Insel Tronchetto, im Westen der Lagunenstadt, steht man am Ufer auf Asphaltflächen: Piazzale Tronchetto, GPS 45°26'37''N, 12°18'24'' E.

CAMPINGPLATZ: Rund um Venedig befinden sich Campingplätze in Ca'Noghera, Mestre, Marghera, Fusina sowie auf der vorgelagerten Halbinsel bei Cavallino-Treporti. Der Campingplatz »Della Serenissima« liegt am Rand des Örtchens Oriago, westlich von Venedig; mit dem Bus wird man nach Venedig (oder Padua) gebracht: Via Padana, 30176 Malcontenta, Tel. +39/041/92 18 50, www.campingserenissima.com, GPS 45°27'08'' N, 12°11'0'' E.

INFOS: Italienische Zentrale für Tourismus ENIT, Barckhausstr. 10, 60325 Frankfurt/M., Tel. 069/23 74 34, frankfurt@enit.it, www.enit-italia.de; www.venedig.net

TIPP: Zu den berühmten Festen der Stadt gehört der Karneval, dann tanzen die Einheimischen mit Masken durch die Gassen. In vielen Geschäften werden diese kunstvoll gefertigten Masken auch verkauft – also auf jeden Fall einmal in den kleinen Läden umsehen!

Sehenswert: der Dom von Arezzo (oben).
Abseits der grandiosen Städte lockt eine
reizvolle Landschaft. Es macht Spaß, mit
dem Reisemobil hier unterwegs zu sein
(unten). Dann steuert man auch weltberühmte Ziele wie die Stadt Pisa an.
Am »Platz der Wunder« steht immer noch
der legendäre Schiefe Turm von Pisa,
neben dem nicht minder interessanten
Dom (rechte Seite).

48 TOSKANA

TRUBEL UND STILLE

Die reizvolle Landschaft der Toskana mit ihren sanften Hügeln und Zypressenalleen, der malerischen Küste und den atemberaubenden Städten wie Florenz, Siena und das weltberühmte Pisa sind die Aushängeschilder der beliebten Region. Vom Frühling bis zum Herbst wechseln sich Trubel und Stille ab. Viele neue Stell- und komfortable Campingplätze sowie gute Weine garantieren einen schönen und lehrreichen Urlaub.

Die Toskana erstreckt sich im Norden Mittelitaliens. Eine hügelige Landschaft bestimmt das Bild der Toskana, die von den Höhen des Etruskischen Apennins über das Toskanische Hügelland bis an die Küste des Tyrrhenischen Meeres reicht. Bekannt ist die Toskana für ihre Weine und Oliven.

GLÜCKSGEFÜHLE GARANTIERT

Die Reisesaison kann bereits rund um Ostern in der Toskana beginnen. Wer dann unterwegs ist, den erfassen Frühlings- und Glücksgefühle und der fährt ganz entspannt über die kurvenreichen Straßen durch die hügelige Landschaft. Die Fahrt mit dem Wohnmobil macht bei lauen Temperaturen richtig Spaß! Was sich hier dem Reisemobilisten bietet, entspricht genau dem Klischee: eine grüne, sanft geschwungene Landschaft mit alten Höfen und kleinen Wegen, die von Zypressen gesäumt werden. Spektakuläre Abschnitte an der etruskischen

Küste runden das idyllische Bild ab. Da die Attraktionen zahlreich und über die gesamte Region verteilt sind, müssen vom einen zum anderen Highlight nur kurze Etappen zurückgelegt werden. Glücklicherweise ist das Angebot an guten Stellplätzen sehr umfangreich, und dank stadtnaher Plätze kann man sich auch abends dem Besuch der schönen Städte widmen. Bestes Beispiel hierfür ist das wunderbare Pisa, denn der gut ausgeschilderte Stellplatz für Wohnmobile befindet sich nur wenige Hundert Meter vom Schiefen Turm entfernt.

WELTBERÜHMTER TURM – PISA

Die Stadt Pisa ist auf einer Toskana-Reise einer der vielen Pflichtbesuche. Sie zählt rund 100 000 Einwohner und blickt auf eine lange, ereignisreiche Geschichte zurück. Bereits im 11. Jahrhundert war Pisa eine bedeutende Seemacht. Einen Steinwurf vom Stellplatz entfernt steht der Schiefe Turm, der im Jahr 1173

Die Fassade des Domes von Florenz ist reich verziert (oben). Kunst und Kultur bestimmen die Metropole Florenz. Danach bietet sich ein Restaurantbesuch an. Wie wäre es mit frischen Ravioli (Mitte)? Über den Fluss Arno führt die Brücke »Ponte Vecchio« (unten). Seit dem 13. Jahrhundert befinden sich Läden auf der berühmtesten Brücke von Florenz.

errichtet wurde und sicherlich der berühmteste aller Campanile ist. Obwohl man den Einsturz schon vor Jahrhunderten prophezeite, ist er dank sichernder Maßnahmen bis heute standhaft geblieben.

Auf der Piazza dei Miracoli, dem »Platz der Wunder«, finden sich Touristen aus aller Herren Länder ein und wundern sich nicht nur über den Turm und den prachtvollen Dom, sondern auch über die Vielfalt an kitschigen Souvenirs und die vielen Stände. Wunderbar wird es am Abend, wenn Ruhe einkehrt und die Bauwerke raffiniert angestrahlt werden. Auch wenn das Ensemble auf dem Platz weltweit berühmt ist und der Schiefe Turm scheinbar alles in den Schatten stellt – der freundlichen Altstadt sollte man auf jeden Fall einen Besuch abstatten. Begeistern wird hier die schöne Piazza dei Cavalieri mit dem prachtvollen Palazzo dei Cavalieri.

KUNSTSTADT FLORENZ

Neben Pisa gehören auch die Städte Lucca, Siena, Prato, Arezzo, San Gimignano, Volterra und natürlich Florenz zu wichtigen Zielen der Etappen. Für den Besuch der Kunstmetropole Florenz kann man gleich mehrere Tage einplanen, denn es gibt unendlich viel zu entdecken. In Firenze leben rund 380 000 Florentiner, die wie jeder Stadtbesucher gleichermaßen von den imposanten Bauwerken, den sehenswerten Kunstwerken, den hochrangigen Museen und schönen Plätzen begeistert sind. Florenz ist das unbestritten Zentrum für Kunst und Kultur und die Wiege der Renaissance. Im Mittelalter, unter der Herrscherfamilie Medici, hatte die mächtige Metropole

ihre größte Bedeutung, die weit über die Landesgrenzen hinausging. Die Medici lenkten die Geschicke der Stadt von 1434 bis 1737. Heute gibt es weltweit nur wenige vergleichbare Kunst- und Kulturmetropolen.

Darüber hinaus ist die Stadt am Fluss Arno auch eine Universitäts-, Mode- und Messestadt. So ist es auch nicht verwunderlich, dass es viele Touristen in die Altstadt zieht, die sich den unzähligen Highlights widmen. Ganz oben auf der Liste der Sehenswürdigkeiten steht der prachtvolle Dom mit der kunstvollen Fassade und der gigantischen Kuppel. Vom Glockenturm, dem sogenannten Campanile, hat man die schönste Aussicht. Anschließend taucht man wieder in das quirlige Florenz ein und schlendert über die weltbekannte Ponte Vecchio, auf der sich kleine Juweliergeschäfte aneinanderreihen.

Etwas besonders Wertvolles kann man auch im benachbarten Kunstmuseum, den Uffizien, bestaunen. Ob Bilder von Sandro Botticelli, Caravaggio oder Leonardo da Vinci: Alles, was Rang und Namen hat, ist in der Galleria degli Uffizi zu bestaunen. Gleich nebenan steht man vor dem imposanten Palazzo Vecchio, der 1314 fertiggestellt wurde und dessen 94 Meter hoher Turm die Stadtsilhouette bestimmt. Der Blick vom Turm ist fantastisch! Vor dem Palast steht die weltberühmte Nachbildung der David-Statue von Michelangelo und blickt über die lebendige Piazza dei Signoria, die zu den schönsten Plätzen der Stadt gehört. Auf dem Platz steht der kunstvolle Neptunbrunnen von 1575, und rund um die Piazza reihen sich Cafés, Bars und Restaurants aneinander.

Kunstinteressierte kommen auch im Museo Nazionale del Bargello auf ihre Kosten. Der stattliche Palast stammt aus dem 13. und 14. Jahrhundert und gehört wie noch viele weitere Gebäude zu den Vorzeigebauwerken der Stadt.

MALERISCHES CHIANTI-GEBIRGE

Von Florenz ist es nur eine kurze, angenehme Fahrt mit dem Wohnmobil bis nach Figline Valdarno, wo der sehr gut ausgestattete Campingplatz »Norcenni Girasole Club« ein guter Ausgangspunkt ist, um das reizvolle Chianti-Gebirge zu erkunden.

Das malerische Landschaftsbild kommt den Toskana-Vorstellungen am nächsten. Hier findet der Hobbyfotograf die typi-schen Fotomotive, die man bereits in zahlreichen Bildbänden und auf vielen Postkarten gesehen hat: Alte Weingüter thronen oberhalb der Weinberge, und schlanke Zypressen prägen das Landschaftsbild.

Der herrliche Ausblick und die Stille lassen schnell den Straßenlärm, das Hupen der unzähligen Motorroller und so manches Gedränge in Florenz vergessen. Hier im Chianti-Gebirge herrscht Idylle pur, und kleine Städte wie Greve in Chianti oder Radda in Chianti versprühen einen besonderen Charme.

Die Region Chianti ist das Anbaugebiet des beliebten Weins Chianti Classico, der vielfach als köstliche Urlaubserinnerung im Staukasten des Reisemobils seinen

Inmitten der Altstadt von Florenz erhebt sich der 1436 geweihte Dom (links). Ihn umgeben belebte Gassen und malerische Plätze. Florenz verfügt auch am Rande der Altstadt über einen einfachen Stellplatz (oben). Unvergessen wird auch der Besuch in San Gimignano sein. Die Geschlechtertürme bestimmen die Silhouette der Stadt (unten).

ITALIEN

Platz finden wird. Darüber hinaus bietet sich das Chianti-Gebirge zu schönen Wanderungen an.

IDYLLISCHES SAN GIMIGNANO UND VOLTERRA

Auch abseits des malerischen Chianti-Gebirges setzt sich in so manchen Städten die hautnah erlebte Idylle fort.

Vom ruhig gelegenen Stellplatz sind es zwei Kilometer bis zum atemberaubenden San Gimignano, dem »Manhattan der Toskana«, wo sich der Besucher wie in einem gigantischen Freilichtmuseum oder in einer Filmkulisse für einen mittelalterlichen Film fühlt. Die markanten Geschlechtertürme bestimmen die Silhouette der Altstadt, und ein Spaziergang hier ist kurzweilig, denn stets hat man

das grandiose Stadtbild und die herrliche Landschaft vor Augen. San Gimignano erstreckt sich auf einem 334 Meter hohen Hügel und wurde auch in die UNESCO-Weltkulturerbeliste aufgenommen. Sehenswert sind Bauwerke wie der Dom Santa Maria Assunta (1148), der Palazzo del Popolo (1310) und der Palazzo del Podesta aus dem 12. Jahrhundert. Schönster Platz ist der Zisternenplatz mit dem alten Brunnen, auf dessen Sockel man Platz nimmt und ein Eis genießt.

Auch Volterra (3000 Einwohner) erstreckt sich auf einem Hügelrücken und bietet am Fuß der Altstadt einen Stellplatz. Das Herz des mittelalterlichen Städtchens, das im 3. Jahrhundert von den Römern besiedelt wurde, schlägt am historischen

Blick auf San Gimignano (oben). Auf dem »Plazza del Campo« in Siena steht der »Palazzo Pubblico« mit seinem 102 Meter hohen Turm (unten). Vor dem Turmaufstieg muss man oft lange anstehen. Ohne Wartezeiten ist jedoch ein Stadtrundgang in Volterra möglich. Toller Campingplatz ist »Norcenni Girasole Club« nahe Figline Valdarno (rechte Seite).

Marktplatz, der Piazza dei Priori. Hier steht der stattliche Palazzo dei Priori, der 1254 gebaut wurde und das älteste Rathaus in der Toskana ist. Nebenan stehen mit der Kathedrale und der Taufkapelle zwei schöne sakrale Bauwerke. Zahlreich sind weitere Prachtbauten und Läden, in denen die bekannten Alabaster-Produkte angeboten werden. Dank der Lage Volterras auf einer Hügelkuppe hat man einen grandiosen Rundumblick über das grüne, flachwellige und landwirtschaftlich genutzte Umland. Durch diese schöne Landschaft führt die nächste Etappe nach Siena.

SIENA – MEHR ALS NUR EIN »PALIO«

Ein einfacher Parkplatz steht den Reisemobilisten auch in Siena zur Verfügung, von dem man dann ins wahrlich grandiose Stadtzentrum spaziert.
Siena zählt heute rund 65 000 Einwohner und wurde bereits von den Etruskern als Kolonie gegründet. Im 12. Jahrhundert war Siena eine mächtige Stadtrepublik und einem ständigen Machtkampf mit Florenz ausgesetzt.
Den Mittelpunkt der Stadt markiert Il Campo. Dieser geneigte Marktplatz ist von prachtvollen Häusern und dem dominierenden Rathaus mit dem riesigen Turm umgeben. Hier nehmen die Stadtbesucher erst einmal Platz und blättern im Reiseführer. An diesem Vorzeigeplatz treffen sich auch die Einheimischen zu einem Schwätzchen, und die Besucher beginnen ihre Stadterkundung. Einmal im Jahr wird es hier besonders voll, denn dann wird eines der größten italienischen Volksfeste, der »Palio«, hier ausgetragen. Bei diesem Pferderennen treten die einzelnen Stadtteile gegeneinander

an und schicken ihre Pferde, die mitunter auch ihr Leben lassen, über den kleinen Parcours.
Bekannt ist Siena auch für seine historische Altstadt, die mit mittelalterlichen Bauwerken und dunklen Gassen den Besucher um Jahrhunderte zurückversetzt. Luftiger, heller und weitaus farbenprächtiger präsentiert sich der Dom, der mit seiner bunten und kunstvollen Fassade wie ein gigantisches Kunstwerk wirkt.

LUCIGNANO UND AREZZO

Zwischen Siena und der weiteren grandiosen Stadt Arezzo sollte man eine Pause in Lucignano einlegen. Das alte Städtchen bietet vor den Stadtmauern einen Stellplatz, und so beginnt man den Rundgang entspannt und wird von dem authentischen Ort begeistert sein. Gleiches gilt für Arezzo, das wiederum mit einer prächtigen Altstadt und vielen Festen lockt. Nicht versäumen sollte man den Antiquitätenmarkt, bei dem die Einheimischen ihren Trödel und ihre Antiquitäten verkaufen. Das Schlendern entlang der Stände gehört ebenso zur Stadterkundung wie die Besichtigung der vielen historischen Bauwerke, von denen auch Arezzo unzählige zu bieten hat.

ETRUSKISCHE KÜSTE

Auch wenn das Augenmerk vielleicht mehr auf die grandiosen Städte in der Toskana gerichtet ist, sollte die Erholung an der Küste nicht zu kurz kommen. Die teils zerklüftete etruskische Küste, die auch breite Sandstrände zu bieten hat, ist ein lohnenswertes Ziel für den Reisemobilisten.

STELLPLATZ: Stellplätze in der Toskana sind zahlreich, und ihre Anzahl nimmt weiter zu. Sie sind u. a. in Arezzo, Castellina in Chianti, Cecina, Certaldo, Florenz, Greve in Chianti, La Spezia, Livorno, Lucca, Lucignano, Pisa, Piombino, Radda in Chianti, San Gimignano, Siena, Vada und Volterra zu finden. Bestens steht man in Pisa, rund 2,5 km vom Schiefen Turm entfernt: Via di Pratale 78, Tel. +39/33 94 95 38 47, GPS 43°43'17" N, 10°25'9" E.

CAMPINGPLATZ: Ebenso zahlreich wie die Stell- sind auch die Campingplätze. Empfehlenswert ist der bestens ausgestattete »Norcenni Girasole Club« nahe Figline Valdarno, rund 30 km südöstlich von Florenz; hier werden auch Ausflüge u. a. nach Florenz, Siena, Pisa und Rom angeboten: Via Norcenni 7, I-50063 Figline Valdarno, Tel. +39/055/91 51 41, www.ecvacanze.it, GPS 43°36'43" N, 11°26'55" E.

INFOS: Italienische Zentrale für Tourismus ENIT, Barckhausstr. 10, 60325 Frankfurt/M., Tel. 069/23 74 34, frankfurt@enit.it, www.enit-italia.de; www.firenzeturismo.it

TIPP: Im Chianti-Gebirge sollte man einen Besuch beim Winzer einplanen. Die reizvollen Weingüter, die im Chianti-Classico-Gebiet ihren Wein produzieren, sind am Schild mit dem »schwarzen Hahn« (gallo nero) zu erkennen.

In Classe, nahe Ravenna, besticht die Basilika Sant'Apollinare. Hier verschmelzen die byzantinische und die abendländische Kultur (oben). Auf dem Parkplatz in Cesenatico treffen sich Groß und Klein (unten). Ravenna kann mit einer Vielzahl von bedeutenden Kirchen aufwarten. In der Kirche San Vitale begeistern die unzähligen Mosaiken (rechte Seite).

49 ITALIENISCHE ADRIAKÜSTE

ERHOLSAME REISE AM MEER

Italien steht für einen unbeschwerten Urlaub! Doch wer die Wahl hat, hat die Qual, denn in Italien bieten sich viele Urlaubsregionen zwischen Südtirol und Sizilien zu einem schönen Urlaub mit dem Reisemobil an. Berechtigt hoch im Kurs steht der Abschnitt der Adriaküste zwischen Venedig und Rimini. Breite Sandstrände, interessante Städte und viele neue Stellplätze garantieren eine tolle Tour.

Der nordwestliche Teil der Adria wurde bereits Mitte des 19. Jahrhunderts zu einem anziehenden Urlaubsgebiet vieler gut betuchter Italiener. Aber auch die deutschen Reisenden schätzten in der Nachkriegszeit die schönen Strände und das italienische Ambiente. Reisemobilisten erfreuen sich heute an den vielen guten Stell- und Campingplätzen und breiten ihre Strandlaken gern an den Stränden der Provinzen Venetien und Emilia-Romagna aus. So vielfältig, wie sich die Speisekarten in den einladenden Restaurants präsentieren, so breitgefächert ist auch das Angebot in dieser Urlaubsregion, die sich für Aktivurlauber, Kulturinteressierte und Sonnenanbeter gleichermaßen anbietet.

TOLLE STADTBESICHTIGUNGEN

Zwischen der Lagunenstadt Venedig im Norden und dem beliebten Badeort Rimini stößt der Adriabesucher auf abwechslungsreiche Orte, die jedoch nicht verbergen können, dass hier der Fremdenverkehr eine wichtige Einnahmequelle ist. Der einst exklusive Badeort Rimini mit seinen aufgereihten Hotels und vielen Badekabinen findet bei den Touristen ebenso großen Anklang wie der kleine Badeort Lido di Spina mit seinen Pinienhainen und den prachtvollen Villen. In vielen Städten wie Chioggia, Comacchio, Pesaro oder Fano fühlt man sich als Reisemobilist auf Anhieb wohl und glaubt, die Zeit wäre stehen geblieben. Ganz oben auf dem Reiseprogramm muss auf jeden Fall die Stadt Ravenna stehen.

GROSSER ERFOLG MIT KLEINEN STEINCHEN

Ein einfacher Parkplatz am Rand der Altstadt von Ravenna wurde als Stellplatz eingerichtet und ist ein guter Ausgangspunkt für eine Stadtbesichtigung. (Alternativ bietet der benachbarte Küstenort Porto Corsini einen großen Stellplatz mit Strandanschluss.)
Kleine, farbenprächtige Steinchen, die zusammen ein herrliches Mosaik ergeben, sind verantwortlich dafür, dass Ravenna bei den Adriabesuchern sehr beliebt ist. Das ist verständlich, denn wo

In dem Kanal von Cesenatico liegen die historischen Schiffe (oben). Eine von vielen Attraktionen in der Region ist die Brücke von Comacchio (Mitte). In Casal Borsetti stößt der Reisende auf die Fischerhäuser am Kanal (unten). Das Herz von Ravenna schlägt auf der Piazza del Popolo (rechte Seite unten). In Comacchio liegt der Stellplatz nahe der Altstadt (rechte Seite oben).

sonst findet man Mosaiken aus dem 5. und 6. Jahrhundert. Aber die 140 000 Einwohner zählende Stadt auf ihre einzigartigen Kunstwerke zu reduzieren, würde ihr nicht gerecht.

Ravenna befindet sich in einer Niederung und lag einst am Meer, das heute rund acht Kilometer entfernt ist. Im Stadtzentrum der einstigen Hafenstadt führen die Wege zu antiken Bauwerken, die in die UNESCO-Weltkulturerbeliste aufgenommen wurden, über schöne Plätze und vorbei an prächtigen Häuserzeilen. Dann steht man beeindruckt vor antiken Bauten wie der Basilika San Vitale oder dem Mausoleum von Galla Placidia, in denen man die wertvollsten Mosaike der späten Antike und der frühchristlichen Neuzeit bewundert. Superlative hat Ravenna aber noch weitere zu bieten, wie z. B. das Mausoleum von Theoderich, das mit einer Kuppel aus einem einzigen Stein versehen wurde. Dieser Monolith mit elf Metern Durchmesser wiegt rund 300 Tonnen! Ob gigantische Kalksteinblöcke oder kleine Mosaiksteinchen – beide beeindrucken den Ravenna-Besucher gleichermaßen. Die Reizüberflutung verlangt nach einer Pause, und so lohnt sich eine Ruhepause im kleinen Park innerhalb der Festungsmauern der Rocca di Brancaleone oder in einem Straßencafé auf der schönen Piazza del Popolo, dem Hauptplatz der Stadt mit dem Palazzo Comunale und dem Palazetto Veneziano.

Außerhalb der Stadt begeistert die Basilika Sant'Apollinare (5. Jh.) in Classe ebenso wie der benachbarte Stellplatz.

IDYLLISCHE STÄDTCHEN

Wer mit dem Wohnmobil unterwegs ist, sehnt sich sicherlich nach authentischen Urlaubserlebnissen und wird zweifelsfrei in Cesenatico auf seine Kosten kommen. Mitten im historischen Zentrum sitzt man am Innenhafen, dem Porto Canale, und schaut auf historische Fischerboote, die mit ihren bunten Segeln ein unvergleichliches Fotomotiv sind. Kein Geringerer als Leonardo da Vinci ließ diesen Hafen anlegen. Rund um den Innenhafen locken Restaurants, Cafés und eine Fischhalle, in der die Meeresköstlichkeiten der Adria zu besichtigen und natürlich auch zu kaufen sind. Nur wenige Meter entfernt stehen am Kanal die Fischerhäuser mit ihren riesigen aufgehängten Netzen, die mit einer Kurbel heruntergelassen werden. Hier verfängt sich dann der Fisch, der später die Grundlage für ein schmackhaftes Hauptgericht sein wird. Vielfach wird er auf dem Grill zubereitet, und so durchziehen den kleinen Ort die leckersten Gerüche, denen man kaum widerstehen kann. Unwiderstehlich ist auch das Städtchen Comacchio. Vom Stellplatz sind es nur wenige Schritte bis zur tollen Altstadt und dem einzigartigen Brückenbau Treponti aus dem Jahr 1634, der fünf Kanäle überspannt. Zu den weiteren Attraktionen gehören die Kathedrale, ein Kunst- und ein Volkskundemuseum.

Nördlich von Comacchio erstreckt sich die rund 400 Quadratkilometer große Lagune Valli di Camacchio, ein großes Naturschutz- und wichtiges Fischfanggebiet. Hier fischen die »Lagunari«, die Lagunenfischer, überwiegend Aal.

Das Städtchen Mesola ist in der Region bekannt für seine mächtige Burg mit ihren zinnengekrönten Türmen (16. Jh.). In der Umgebung steht die Pomposa-Abtei mit ihrem schlanken 50 Meter hohen

Campanile, der zu den schönsten romanischen Kirchentürmen des Landes gehört. Im Inneren sind beeindruckende Fresken aus dem 14. Jahrhundert zu bestaunen. Gegenüber steht der stolze Palazzo della Ragione aus dem 11. Jahrhundert mit einem sehenswerten Säulengang.

AKTIV AN DER ADRIA

Auch wenn die Strände und die benachbarten Campingplätze oder die strandnahen Stellplätze sich förmlich zu einem Badeurlaub anbieten und man sich bei rund 25 °C Wassertemperatur im Sommer in die Fluten stürzen möchte, so kann man seinen Adriaurlaub auch aktiv gestalten. Damit sind nicht nur die Spaziergänge entlang der netten Promenaden oder durch die Städte gemeint, sondern auch die empfehlenswerten Radtouren. Da der Küstenraum und das Podelta überwiegend eben sind, ist man bequem mit dem Rad unterwegs. Abseits der Straßen und des Autolärms lädt die Route »Destra Po« nicht nur Radbegeisterte zu Ausflügen ein. Entlang des südlichen Ufers des Pos stößt man zwischen Stellata und Giorno auf diesen empfehlenswerten Radweg.

Wer jedoch den Strand nicht verlassen will, kann auch hier aktiv werden, denn die Adria stellt in diesem Küstenabschnitt ein sicheres Gewässer dar. Die Gezeiten sind gering, und die Wellen flößen dem Strandurlauber keinen Respekt ein, sodass man sehr gut und ausdauernd schwimmen kann. An den breiten Stränden wird auch Fußball und Volleyball gespielt. Vom Strandlaken können zudem die vielfältigen Wassersportmöglichkeiten weglocken, die von Segeln und Surfen über Wasserskifahren bis hin zum Parasailen (vom Motorboot gezogen) reichen.

STELLPLATZ: Das Angebot an Stellplätzen ist umfangreich – Tendenz steigend! Auf Stellplätze stößt der Reisemobilist u. a. in Conche di Codevigo, Gradara, Mesola, Bosco Mesola, Comacchio, Porto Corsini, Ravenna, Classe, Cesenatico, Bellaria-Igea Marina, Igea Marina und Rimini. Unweit des Strands steht man am Rand von Casal Borsetti: Via Stefano Ortolani, I-48010 Casal Borsetti, Tel. +39/0544/44 49 12, www.casalborsetti.it, GPS 44°32'58" N, 12°16'47" E.

CAMPINGPLATZ: Entlang der Adriaküste befinden sich u. a. Campingplätze rund um Chioggia, Rosolina Mare, Bonelli, Lido delle Nazioni, Lido di Pomposa, Porto Garibaldi, Lido di Spina, Casal Borsetti, Marina di Ravenna, Punta Marina, Lido di Savio, Cervia, Cesenatico, Bellaria und Igea Marina. Direkt am Meer liegt der Vier-Sterne-Platz »Mare e Pineta« in Lido di Spina: Viale Acacie 67, I-44029 Lido di Spina, Tel. +39/0533/33 01 10, www.campingmarepineta.com, GPS 44°39'21" N, 12°14'43" E.

INFOS: Italienische Zentrale für Tourismus ENIT, Barckhausstr. 10, 60325 Frankfurt/M., Tel. 069/23 74 34, frankfurt@enit.it, www.enit-italia.de; www.adriacoast.com

TIPP: Das riesige Einkaufszentrum »Romagna Center« zwischen Cesenatico und Bellaria bietet sich zum ausgiebigen Shopping an.

155

50 KATALONIEN

AUSSPANNEN IM NORDOSTEN SPANIENS

Das südeuropäische Spanien gilt als freundliches und vielseitiges Reiseland. Zu den schönsten Regionen gehört Katalonien, mit grandiosen Landschaften und tollen Städten. Unvergessen wird hierbei der Stadtbesuch in Barcelona sein. Malerische Strandabschnitte am Mittelmeer und komfortable Campingplätze garantieren einen unvergessenen Campingurlaub – insbesondere in der Nebensaison.

An der Küste Kataloniens stößt der zufriedene Besucher auf farbenfrohe Häuser (unten). Mit dem Wohnmobil ist man besten unterwegs und passiert oft nackte Felsen (oben). Sehr felsenreich zeigt sich auch die Küste rund um Blanes. Direkt neben dem Hafen hat man die Gelegenheit zu Baden und die Seele baumeln zu lassen (rechte Seite).

Wenn die Anreise über die französischen Autobahnen hinter dem Reisemobilisten liegt, stehen erholsame Urlaubstage im freundlichen Katalonien an. Im Nordosten Spaniens erstreckt sich diese autonome Region, in der rund sechs Millionen Katalanen leben, die stolz auf ihr Land mit seiner rund 1000-jährigen Geschichte sind. Die eigenständige Kultur und die eigene Sprache sind nur zwei wesentliche Merkmale von »Catalunya«. So wartet der Gast auf das spanische »Buenos días« vergebens, denn in Katalonien spricht man Katalanisch – und so wird der Reisende mit einem freundlichen »Bon dia!« begrüßt.

MALERISCHE LANDSCHAFT

Die meisten Gäste der Provinz Kataloniens haben einen Urlaub an der Küste gebucht. Leider wird oft vergessen, dass auch viele Orte abseits der Küste sehr lohnenswerte Ziele sein können. Anders als die vielen Pauschaltouristen kann der Reisemobilist problemlos die schönen Ziele abseits der Ferienzentren ansteuern.

Im Hinterland bieten sich reizvolle Wanderungen in den Bergen und auf den Küstenpfaden an, und in kleinen Orten kann der Gast die Freundlichkeit der Katalanen hautnah erfahren.

Begeistert wird der Urlauber sicherlich von der malerischen Landschaft der Mittelmeerküste entlang der Costa Daurada und der bekannteren Costa Brava sein. Mittendrin liegt die Metropole Barcelona, die zu den schönsten Städten weltweit gehört und jeden Besucher in ihren Bann zieht. Natürlich kann die quirlige Metropole Barcelona den Urlauber mehrere Tage an sich fesseln, doch vor den Toren Barcelonas locken noch weitere Highlights, die man sich im Rahmen einer Wohnmobilreise an der Mittelmeerküste nicht entgehen lassen sollte.

Das milde Klima prägt die Vegetation, und so stößt man entlang der gepflegten Promenaden auf Palmen, und in den vielen Obstgärten gedeihen Zitrusfrüchte. An der abwechslungsreichen »wilden Küste«, der Costa Brava, bieten steil abfallende, schroffe Felsen, verträumte Buchten und

Barcelona glänzt u.a. mit dem Fußball-
stadion (oben) und dem Hafenamt (unten).
Nicht versäumen sollte man den Besuch
der Stadt Figueres mit dem berühmten
Dalí-Museum, das in dem einstigen
Theater eingerichtet wurde. Hier staunt
man über die surrealen Werke von
Salvadore Dalí (rechts).

einladende Sandstrände ein atemberaubendes Bild. Hier sollte man sein Strandlaken ausbreiten und sich auf die anstehenden lohnenswerten Stadtbesichtigungen
von Figueres und Girona vorbereiten.

MITTELALTERLICHES GIRONA UND DALÍ-STADT FIGUERES

Girona ist eine der vier Provinzhauptstädte
Kataloniens und fasziniert die Besucher
durch seine mittelalterliche Atmosphäre.
Enge Gassen, hübsche Plätze, pittoreske
Brücken und beeindruckende Kirchen prägen das malerische Stadtbild. Bedeutend-
stes Bauwerk ist die Kathedrale, die den
historischen autofreien Stadtkern überragt
und die Stadtsilhouette bestimmt. Im küh-
len Inneren des sakralen Bauwerks begeistert die immense Größe. Was einst als
riskantes Bauvorhaben galt, ist heute das
größte gotische Gewölbe der Welt, mit
einer Länge von über 50 Metern. Sehenswert ist das imposante Inventar, zu dem
auch ein Wandteppich aus dem 11. Jahrhundert mit Szenen aus der Schöpfungs-
geschichte gehört. Im Schatten der mächtigen Kathedrale locken nette Gassen und
einladenden Restaurants.

Von Girona ist es mit dem Wohnmobil
eine halbe Stunde bis zum nächsten
Highlight Kataloniens, der besonderen
Stadt Figueres, die ihren Bekanntheits-
grad dem extrovertierten Künstler Salva-
dor Dalí verdankt. In dieser Kleinstadt er-
blickte er im Jahre 1904 (gest. 1989) das
Licht der Welt. Bereits zu Lebzeiten
wurde hier nach seinen Vorstellungen
eines der interessantesten Kunstmuseen
der Welt eingerichtet und 1974 feierlich
eröffnet. Heute stehen die Menschen
Schlange, um die unvergleichlich insze-
nierten Kunstwerke zu bestaunen. Schon
der Anblick des monströsen Gebäudes
mit den überdimensionalen Eiern, den
Brezeln an der Häuserwand und den Figuren auf dem Dachgesims macht neugierig auf das Innenleben des ehemaligen Stadttheaters. Im Inneren des
überdimensionalen Kunstwerks begeistern die fantasievollen Werke des »Meis-
ters des Surrealismus«, der in seinem
Museum im Lichthof unter der Kuppel
seine letzte Ruhestätte gefunden hat.
Dalí-Freunde kommen auch im malerischen Ferienort Cadaqués auf ihre Kosten. In dem einstigen Fischerdorf lebte

Dalí 35 Jahre lang, und lohnenswert ist ein Besuch seines weitläufigen Anwesens, das man Dank der großen Betoneier schnell dem eigenwilligen Künstler zuordnen kann. Weiß gestrichene Häuser rund um die ruhige Bucht Port Lligat animierten einst viele Maler zu gekonnten Pinselstrichen. Heute halten die Urlauber dieses schöne Ensemble fotografisch fest. Einen besonderen Blick auf den idyllischen Ort mit den weißen, verschachtelten Häusern und den Fischerbooten hat man vom Boot aus, und so empfiehlt sich eine Bootsfahrt entlang der felsigen Küste bis zum markanten Cap Creus. Ebenfalls im Hinterland liegt der kleine Ort Begur mit seiner malerischen Altstadt und der über dem Ort thronenden Burgruine. Wer hier hinaufspaziert, wird mit einem grandiosen Rundumblick belohnt. Auf dieser hohen Burg geht es weitaus beschaulicher zu, als in den touristischen Hochburgen.

BELIEBTE KÜSTENORTE

Während der Urlauber nicht nur in Cadaqués oder in malerischen Orten wie Calella de Palafrugell ruhige Momente erleben kann, herrscht andernorts viel Trubel. Gleiches gilt auch für einige Campingplätze, die jedoch in der Nebensaison mehr Ruhe versprechen. Beispiele der viel besuchten Touristenziele sind Roses und Lloret de Mar an der Costa Brava sowie Cambrils de Mar und Salou an der Costa Daurada. Hotels und Apartmenthochhäuser entlang der Küste prägen hier das Stadtbild, und an den Stränden herrscht ein buntes Gewirr von Strandschirmen, Handtüchern und planschenden Menschen. Allerdings gibt es auch viele Orte an der Costa Brava und der Costa Dau-

rada, die erholsame Ferien ohne Trubel bieten. Im Winter zieht es auch einige Campingfreunde in die Region, die dann im Reisemobil »überwintern« und für einige Monate der kalten Heimat entfliehen.

TARRAGONA – JUWEL AN DER GOLDKÜSTE

An der »Goldküste«, der Costa Daurada, laden breite Sandstrände zu ausgelassenen Urlaubstagen ein. Auf kulturelle Highlights muss der Reisende nicht verzichten, dafür sorgt die Stadt Tarragona. Sie war zur Römerzeit eine wichtige Hafenstadt, und noch heute stößt man auf bedeutende römische Zeugnisse wie das imposante römische Amphitheater. Römische Funde können im Archäologischen Nationalmuseum bewundert werden. Nicht versäumen sollte man den Besuch der riesigen Kathedrale. Ein ebenfalls beachtliches Gotteshaus ist im beliebten Ferienort Sitges zu bewundern. Hier steht die malerische Kirche auf einem Felsen am Meer.

TOSSA DE MAR

Wie an einer Perlenkette reihen sich die Ferienorte aneinander, unter denen Calella, L'Estartit, Sant Feliu de Guixols und Tossa de Mar hervorgehoben werden müssen. Bei der Anfahrt entlang der schönen und kurvenreichen Küstenstraße, die aus dem Fahrerhaus des Wohnmobils fantastische Blicke auf die steile und schroffe Küste bietet, offenbart sich Tossa de Mar als ein schönes Ausflugsziel. Eine malerische Bucht und eine sehenswerte Altstadt bieten auch andere Küstenstädte, allerdings kann Tossa de Mar mit einer mächtigen Stadtmauer rund um die Altstadt und einer imposanten Festung mit Türmen aus

Ein weiteres weltberühmtes sakrales Bauwerk ist die Kirche »Sagrada Familia«, die von Antoni Gaudí entworfen wurde (unten). Abseits der großen Attraktionen der Metropole und der Touristenzentren kann man noch auf unverfälschte Ecken stoßen, so zum Beispiel im Hafen von Blanes (oben).

dem 12. Jahrhundert auftrumpfen. Inmitten der kolossalen Mauern fühlt man sich um Jahrhunderte zurückversetzt und kann von den Türmen den Küstenabschnitt herrlich überblicken. Hinunter blickt man auch auf den Sandstrand, der zu einem erfrischenden Bad einlädt; danach kann man entlang der kleinen Promenade oder innerhalb der Stadtmauern in gemütlichen Restaurants einkehren.

METROPOLE BARCELONA

Wer einen Campingplatz rund um die katalanische Hauptstadt aufsucht, sollte das Wohnmobil getrost stehen lassen. Mit Bus oder Bahn kann man die Stadt entspannt ansteuern und unternimmt dann zu Fuß die lohnenswerte Besichtigung. Barcelona ist eine Stadt im stetigen Wandel, und so veränderten die Weltausstellungen in den Jahren 1888 und 1929 sowie die Olympischen Spiele 1996 das Gesicht der Stadt erheblich. Als Beispiel dafür steht auch die verspielte und mittlerweile weltberühmte Kirche Sagrada Familia des Architekten Antoni Gaudí, deren Bau bereits 1883 begonnen wurde und bis heute noch nicht abgeschlossen ist. In Barcelona stößt man auf unzählige Gegensätze: Schlenderte man soeben noch durch das historische Stadtzentrum Barri Gotic mit seinen engen Gassen, alten Palästen und Kirchen, findet man sich wenig später am hypermodernen Hafen mit der Moll d'Espanya wieder. Vor dem informativen Aquarium, dem schicken Einkaufszentrum und den netten Lokalen haben Luxusyachten ihre Liegeplätze. Ein Auge auf diesen modernen Teil der Stadt hat Kolumbus gerichtet – seine Figur steht hier auf einer begehbaren Säule und blickt über den Hafen. Eine Seilbahn führt über den Hafen auf den Hausberg Montjuic, von dem man einen grandiosen Ausblick auf die rund 1,6 Millionen Einwohner zählende Metropole hat. Gut zu erkennen ist der grüne Streifen, der quer durch die Stadt führt. Unter Schatten spendenden Platanen spaziert man hier über die bekannte Flaniermeile Rambla, vorbei an den vielen interessanten Ständen.

UNVERGESSENE MOMENTE

Wer authentische Urlaubserlebnisse sucht, sollte – wenn auch nur für wenige Minuten – in den Alltag der Bevölkerung eintauchen. Dies kann man am Hafen von Blanes tun und den Fischern bei der abendlichen Anlandung mit ihren Fischen und Meeresfrüchten zusehen. Hier wird der Fang noch manuell sortiert und direkt an Restaurantbesitzer und Fischverkäufer übergeben. Gleich nebenan werden die langen Netze ausgelegt und von den Fischern kontrolliert und geflickt.
Der frische Fisch und die Meeresfrüchte bilden die Grundlage der Spezialitäten der katalonischen Küche, wie z. B. der katalanische Fischtopf oder der schwarze Reis mit Tintenfisch, die in vielen der zahlreichen Restaurants serviert werden. Der Besuch eines der zahlreichen Märkte, mit einem großen Angebot an frischem Obst, Gemüse und vielen anderen einheimischen Produkten, ist ein weiteres Muss. Ein Schlendern über den Markt bereitet ebenso viel Freude wie der genussvolle Restaurantbesuch.

In dem malerischen Ort Calella de Palafrugell badet der Gast direkt im Ort (links). Direkt am Meer liegt Camping Bon Repos in Santa Susanna (oben).

STELLPLATZ: Stellplätze sind (noch) eine Rarität in Spanien. In Katalonien verfügen u. a. die Orte Sant Feliu de Guixols, Pineda de Mar, Navata, Platja D'Aro, Santa Pau, Navarcles, Montblanc, Llica de Vall, Camprodon und Barcelona über welche. In Barcelona ist der kostenpflichtige »Parking del Pueblo Español« auf der Plaza del Padre Eusebi Millán zu finden: Tel. +34/(0)2/500 31, GPS 48°22'2" N, 2°8'48" E.

CAMPINGPLATZ: In Katalonien liegen viele Campingplätze an der Costa Brava. Zu den empfehlenswerten gehört u. a. »Camping Bon Repos« in Santa Susanna, direkt am Meer: Costa del Maresme, E-08398 Santa Susanna, Tel. +34/(0)937/67 84 75, www.campingbonrepos.com, GPS 41°37'53" N, 2°43'12" E.

INFOS: Mehrere spanische Fremdenverkehrsämter sind in Deutschland aktiv und betreuen unterschiedliche Bundesländer (Adressen unter www.spain.info). Infos gibt's auch unter Tel. 0180/300 26 47, www.catalunya.com, www.costabrava.com, www.katalonien-tourismus.de, www.costadaurada.org, www.barcelona.de und www.barcelonaturisme.com

TIPP: Probieren sollte man unbedingt die Tapas – die kleinen variantenreichen Häppchen bekommt man in jeder Kneipe.

REGISTER

Das facettenreiche Buch soll die vielen unterschiedlichen Ziele für Reisemobilisten beleuchten. Dazu gehören auch Aktivitäten. Wie wäre es mit einer Tour mit dem Kanu, die sich nicht nur in Schweden anbietet (oben)? Aber auch die Wanderschuhe gehören ins Wohnmobil, z.B. für die Wanderung zum norwegischen Felsen Preikestolen (unten).

Unzählige Sehenswürdigkeiten liegen zwischen Norwegen und Spanien. Die Bandbreite reicht von berühmten Klöstern und Kirchen über Plätze und Paläste bis hin zu modernen Attraktionen wie Vergnügungsparks und unzähligen Museen. Wer in der Toskana unterwegs ist, wird sicherlich den Schiefen Turm von Pisa besuchen.

IMPRESSUM

Der Autor

Dr. Thomas Kliem, Jahrgang 1965, ist promovierter Freizeit- und Fremdenverkehrsgeograf. Er studierte Geografie und Sportwissenschaften. Als Reisejournalist arbeitet er für Verlage und Magazine. Das Reisen mit dem Reisemobil gehört zu seinen bevorzugten Reiseformen.

Für den Bruckmann Verlag hat er Reisemobil-Führer zu den Ländern Deutschland, Norwegen, Schweden, Schweiz und Frankreichs Norden geschrieben. Darüber hinaus hat er das Reisemobil Logbuch entworfen.Für renommierte Firmen organisiert er Events rund um das Reisen mit dem Wohnmobil und hält landeskundliche Vorträge.

Dr. Thomas Kliem (www.thomas-kliem.de) lebt in Kalkar am Niederrhein, ist Inhaber einer Bildagentur und betreibt die informative Website www.reisemobil-routen.de.

Europa zeigt sich dem Reisemobilisten sehr vielfältig. Zu den unvergessenen Reisemomenten gehören sicherlich der Besuch des alten Postamtes in Tintagel in Cornwall (oben), ein Abend am Plauer See (Mitte) oder ein Parkplatz an der kroatischen Küste mit direktem Strandzugang (unten).

Verantwortlich: Claudia Hohdorf, Kerstin Thiele
Lektorat: Anette Späth, Breisach
Layout: BUCHFLINK Rüdiger Wagner, Nördlingen
Kartografie: Heidi Schmalfuß, München
Repro: Cromika, Verona
Herstellung: Anna Katavic
Printed in Italy by Printer Trento

Unser komplettes Programm finden Sie unter

 www.bruckmann.de

★★★★★

Sind Sie mit diesem Titel zufrieden? Dann würden wir uns über Ihre Weiterempfehlung freuen.
Erzählen Sie es im Freundeskreis, berichten Sie Ihrem Buchhändler, oder bewerten Sie bei Onlinekauf. Und wenn Sie Kritik, Korrekturen Aktualisierungen haben, freuen wir uns über Ihre Nachricht an Bruckmann Verlag, Postfach 40 02 09, D-80702 München oder per E-Mail an lektorat@verlagshaus.de.

Alle Angaben dieses Werkes wurden von den Autoren sorgfältig recherchiert und auf den aktuellen Stand gebracht sowie vom Verlag geprüft. Für die Richtigkeit der Angaben kann jedoch keine Haftung übernommen werden. Für Hinweise und Anregungen sind wir jederzeit dankbar. Bitte richten Sie diese an:
Bruckmann Verlag
Postfach 40 02 09
D-80702 München
E-Mail: lektorat@verlagshaus.de

Bildnachweis:
Alle Bilder stammen von Dr. Thomas Kliem.

Umschlagvorderseite: Labin in Istrien (oben); Windmühlen im Umland von Amsterdam (unten)
Umschlagrückseite: Kragerø in Südnorwegen

Die Deutsche Nationalbibliothek verzeichnet diese Publikation in der Deutschen Nationalbibliografie; detaillierte bibliografische Daten sind im Internet über http://dnb.d-nb.de abrufbar.

3., aktualisierte Neuauflage
2016 © 2012 Bruckmann Verlag GmbH, München
ISBN 978-3-7654-5309-0